# AL OTRO LADO DEL JARDÍN

## Femineidad Bíblica

Por
Virginia Fugate

# AL OTRO LADO DEL JARDÍN
## Femineidad Bíblica

1ª Edición © 1992 por Virginia Fugate

2ª Edición © 2004 por Virginia Fugate

Publicado en Inglés por el Foundation for Biblical Research
3301 S Goldfield Road, Unit 1044
Apache Junction, AZ 85119.

*Todos los derechos están reservados.* Ninguna porción de esta publicación podrá ser reproducida, almacenada en algún medio electrónico, ni transmitida en ninguna forma, electrónica, mecánica, fotocopiada, grabada o en otro medio, sin el permiso previo del poseedor de los derechos de autor o copyright. Se permite hacer citas breves en alguna reseña literaria.

Traductor: Roberto Eager

Editora: Roxana Salerno de Mercado

Publicado en Español por el Foundation for Biblical Research www.foundationforbiblicalresearch.org

Todas las citas de la Biblia están tomadas de la versión Reina Valera 1960.

© 2011 Foundation for Biblical Research (Traducción al Español) Primera Edición 2011

# DEDICADO A

## La gloria de Dios Padre y del Señor Jesucristo

*No a nosotros, oh Jehová, no a nosotros, sino a tu nombre da gloria, por tu misericordia, por tu verdad.* (Salmo 115:1)

*Porque de él, y por él, y para él son todas las cosas. A él sea la gloria por los siglos. Amén.* (Romanos 11:36)

### RECONOCIMIENTOS

¿Cómo reconocer adecuadamente a todos los que han influenciado para que se escribiera este libro? Han sido tantos, que estoy segura se me pasará alguno. Nunca me olvidaré de aquellos que se esforzaron por llevarme a donde pudiera escuchar el evangelio de Cristo. Me rodearon con sus testimonios y vidas ejemplares en el año 1968.

Estoy muy agradecida con el Dr. Lowell Wendt, mi primer pastor, quien en 1968 me hizo ver mi necesidad de ser salva. Bajo su amorosa enseñanza acepté a Cristo, y él bautizó a la mayor parte de mi familia.

Vickie Kraft, una instructora en Alianza Pro-Evangelización del Niño, también se destaca como una de las personas que más han influido en mi vida. Como creyente recién nacida me uní a APEN pensando que quería enseñar a los niños. Sin embargo, fui yo la que recibió enseñanza. Me sentaba fascinada en la orilla de mi silla mientras Dios usaba a Vickie para enseñarme que su amor, gracia, y provisión podían ser reales en mi vida. Tenía treinta años de edad, pero era como una niña hambrienta alimentándome de la majestuosa Palabra de Dios.

Dios también usó a otros excelentes maestros de la Biblia, incluyendo a mi propio y querido esposo, para enseñarme. A través de su enseñanza aprendí la Palabra de Dios y comencé a darme cuenta de su voluntad para mi vida.

Finalmente, pero no en último lugar, están aquellos que leyeron los bosquejos de este libro y me dieron excelentes sugerencias, críticas constructivas y consejos. Esta escritora inexperta está profundamente agradecida con todos ellos por sus pacientes exhortaciones.

Mi gratitud más profunda, sin embargo, es para con Dios y para todo lo que él ha creado. A él no le puedo reembolsar nada; solamente le puedo ofrecer mi reverencia y devoción. Mi oración fervorosa es que este libro pueda glorificar y representar de manera honrosa al Señor Jesucristo, mi Salvador.

# Introducción a la 1ª edición

Hoy en día, la mujer cristiana al tratar de vivir su vida de acuerdo a las enseñanzas bíblicas encuentra que la tarea es más difícil que en cualquier otro tiempo en la historia. Las revistas, los programas de televisión, los anuncios espectaculares, los libros de texto, las películas y los periódicos todos contienen información que de una u otra manera degradan el papel bíblico de la mujer. Estas influencias son tan dominantes que aún la mujer cristiana, frecuentemente forma sus opiniones y actitudes de fuentes humanas, en vez de basarlas en la Palabra de Dios. Sin el conocimiento de la Palabra de Dios, una mujer no tiene nada más que las opiniones de otros y sus propios sentimientos para ayudarle a discernir estas enseñanzas falsas.

Además, existe una variedad muy grande en el nivel de comprensión y de compromiso respecto a lo que es la femineidad bíblica entre las mujeres cristianas hoy en día. Esta divergencia es prueba de que las fuentes de información anti-bíblicas han influido exitosamente y confundido aún a muchas mujeres cristianas. Algunas mujeres cristianas verdaderamente intentan vivir sus vidas conforme a la voluntad de Dios. Sin embargo, muchas han sido influenciadas para aceptar un punto de vista que combina las normas cristianas con cualquiera que sea la opinión popular predominante. Tales mujeres viven colgadas de manera algo extraña en algún lugar entre la femineidad bíblica y la conformidad al mundo. Otras mujeres cristianas han abandonado el modelo bíblico por completo. Las vidas y matrimonios de estas mujeres no se distinguen del mundo incrédulo. Al otro lado del jardín fue escrito desde una perspectiva bíblica con el propósito de contrarrestar la información predominantemente humanista acerca de la femineidad que las mujeres, hoy en día, ven y escuchan. El propósito de este libro es proporcionar una perspectiva bíblica a todas las mujeres cristianas respecto a la importancia de la femineidad bíblica. Es mi esperanza que Dios utilice lo que he escrito para fomentar un renovado compromiso con su palabra y para animar a las mujeres creyentes a vivir sus vidas dando testimonio de lo correcto que es el diseño de Dios.

Al otro lado del jardín está dividido en tres secciones: **Sección Uno, Fundamentos**, declara los principios de la femineidad bíblica desde la perspectiva de Dios. Dios creó a la mujer y la "diseñó" para un propósito específico. Los términos: "el diseño de Dios para la femineidad," y "el diseño de la femineidad," son usados extensamente a lo largo del libro y se refieren a más que el simple papel de la mujer como esposa, madre y ama de casa. Se refieren a los propósitos de Dios para la mujer en cada área de su vida incluyendo su singularidad, su importancia, sus privilegios, y sus responsabilidades. Esta sección establece las premisas sobre las cuales se basan las siguientes dos secciones.

**Sección Dos, Oposiciones a la Femineidad Bíblica**, alerta a las mujeres cristianas acerca de las posiciones anti-bíblicas de los últimos cincuenta años o más, que sistemáticamente han atacado la femineidad bíblica. Las falacias sutiles de Satanás son tan geniales que las mujeres que desean autonomía han sido presa fácil para sus conquistas. Esta sección le ayudará a identificar los tipos de mentiras que seducen a las mujeres para apartarlas de sus roles bíblicos.

**Sección Tres, Aplicaciones a la Vida Práctica**, diserta sobre los fundamentos bíblicos presentados en la **Sección Uno** y los aplica a la vida real. Yo, personalmente, he intentado practicar estos principios en mi propia vida y los he observado en las vidas de aquellos que están cerca de mí. He cometido muchos de los errores de los que enseguida les voy a advertir y he aprendido algunas de las cosas que ahora sé a base de cometer errores. He caído en pozos de desesperación que podía haber evitado fácilmente si hubiera seguido el diseño de Dios.

Aunque la experiencia puede ser el mejor maestro, también es el maestro más áspero y severo causando angustias y estrés. El aprender el material en esta sección le puede ayudar a evitar algunos de estos descalabros. También le puede ayudar a salir de sus pozos de desesperación y a corregir algunos de los errores que ha cometido. Las aplicaciones prácticas le guiarán al lugar en donde puede recibir las bendiciones que Dios promete a aquellos que viven de acuerdo a su diseño. Estas bendiciones están disponibles para aquellas que aplican los principios de la femineidad bíblica a sus vidas.

### Mi Oración

Mi oración ferviente para cada mujer que lea este libro es que ella sea refrescada, animada, y estimulada con un nuevo entusiasmo por aprender las verdades de Dios. Que el resultado de escuchar y obedecer a Dios sea una mayor realización de la presencia de Dios en su vida, revigorizando su matrimonio, y fortaleciendo a su familia. Que por estas cosas pueda dar honra y alabanza solamente a Dios. También oro que su vida presente al mundo un modelo del diseño de Dios para la femineidad digno de ser alabado para que otras mujeres sean atraídas a ese modelo por su ejemplo. Esta oración es ofrecida en el nombre de Jesús y para su gloria.

Virginia Fugate, 1999

# Introducción a la 2ª edición

La primera edición de Al Otro Lado del Jardín fue publicada en 1992. La dediqué a Dios y oré que el tomara mi ofrenda y la usara para su gloria. Fue mi oración que el libro pudiera liberar a las mujeres de la esclavitud al feminismo humanista. Mi deseo más profundo era que mis lectoras pudieran ver la verdad de Dios y alabarle por la hermosura del diseño que él ha creado. Desde entonces, numerosas mujeres me han escrito para decirme que: "¡Dios ha cambiado mi vida!" Una y otra vez, ellas glorificaban a Dios por su divina palabra y plan, en vez de alabarme a mí por mis palabras humanas. Estas mujeres me veían solamente como un instrumento humano usado por Dios, no como una celebridad a quien imitar. Por esto alabo a Dios.

Él ha respondido a mi oración, que yo sea empequeñecida y que él sea glorificado. *Es necesario que él crezca, pero que yo mengüe (Juan 3:30).* Desde 1992, muchas mujeres me han dicho que Al otro lado del Jardín les ayudó a entender por primera vez la femineidad bíblica. Conforme estas mujeres aplicaron las verdades de la Palabra de Dios a sus matrimonios, experimentaron el gozo de ver el poder de Dios obrando en sus vidas y quedaron entusiasmadas. Sin embargo, junto con el gozo transformador que experimentaron en sus vidas, algunas mujeres también dolorosamente reconocieron sus fracasos pasados. Cosas que habían dicho y hecho estaban grabadas profundamente en sus conciencias. Conforme estas mujeres se enfrentaban con su pasado, se sentían profundamente tristes y se preguntaban si sus vidas podían ser reparadas. Si en cualquier momento, comienza a sentirse abatida por su pasado, por favor, antes de seguir adelante inmediatamente vaya a leer el capítulo XXIV: ¡Ayúdenme! Todo lo he hecho mal. Este capítulo le ayudará a darse cuenta de que no está sola. Todos fallamos en alcanzar la perfección de Dios.

> *Por cuanto todos pecaron, y están destituidos de la gloria de Dios.* (Romanos 3:23)

El capítulo XXIV le ayudará a dejar atrás su pasado y a seguir adelante hacia su futuro. Nuestro Dios es un Dios de restauración y paz. En él podemos aprender de nuestros errores anteriores, pero no debemos permitir que esos fracasos o pecados nos impidan experimentar un futuro exitoso. Por su poder y su gracia podemos alcanzar "¡el supremo llamamiento de Dios en Cristo Jesús!"

> *Pero una cosa hago: olvidando ciertamente lo que queda atrás, y extendiéndome a lo que está delante, prosigo a la meta, al premio del supremo llamamiento de Dios en Cristo Jesús. (Filipenses 3:13b-14)*

Que Dios le bendiga abundantemente conforme se esfuerza por realizar la femineidad bíblica en su vida.

Virginia Fugate, Mayo, 2004

# CONTENIDO

PREFACIO     1

## SECCIÓN UNO: FUNDAMENTOS

| CAPÍTULO | TÍTULO | PÁGINA |
|---|---|---|
| I | ¿QUÉ LE SUCEDIÓ AL AMOR AHORA PASADO DE MODA? | 5 |
| II | CREADA CON UN PROPÓSITO | 11 |
| III | EL ENGAÑO | 19 |
| IV | MALDICIÓN CONVERTIDA EN BENDICIÓN | 27 |
| V | PRINCIPIOS DE AUTORIDAD | 37 |
| VI | SUMISIÓN NO ES LO MISMO QUE OBEDIENCIA | 47 |
| VII | ¿POR QUÉ SON LOS HOMBRES TAN DIFERENTES? | 57 |
| VIII | CUANDO DOS CABEZAS SON MEJORES QUE UNA | 67 |
| IX | LA MUJER—UNA PERSONA MUY INFLUYENTE | 77 |
| X | UN MODELO EJEMPLAR PARA LA FEMINEIDAD BÍBLICA | 95 |
| XI | ENSAMBLANDO TODAS LAS PIEZAS | 101 |

## SECCIÓN DOS: OPOSICIONES A LA FEMINEIDAD BÍBLICA

| | | |
|---|---|---|
| XII | VANAS FILOSOFÍAS | 111 |
| XIII | PATRONES DE PENSAMIENTO DEFICIENTES | 123 |

## SECCIÓN TRES: APLICACIONES PARA LA VIDA PRÁCTICA

| CAPÍTULO | TÍTULO | PÁGINA |
|---|---|---|
| XIV | DESILUSIONES, DECEPCIONES, Y MALOS ENTENDIDOS | 141 |
| XV | IRRITACIONES, FRUSTRACIONES, Y OFENSAS | 151 |
| XVI | APOYANDO EL PAPEL DE LÍDER DE SU ESPOSO | 157 |
| XVII | APOYANDO EL PAPEL DE PROVEEDOR Y PROTECTOR DE SU ESPOSO | 173 |
| XVIII | LA MUJER QUE TRABAJA FUERA DEL HOGAR | 181 |
| XIX | CUIDADORAS DEL HOGAR | 195 |
| XX | EL MINISTERIO DE LA MUJER | 207 |
| XXI | AMAR A SUS HIJOS | 219 |
| XXII | VULNERABILIDAD AL SUFRIMIENTO | 233 |
| XXIII | DEL DOLOR DE LA TRIBULACIÓN AL GOZO DEL AGRADECIMIENTO | 243 |
| XIV | ¡AYÚDENME! ¡TODO LO HE HECHO MAL! | 259 |
| | LISTA DE REPASO | 265 |
| | APÉNDICE: MUJERES SOLAS | 267 |

## PREFACIO

"Al otro lado del Jardín" fue escrito para su beneficio y para la gloria de Dios. No hay en él intento de manipular las emociones de la mujer o de apelar a su vanidad en su mensaje. **Solamente la mujer que desea conocer la verdad y servir a Dios es quien probablemente termine de leer este libro.** Es una presentación franca y sin excusas de verdades bíblicas acerca del diseño de Dios para la mujer y acerca de la relación humana más importante en la vida de una mujer: el matrimonio. A través de sus páginas también aprenderá mucho acerca de sí misma, en general le ayudará a ser más exitosa en su crecimiento espiritual.

Después de quince años de estar reuniendo notas acerca de la mujer, mi tranquila y gentil esposa, puso a un lado sus temores e inseguridades y escribió la primera edición de "Al otro lado del Jardín" en 1992. Libro que ella sintió necesario debido a que muchos libros aún cristianos se centran en un enfoque psicológico de la relación esposo-esposa o parecen darle al varón un parecer más afeminado. En varios la motivación es egoísta o auto-centrada ya que promueven técnicas para el manejo de personas o manipulación para lograr que el varón haga lo que la esposa anhela. El entender cómo piensa su esposo, y por tanto, cómo comunicarse con él mejor, es una habilidad valiosa en las relaciones interpersonales. Sin embargo, la manipulación humanista no es un concepto cristiano.

Trece años después, Virginia terminó la segunda edición de este valioso libro el cual ha sido usado en cientos de estudios bíblicos de señoras por todo el país. Esta edición tiene básicamente el mismo enfoque respecto a quién es la mujer, cuál es su rol, y cómo puede ella complementar a su único y singular esposo. Su mensaje está centrado únicamente en lo que la Palabra de Dios enseña acerca del tema. En ocasiones parecerá que la información presentada es unilateral o parcial porque no trata acerca de lo que el esposo debe ser o hacer. Más bien, este libro es únicamente para mujeres. Revela cómo una mujer puede vivir su vida para la gloria de Dios, aun si su esposo nunca hace lo que se supone debe hacer con su vida.

Mi preciosa esposa, no solamente ha estudiado y enseñado la femineidad Bíblica, también tiene las cualidades de "anciana" (autoridad en la iglesia) con las credenciales para enseñar a las mujeres jóvenes. En nuestros cuarenta y seis años de matrimonio, ella fielmente ha vivido y manifestado todas las verdades aquí presentadas conforme las iba aprendiendo. Ella pacientemente vivió como mi ayuda idónea durante nuestros primeros veinte años difíciles, mientras yo buscaba a Dios y llegaba a ser un hombre adulto. No sé de otra mujer de quien yo pudiera dar mejor testimonio: "Virginia verdaderamente es una mujer bíblica quien está viviendo exitosamente en el mundo de hoy."

Mi oración por cada lectora es que pueda experimentar la relación que mi esposa y yo ahora poseemos, la cual se debe en gran parte a que ella ha vivido la mayor parte de su vida de acuerdo con los principios establecidos en este libro.

J. Richard Fugate, Octubre, 2004

# SECCIÓN UNO

# FUNDAMENTOS

# CAPÍTULO I

## ¿QUÉ LE SUCEDIÓ AL AMOR AHORA PASADO DE MODA?

La letra de una canción popular comenzaba con las palabras: "¿Qué le sucedió al amor ahora pasado de moda?" En esta canción el vocalista añora un amor que le permita atravesar por los buenos y por los malos tiempos; la clase de amor que perdura hasta la edad avanzada; un amor como el que sus abuelos disfrutaron. Ocasionalmente aún escucho esa canción y mi corazón sufre por todas las parejas modernas que añoran, pero que no experimentan, el "amor pasado de moda."

¿Por qué es tan raro de encontrar hoy en día en nuestros matrimonios el "amor pasado de moda"? Tal vez porque la mayoría de las parejas esperan que esa atracción inmadura y emocional que originalmente sintieron el uno por el otro pueda llevar el peso de sus matrimonios para siempre. La gente ha llegado a pensar que el verdadero amor es romántico y mágico; un tipo de pretensión o infatuación, como estar en un sueño, con la cabeza en las nubes. Después de unos pocos años de matrimonio con frecuencia sufren una decepción extrema cuando se dan cuenta que se ha ido la "magia" y lo que queda son problemas y niños.

Los hombres y mujeres modernos parecen desconocer completamente que un matrimonio amoroso, como cualquier otra cosa que vale la pena en la vida, requiere de un compromiso firme e inquebrantable y de un esfuerzo sacrificial para poder prosperar. Están completamente ajenos al hecho de que lo que sus abuelos tuvieron fue fortaleza de carácter; la integridad para honrar sus compromisos sin importar el costo. Nuestros abuelos sabían que amar a otra persona significaba querer y hacer lo que era mejor para la persona amada; no demandar lo que uno

## ¿Qué Sucedió Al Amor Ahora Pasado De Moda?

quiere para sí mismo. Tristemente, muchas personas hoy día han descartado el concepto del "amor pasado de moda" y lo han cambiado por algo superficial y sin valor. Se dan por vencidos y cesan en desarrollar el estado de unidad del matrimonio y lo reemplazan por la soltería del interés propio. Descartan comprometerse y hacen que el criterio para determinar las decisiones en la vida sea la auto-gratificación. Demandando autonomía, colocan el "yo" por encima de todos los demás y aun alegan que tienen el "derecho" a hacerlo. Están buscando la realización sin comprometerse con nadie (incluyendo a Dios), pero no la van a encontrar; sería como buscar cubos de hielo en el sol.

Las personas frecuentemente se casan simplemente porque sienten una atracción física o emocional por la otra persona. Sin embargo, un matrimonio basado solamente en la atracción es superficial e inseguro. Si la atracción inicial de las parejas no madura en una relación más profunda, pronto se desvanecerá. Esta "faceta o etapa de la relación" es el resultado de una lealtad inquebrantable el uno con el otro que perdura mucho tiempo después de que la atracción física/emocional se ha convertido en una rutina. No hay palabras humanas que puedan describir adecuadamente la seguridad que una mujer puede tener en la faceta de la relación de amor. Pero, habiendo conocido yo misma esa clase de amor, lo voy a intentar.

La faceta de la relación está basada en dos personas fusionándose en una unidad de pensamiento y de existencia. Tal unidad solamente puede ser desarrollada a lo largo de un período prologando de tiempo. En esta etapa las palabras: "yo," "mi" y "mío," son reemplazadas por las palabras: "nosotros" y "nuestro." El considerar las necesidades del otro como más importantes que las necesidades propias llega a ser natural y no cuesta esfuerzo porque cada pareja opera como uno, no como dos entidades

## ¿Qué Le Sucedió Al Amor Ahora Pasado De Moda?

independientes. Esta faceta de la relación es el núcleo mismo de ese "amor pasado de moda" el cual toda mujer casada anhela.

No hay sustituto para el compañerismo y la compatibilidad entre dos personas quienes han compartido años de experiencias: las mismas personas, lugares, música y eventos. Las parejas que juntas han criado a sus hijos tienen recuerdos que continúan por mucho tiempo después de que los hijos han crecido. Los recuerdos afectuosos, tales como la risa que les causó cuando su primer hijo les dijo que traía las "maos tucias" (manos sucias) después de haber estado jugando en el lodo, continúan uniéndolos cuando ellos mismos usan esa frase mientras trabajan en el jardín. En la faceta de la relación del amor, la pareja está tan unida que cada miembro con frecuencia sabe, sin que se haya dicho ninguna palabra, lo que el otro está sintiendo, pensando, queriendo o necesitando. Aún pueden completar la oración del otro.

Nada fortalece los vínculos afectivos en una pareja como el pasar por enfermedades y crisis familiares. No hay amor como el amor que ha sido probado hasta sus mismos límites y que se ha fortalecido como resultado. El amor llega a ser más significativo para aquellos que han vivido a través de penas y sufrimientos que parecía que nunca sanarían, no obstante siempre tuvieron remedio.

Un compromiso inquebrantable es el pegamento que une y junta a un matrimonio a través del sube y baja de la vida. Tal compromiso desarrolla el tipo de amor que no puede ser destruido. Es un dar sin egoísmo, generoso y sacrificial en vez de una exigencia auto-centrada de querer recibir. Para aquellos que trabajan en desarrollar esta faceta en la relación la recompensa es un amor más profundo, por el que vale la pena todo dolor y esfuerzo ejercido para obtenerlo.

## ¿Qué Le Sucedió Al Amor Ahora Pasado De Moda?

Después de todos los años de enfrentar y superar juntos las pruebas, es maravilloso oírle declarar su amor por usted cada día. Será un deleite besar ese espacio calvo encima de su frente, y para él a pesar de ver como se acumulan las "líneas de expresión" en su rostro decirle que realmente le gusta su cabello gris. Es reconfortante envejecer juntos y experimentar un amor que continúa creciendo día tras día.

Los mejores tiempos comienzan solamente después de que las motivaciones auto-centradas de la juventud han sido reemplazadas por un amor por su cónyuge que es mayor que el amor por sí misma. La paz reina en un amor maduro porque todas las batallas se han ganado y todas las preguntas han sido contestadas respecto al dar y recibir de su relación. Es reconfortante saber que juntos fluyen como una canoa para dos personas sobre un tranquilo arroyo, ambos remando en la misma dirección. Hay tal seguridad inmensa cuando se sabe que si llegan a encontrar aguas rápidas, la experiencia que tienen de remar como si fueran uno solo los ayudará a llegar a aguas seguras.

¿Puede una mujer cristiana vivir una vida bíblica y a la vez experimentar el amor pasado de moda en este mundo moderno? No solamente puede, sino que sus seres queridos están dependiendo en que ella haga justamente eso. Su esposo la necesita como una mujer bíblica y sus hijos e hijas aprenden a través de su ejemplo.

> *Se levantan sus hijos y la llaman bienaventurada; y su marido también la alaba. Muchas mujeres hicieron el bien; más tú sobrepasas a todas. Engañosa es la gracia, y vana la hermosura; la mujer que teme a Jehová, ésa será alabada.*
> (Proverbios 31:28-30)

## ¿Qué Le Sucedió Al Amor Ahora Pasado De Moda?

Esta y las futuras generaciones desesperadamente necesitan de mujeres cristianas cuyas vidas reflejen las verdades de Dios; mujeres que confíen suficientemente en él para vivir de acuerdo a sus preceptos.

> *Para que seáis irreprensibles y sencillos, hijos de Dios sin mancha en medio de una generación maligna y perversa, en medio de la cual resplandecéis como luminares en el mundo; asidos de la palabra de vida* (Filipenses 2:15-16a)

Conforme lea este libro probablemente experimentará varias reacciones emocionales. En ocasiones se sentirá llena de inspiración por la pureza de la Palabra de Dios. En otros momentos sentirá agonía debido a la dificultad de su realidad diaria. Pero, así como hay felicidad en la faceta de la relación dentro del amor humano, también hay gozo inefable por estar "asidos de la palabra de vida." Pido a Dios que use este libro para elevarla por encima de las presiones del día de hoy, y que pueda llegar a conocer la satisfacción que resulta de haber vivido la femineidad bíblica por toda una vida.

# CAPÍTULO II

## CREADA CON UN PROPÓSITO

"¿Quién soy? ¿Por qué estoy aquí?" Toda mujer inteligente considerará estas preguntas en algún punto en su vida. Reconoce que si no obtiene las respuestas correctas puede estar viviendo en vano. Esto es particularmente cierto para la mujer cristiana que desea vivir una vida en Dios. ¿Puede una mujer realmente conocer su verdadera identidad? ¿Puede tener la absoluta confianza de que está viviendo su vida con un propósito que vale la pena? ¡Sí, la Biblia dice que sí puede!

Es necesario entender el plan maestro de Dios para poder responder a las preguntas de la mujer acerca de la vida. Para responder a la pregunta: "¿Quién soy?", es fundamental entender el patrón o plan original de Dios para la mujer. Para responder a la pregunta: "¿Por qué estoy aquí?" necesitamos descubrir el propósito de Dios en su diseño de la mujer.

¿Qué fuente proporciona la información más exacta acerca del diseño y propósito de una creación que el manual escrito por el diseñador original? La Biblia es un manual de este tipo. Con absoluta precisión, la Palabra de Dios nos dice por qué fue creada la mujer y define su propósito y función dentro del plan divino para el beneficio de su creación: la humanidad. La primera sección de este libro se ocupa en revelar el plan del diseño de la mujer por parte de Dios y su propósito en darle la vida. Cuando una mujer funciona en conformidad con el diseño de Dios, ella podrá sentirse realizada en su matrimonio, experimentará el éxito en la crianza de sus hijos, y tendrá confianza en su relación con Dios y con otros.

# Creada Con Un Propósito

## Los Propósitos de Dios en la Creación de la Humanidad

Originalmente, la humanidad era perfecta como lo era el resto de la creación de Dios. Dios tenía un propósito específico para todo lo que creó que iba más allá de su sola existencia. Por ejemplo, uno de sus propósitos para la humanidad es que tuviera trabajo productivo, como queda demostrado en Génesis 2:15.

> *Tomó, pues, Jehová Dios al hombre, y lo puso en el huerto de Edén, para que lo labrará y lo guardase.*

Dios no dejó al hombre sin instrucciones claras y precisas acerca de lo que Dios esperaba de él. Dios se comunicó con Adán, porque deseaba que el hombre conociera y obedeciera su Palabra. También estableció su autoridad sobre el hombre dándole instrucciones precisas que acarreaban consecuencias específicas si eran desobedecidas. Se le dijo a Adán que podía libremente comer del fruto de cualquier árbol en el huerto.

> *Más del árbol de la ciencia del bien y del mal no comerás; Porque el día que de él comieres, ciertamente morirás.* (Génesis 2:17)

Adán tenía todo lo que necesitaba para existir y no estaba consciente de que le faltara algo o de que estuviera solo, sino hasta que Dios lo trajo a su atención. Dios, no Adán, es quien dijo en Génesis 2:18b: *No es bueno que el hombre esté solo; le haré ayuda idónea para él.* Dios utilizó un desfile de criaturas para preparar a Adán para la presentación de la que sería una ayuda adecuada para él.

> *Jehová Dios formó, pues, de la tierra toda bestia del campo, y toda ave de los cielos, y las trajo a Adán para que viese como las había de llamar; y todo lo que Adán llamó a los animales vivientes, ese es su nombre.* (Génesis 2:19)

Aparentemente, los machos y las hembras de todos los animales fueron traídos delante de Adán; porque fue durante este desfile de evidencias tangibles que Adán se percató de que estaba solo.

*Y puso Adán nombre a toda bestia y ave de los cielos y a todo ganado del campo; mas para Adán no se halló ayuda idónea para él.* (Génesis 2:20)

## ¿Quién soy?

La mujer, como una entidad aparte no fue creada al mismo tiempo, ni de la misma manera que la creación original de la humanidad. *Y de la costilla que Jehová Dios tomó del hombre, hizo una mujer, y la trajo al hombre* (Génesis 2:22).

La Biblia no declara que Dios haya formado a la mujer de la materia prima de la tierra como hizo con el cuerpo original del hombre. En lugar de eso, Dios tomó una costilla directamente del primer hombre creado y moldeó una mujer. Esto no significa que la mujer fue una ocurrencia tardía de Dios, pues su misma esencia había sido determinada desde el principio como una parte integral de la creación llamada humanidad.

*Y creó Dios al hombre a su imagen, a imagen de Dios lo creó; varón y hembra los creó.* (Génesis 1:27)

Dios moldeó un segundo cuerpo humano alrededor de la costilla de Adán. La creación original de la humanidad se encontraba ahora en dos entidades o seres distintos: hombre y mujer. La humanidad ya no estaba completa y entera en una sola entidad como en el principio. Ahora existían dos entidades separadas, cada una necesitando de la otra para hacer completa a la humanidad.

> *Por tanto, dejará el hombre a su padre y a su madre, y se unirá a su mujer, y serán una sola carne.* (Génesis 2:24)

> *Varón y hembra los creó; y los bendijo, y llamó el nombre de ellos Adán, el día en que fueron creados.* (Génesis 5:2)

El hombre y la mujer fueron creados para que actuaran como pareja. Esto ayuda a explicar el misterio del matrimonio; la unión de las dos partes en una sola carne. Esta unión no se refiere solamente a la unión física de un hombre y una mujer, sino también a la unión de sus almas. Los humanos han estado escribiendo poemas y canciones por miles de años que hablan de una unión del alma entre un hombre y una mujer normales (sin cicatrices causadas por la promiscuidad) en el momento en que comienzan a tener contacto íntimo. (Vea también el Cantar de Cantares.) Después de la relación sexual, sus almas están todavía más entrelazadas, especialmente la de la mujer con la del hombre. Cualquier separación posterior no puede hacerse sin causar daño a las almas de ambos; es como si aquello que ha sido unido en uno ahora es desgarrado violentamente.

> *Él, respondiendo, les dijo: ¿No habéis leído que el que los hizo al principio, varón y hembra los hizo, y dijo: Por esto el hombre dejará padre y madre, y se unirá a su mujer, y los dos serán una sola carne? Así que no son ya más dos, sino una sola carne; por tanto, lo que Dios juntó, no lo separe el hombre.* (Mateo 19:4-6)

(Este importante mensaje también está registrado en Génesis 2:24 y se repite en Efesios 5:31.)

## ¿Cuál es el propósito de la mujer? o, ¿Por qué estoy aquí?

El propósito de Dios al formar a la mujer fue proporcionar al hombre una compañera adecuada para él. Dios había tomado del varón todo lo necesario para formar una "ayuda idónea para él" (una contraparte del varón – una hembra). Dios le regresó al hombre, en el matrimonio, aquello que le había sido quitado – la mujer.

El hombre no desconocía el origen de la mujer. Su primera reacción al verla indica que él reconoció la procedencia de la mujer.

> *Dijo entonces Adán: Esto es ahora hueso de mis huesos y carne de mi carne; ésta será llamada Varona, porque del varón fue tomada.* (Génesis 2:23)

Adán había nombrado a las criaturas de la tierra, así que era natural para él darle nombre a la hembra – uno que iría de acuerdo con su propósito de ser. La creación original tenía un nombre genérico, Adán o humanidad, pero ahora había dos cuerpos y dos nombres. Hombre ahora se refería al varón y mujer se refería a la hembra. La palabra hebrea para "hombre" es *Ish* y la palabra hebrea para "mujer" es *Isha* (significa "salió de *Ish*").

> *Dijo entonces Adán,…ésta será llamada Varona (o mujer,* Isha*), porque del varón (*Ish*) fue tomada.* (Génesis 2:23)

Aun antes de que Isha fuera formada de Ish, Dios había declarado el propósito de la mujer. Él había dicho que no era bueno que el hombre estuviera solo. El hombre necesitaba una compañera y una ayuda adecuada para él. El que Adán la haya llamado Isha revela que Adán reconocía a la mujer como una contraparte de sí mismo e indica que él entendió que el propósito de la mujer era fungir como su ayuda idónea.

# Creada Con Un Propósito

El hecho de que la mujer haya sido la segunda entidad de la humanidad en aparecer no la deja en un segundo plano, sino solamente incompleta en sí misma. Al formar a la mujer de Adán, y al llevársela a él, Dios estaba enfatizando la dependencia, realización y relación de la mujer con su esposo.

*Porque el varón no procede de la mujer, sino la mujer del varón, y tampoco el varón fue creado por causa de la mujer, sino la mujer por causa del varón.* (1 Corintios 11:8-9)

Dios diseñó a la mujer para el beneficio del hombre (Génesis 2:18-20), fue sacada de él (Génesis 2:22-23), y fue para él (1 Corintios 11:8-9). No hay ninguna indicación en ningún lugar de las Escrituras que una mujer casada deba tener un propósito propio, aparte de su marido. (Vea, el Apéndice, Mujeres Solas, para leer comentarios acerca de la mujer soltera.)

## ¿Qué significa ayudante?

La definición bíblica de "ayudante" no difiere mucho de la definición del diccionario: "una persona o cosa que ayuda o provee asistencia, apoyo, etc." Sinónimos de ayudante incluyen: auxiliar, asistente, colaborador, y servidor. El verbo "ayudar" se define: "Contribuir fuerza o los medios para prestar asistencia; cooperar efectivamente con; auxiliar, asistir; como en, 'me ayudó con mi trabajo'." Estas definiciones indican que la mujer como ayudante es un asistente – uno que ayuda a alcanzar las metas del que está guiando. Las metas de él se convierten en las metas de ella. Ella coopera y efectivamente asiste y presta apoyo para fortalecer al hombre para sus propias tareas.

La mujer tiene un trabajo importante por hacer para poder cumplir con su propósito dado por Dios. Ella debe usar su inteligencia, talentos, y habilidades de tal manera que sus esfuerzos den apoyo y ánimo a su esposo. Esto puede variar desde proveer un hogar estable y cómodo, hasta trabajar en el negocio de su esposo o dar apoyo moral a su ministerio. En otras palabras, ella ayuda a su esposo en cualquier capacidad en la que él necesite más de su asistencia.

La Escritura nunca declara ni insinúa que a la mujer le falten inteligencia o habilidades. De hecho, para que pueda lograr sus tareas, Dios la ha capacitado con ciertas excelentes habilidades típicas del sexo femenino. Las mujeres (cuando no han sido manchadas por el pecado) tienden a ser compasivas, comprensivas, pacientes, tenaces, altruistas y abnegadas en el cuidado de otras personas.

La mujer obviamente debe tener habilidades. De lo contrario no sería de ayuda; más bien sería un estorbo. Cuando una mujer acepta su rol de ayudadora, Dios usa sus habilidades para auxiliar y complementar el rol de su marido y su llamado en la vida. Sin embargo, la mujer que rechaza su posición de ayudante se convierte en un obstáculo para el rol del marido; no importa qué tan inteligente o talentosa sea. Tal mujer ha renunciado a su propio propósito dentro de la creación de Dios y estará utilizando sus talentos en oposición a los propósitos de Dios. Como resultado, puede convertirse en un obstáculo el cual su esposo tendrá que superar para poder alcanzar los objetivos que Dios desea. Y, él lo tendrá que hacer solo, sin su ayuda idónea.

Algunas mujeres modernas rechazan el diseño de Dios porque erróneamente piensan que el propósito de Dios para ellas como ayudantes las coloca en un nivel inferior en posición e importancia. Confunden la sumisión con la inferioridad y piensan que el título de "ayudante" es degradante. Tal vez estas mujeres nunca han analizado a fondo sus pensamientos a la luz de la Palabra de Dios. ¿Cómo es posible que alguno de los propósitos de Dios para su creación puedan ser denigrantes? Todo lo que Dios creó merece ser exaltado, incluyendo sus propósitos tanto para el hombre como para la mujer. La mujer que vive conforme al diseño perfecto de Dios no es denigrada; al contrario, refleja la belleza original de la creación y cumple el propósito para el cual nació. Esta es la mujer que puede responder confiadamente a la pregunta: "¿Quién soy?" También, puede con humildad y mansedumbre someterse a la respuesta de Dios a la pregunta: "¿Por qué estoy aquí?"

# CAPÍTULO III

## EL ENGAÑO

La mujer fue diseñada por Dios para funcionar en un rol de apoyo como ayuda idónea para su esposo. Fue el plan de Dios que el esposo y la esposa operaran como uno, como una sola creación armoniosa. Casi toda mujer desea (hasta anhela) tal unión de su alma con su marido. ¿Por qué, entonces, parece tan difícil alcanzar la compatibilidad y la unidad en el matrimonio hoy en día? ¿Qué le ha pasado al diseño y propósito original de Dios para la humanidad?

Para responder a estas preguntas necesitamos volver al tiempo de la creación original. En el principio, Satanás desafió el derecho de Dios de gobernar sobre él.

> *Tú (Satanás) que decías en tu corazón: Subiré al cielo; en lo alto, junto a las estrellas de Dios, levantaré mi trono, y en el monte del testimonio me sentaré, a los lados del norte; sobre las Alturas de las nubes subiré, y seré semejante al Altísimo. (Isaías 14:13-14) (Se agregó comentario en paréntesis)*

Esta afirmación rotunda de rebelión manifestaba el rechazo del gobierno de Dios, como también la declaración de guerra de Satanás contra Dios. Por consiguiente, todo lo que ha hecho desde entonces ha sido una perpetuación de su rebeldía. La trama de Satanás para incitar a la humanidad para que se uniera a su rebelión comenzó cuando tomó posesión de la serpiente y se acercó a la mujer en el Huerto del Edén.

> *Pero la serpiente era astuta, más que todos los animales del campo que Jehová Dios había hecho; la cual dijo a la mujer: ¿Conque Dios os ha dicho: No*

# El Engaño

*comáis de todo (falso) árbol del huerto?* (Génesis 3:1). (Se añadió comentario y énfasis.)

Examine la instrucción original de Dios abajo y compárela con la sutil alteración que Satanás hizo a las palabras de Dios arriba; se han enfatizado claramente en ambas citas. Observe como Satanás hizo una pregunta tendenciosa, distorsionando el verdadero mandamiento de Dios y haciéndolo parecer injusto.

*Y mandó Jehová Dios al hombre, diciendo: De todo árbol del huerto podrás comer; mas del árbol de la ciencia del bien y del mal no comerás; porque el día que de él comieres, ciertamente morirás.* (Génesis 2:16-17) (Se añadió el énfasis.)

Satanás abrió el camino en el uso de alteraciones sutiles a la Palabra de Dios con el fin de corromper su significado y negar su propósito original. La mujer siguió la dirección de Satanás con su propia, aparentemente pequeña, modificación a las palabras de Dios.

*Y la mujer respondió a la serpiente: Del fruto de los árboles del huerto podemos comer; pero del fruto del árbol que está en medio del huerto dijo Dios: No comeréis de él* (acertada hasta aquí), **ni le tocaréis** (un pequeño adorno dramático), *para que no muráis.* (acertada otra vez) (Génesis 3:2-3) (Se añadieron comentarios y énfasis.)

Al modificar las palabras de Dios la mujer mostró que fácilmente podía ser llevada por el mal. Con la escena ya preparada, la serpiente dio el golpe mortal.

*Entonces la serpiente dijo a la mujer: No moriréis; sino que sabe Dios que el día que comáis de él, serán abiertos vuestros ojos, y seréis como Dios, sabiendo el bien y el mal.* (Génesis 3:4-5) (¡Esta es una mentira! Dios claramente había comunicado en Génesis 2:17 que el resultado sería la muerte.)

Satanás insinuó que Dios deliberadamente le estaba ocultando o reteniendo algo valioso a la mujer. Él sugirió que ella estaba siendo privada y que podía obtener, sin ninguna penalización, aquello que Dios le negaba. Él sugirió que a ella solamente le estaba faltando ese conocimiento que la haría **como** Dios. La distorsiones de Satanás a la Palabra de Dios, la mujer dio el paso fatal intención sutil de Satanás era llevar a la mujer a la desobediencia a través del mismo camino de orgullo y rebelión que él mismo había tomado. En su malvada rebelión, había dicho: *"Seré semejante al Altísimo."* Notemos la analogía en su ofrecimiento de conocimiento superior a la mujer: "...***serán abiertos vuestros ojos y seréis como Dios...***" (Génesis 3:5). (Se añadió el énfasis.)

Finalmente, convencida por las suaves mentiras y; actuó en contra de la voluntad declarada de Dios.

> *Y vio la mujer que el árbol era bueno para comer, y que era agradable a los ojos, y árbol codiciable para alcanzar la sabiduría; y tomó de su fruto, y comió; y dio también a su marido, el cual comió así como ella.* (Génesis 3:6)

Al comer del fruto la mujer, en cierto sentido, estaba haciendo lo que es natural hacer para la mujer – seguir el liderazgo. Pero ella no siguió el liderazgo de Dios, ni siquiera siguió el liderazgo de su esposo. Más bien, siguió el liderazgo de un seductor. La caída de la mujer en la trampa de Satanás descubrió sus más débiles y vulnerables áreas de tentación: un intenso deseo por conocimiento y autogobierno. Aun hoy en día, la manera más fácil de engañar a una mujer es apelando a su ardiente deseo de conocimiento superior, o tentarla con un ofrecimiento de autonomía.

*Y Adán no fue engañado, sino que la mujer, siendo engañada, incurrió en transgresión.* (1 Timoteo 2:14)

Aunque la mujer fue engañada, el hombre no lo fue. La mujer tuvo tan poderosa influencia sobre el hombre que fue capaz de tentarlo para que escogiera, **con conocimiento y voluntariamente**, desobedecer a Dios. Cuando Adán siguió la dirección de Eva descubrió su más débil y vulnerable área de tentación: su deseo por la mujer. La influencia de la mujer es tan fuerte que puede hacer que un hombre hasta abandone sus propios principios para seguirla a pecar contra Dios. (Advertencia: como esposas debemos tener mucho cuidado en la manera en que influenciamos a nuestros esposos.)

Cuando la mujer le ofreció el fruto al hombre, se salió de su rol designado y de su propósito como ayudante del hombre. Ella actuó, más bien, como líder. De modo semejante, cuando el hombre aceptó el fruto de mano de la mujer, estaba rechazando su propósito designado de ser líder o cabeza y actuó como seguidor. Estos actos, aparentemente sencillos, invirtieron las posiciones de liderazgo y de ayuda idónea y corrompieron el diseño perfecto de Dios para el esposo y la esposa. En ese momento se inició la "guerra de los sexos," es decir, la lucha por definir cual sexo va a guiar y cuál va a seguir. El éxito de la artimaña de Satanás le proporcionó el arma más poderosa contra la raza humana: el conocimiento de las debilidades tanto del hombre como de la mujer. Hasta el día de hoy, sigue usando este conocimiento para engañar a hombres y mujeres para apartarlos del plan y del propósito de Dios para sus vidas.

# El Engaño

## Satanás engaña a la mujer hoy

Satanás continúa su guerra contra Dios hoy utilizando a la humanidad como sus herramientas. Sigue intentando engañar a la mujer con verdades a medias y mentiras fabricadas para promover la inquietud y la insatisfacción.

> *Porque de éstos son los que se meten en las casas y llevan cautivas a las mujercillas cargadas de pecados, arrastradas por diversas concupiscencias. Estas siempre están aprendiendo, y nunca pueden llegar al conocimiento de la verdad.* (2 Timoteo 3:6-7)

Con distorsiones malintencionadas similares a las que engañaron a Eva, la mujer moderna es sutilmente influenciada hoy: "Las mujeres que se sujetan al diseño de Dios para la femineidad son anticuadas, incapaces, auto-denigrantes, y patéticas. El diseño de Dios no las protege; de hecho las daña. Las frena e impide su desarrollo personal y les niega el derecho a la auto-expresión." Y, "Necesitas estar en control de tu vida. Eres una persona inteligente. No necesitas que un hombre te diga que hacer, especialmente si es inferior en inteligencia o madurez. La mujer puede hacerlo todo, tan bien o aun mejor que la mayoría de los hombres. De hecho, las soluciones a los problemas de la vida de las mujeres son por lo general superiores a las de los hombres. Los hombres nada más te frenan y te impiden alcanzar tu verdadero potencial y grandeza." Y también, "La educación acerca de los derechos de la mujer te darán el conocimiento y las agallas para luchar por tu libertad. El conocimiento es igual a libertad, la libertad para ser tu propia autoridad." (Tal vez... ¿para ser como Dios?)

Las mujeres hoy día están siendo atacadas desde todas direcciones, con un bombardeo de súplicas halagadoras dirigidas con gran precisión a sus puntos débiles; particularmente a su intenso deseo de autonomía. Tentaciones como las mencionadas arriba continúan promoviendo en la mujer inquietudes e insatisfacciones respecto al propósito para el cual fueron creadas. Éstas animan a la mujer a arrebatarle a Dios su derecho a determinar su propósito, y a tomar el control total respecto sobre su propio destino. Aquellas que promueven estas falsas enseñanzas le dicen a la mujer que se beneficiará al quitarse de encima el liderazgo masculino (lo que al final de cuentas derroca el diseño de Dios). Dan a entender que la mujer que no se rebela en contra del liderazgo masculino es una ignorante, o es débil y se deja amedrentar para seguir sujeta. Niegan que existan consecuencias negativas por seguir ese rumbo que se opone directamente a la voluntad de Dios.

Un medio a través del cual Satanás promueve su rebelión hoy es el movimiento de liberación femenina. El movimiento feminista apela a ese deseo de autonomía en la mujer y deliberadamente promueve lo contrario al orden establecido por Dios para la humanidad. Los paladines dentro de este movimiento siguen ofreciendo a la mujer moderna ese "fruto prohibido" con el fin de seducirla a rebelarse contra Dios. Su filosofía satánicamente inspirada ha saturado el mundo del entretenimiento y todos los demás medios con la personificación casi universal de la mujer independiente: feliz, realizada y conocedora. Se le presenta como una mujer exitosa desempeñándose en una carrera importante, mientras que al mismo tiempo exitosamente cuida y guía a su familia; muchas veces supliendo o compensando las deficiencias de su débil esposo.

Satanás está manipulando magistralmente a los insensatos para que se le unan en su causa contra el plan de Dios para la humanidad; disfrazando sus contradicciones en lenguaje elegante y con apenas suficiente verdad para hacerlas creíbles. Su filosofía falsa ha infiltrado los medios de comunicación con sus reclamos de "sexismo." Mientras tanto, el gobierno en todos sus niveles ha respondido legislando leyes para defender los "derechos de la mujer."

Las mujeres modernas constantemente están siendo bombardeadas con la filosofía falsa de Satanás. Están expuestas a propaganda feminista cada día en los programas en la televisión, en los reportajes periodísticos, y en los artículos en las revistas.

Aun aquellas mujeres que no aceptan conscientemente las posiciones extremas y radicales del movimiento de liberación femenina, se ven influenciadas y afectadas al estar expuestas a la corriente de dicha propaganda. La constante repetición de los dogmas del feminismo hace que tales falsedades aparezcan como válidas por su familiaridad. Aun en la iglesia hay evidencias de esta engañosa influencia, donde encontramos cada vez a menos mujeres viviendo sus vidas como ayudadoras bíblicas. Aquellas jóvenes mujeres que se atreven a poner a su esposo y a su familia primero frecuentemente se les hace sentir incómodas e inferiores, como que no dan la "medida." Como que son culpables de "desperdiciar" su potencial inalcanzado.

## En Conclusión

Desde el principio de su contacto con la humanidad, Satanás siempre ha sido sigiloso y conspirador. Sabe que solo no puede derrocar a Dios. Parece tener la intención de seguir usando a la humanidad como armas en su guerra contra el Creador. Cuando el maligno se acercó a la mujer en el Huerto del Edén, no lo hizo de una manera abierta y franca. Usó el engaño como táctica y hoy sigue usando las mismas técnicas. Al apelar primero al orgullo de la mujer, pudo engañarla para que desobedeciera el mandamiento de Dios.

## El Engaño

De modo semejante, el orgullo de la mujer moderna la hace vulnerable a las tácticas engañosas de Satanás. Debido a que las mujeres tienen una sed insaciable por el auto-gobierno, ellas también con mucha frecuencia abandonan el propósito original de Dios para sus vidas e intentan ser su propia autoridad. Al actuar de manera autónoma, piensan que no están siguiendo a nadie más. La realidad es que se vuelven partidarias de la rebelión de Satanás, seguidoras de su liderazgo, y de manera involuntaria en compañeras de él en su guerra contra Dios.

Pienso que la mayoría de las mujeres que están siendo influenciadas por las decepciones actuales de Satanás no se dan cuenta en lo absoluto de que están siguiendo su patrón de rebelión ni de que están siendo usadas en su intento de derrocar a Dios. Al final, Satanás no va a ganar pero de todas maneras es horrible para cualquier mujer ser usada como una herramienta en sus malvadas conspiraciones.

Mi oración es que miles de mujeres cristianas escojan reflejar la belleza del propósito para el que fueron creadas y al hacerlo sean instrumentos para exponer la traición de Satanás.

# CAPÍTULO IV

## MALDICIÓN CONVERTIDA EN BENDICIÓN

El primer hombre y la primera mujer tuvieron la bendición de vivir en el huerto, pero también fueron advertidos de que habría consecuencias si comían del fruto del árbol del conocimiento del bien y del mal. No tomaron en serio la advertencia de Dios y su desobediencia está registrada en Génesis como el primer acto de pecado de la humanidad.

Dios juzgó la desobediencia de Adán y de Eva y los sentenció a penas específicas, las cuales ellos y todos sus futuros descendientes tendrían que llevar a través de las edades. En este capítulo habremos de ver estas penas y sus repercusiones en la mujer moderna. También descubriremos cómo Dios proveyó maneras para bendecir a la mujer bíblica a pesar de que ella tiene que vivir con las consecuencias del pecado original de la humanidad.

### Las dos maldiciones

Cuando Dios juzgó el pecado de la primera mujer, pronunció una sentencia que contenía dos castigos. El primer castigo tenía que ver con su papel al dar a luz y el segundo reafirmaba el patrón que ya había sido establecido en su relación con su esposo.

*A la mujer dijo: Multiplicaré en gran manera los dolores en tus preñeces; con dolor darás a luz los hijos; y tu deseo será para tu marido, y él se enseñoreará de ti.* (Génesis 3:16)

El primer castigo que tiene que ser llevado por la mujer es el dolor asociado con el proceso de dar a luz. No sólo es doloroso dar a luz, sino que todo el sistema reproductor de la mujer con frecuencia le causa sufrimiento. El ciclo menstrual con frecuencia es más que molesto; para muchas mujeres es un trauma mensual severo. Aun el cese del ciclo menstrual (menopausia) es difícil para las mujeres mayores. El embarazo también incluye el sufrimiento desde náuseas y cambios de estado de ánimo hasta dolores de espalda y el poco deseado aumento de peso. Finalmente, al proceso anterior de dar a luz se la llama correctamente: "trabajo de parto."

Sin embargo, el enfocarnos únicamente en el lado del castigo de esta maldición es olvidar que el propósito de Dios para tales proclamaciones es de acercar a la humanidad a sí mismo. La Biblia registra por lo menos setenta y siete veces en las que Dios declaró maldiciones sobre la humanidad *"a fin de que sepas que yo soy Jehová."* El dolor en el parto no tiene la intención de ser únicamente un castigo, sino también una enseñanza. El dolor y el pesar asociado con el dar a luz es un recordatorio de los resultados del pecado y de las consecuencias de desobedecer a Dios.

El segundo castigo por el pecado de la mujer tiene dos aspectos: su deseo para su marido, y el principio de que la mujer debe estar bajo la autoridad de su marido. ¿Realmente significa esto lo que parece significar? Raymond C. Ortlund, Jr. en su libro, *Recuperando la Hombría y la Femineidad Bíblica*, ha hecho una investigación extensa acerca de la palabra hebrea traducida como "deseo" en Génesis 3:16. Él ha concluído que el significado de esta palabra conlleva un fuerte deseo de controlar. Esta misma palabra se utiliza en Génesis 4:7 donde se le dice a Caín que el pecado lo quiere controlar, pero que él debe enseñorearse sobre el pecado. Génesis 3:16 pudiera entenderse mejor de la siguiente manera: Tú (mujer) "desearás controlar" a tu marido, pero él se "enseñoreará" (tendrá dominio, reinará, tendrá poder) sobre ti. La mujer ha sido maldecida con ser gobernada por su marido a la vez que, ¡tiene ese fuerte deseo de controlarlo! El "deseo" de la mujer es en verdad una sentencia pesada. Su deseo de controlar a su marido puede ser tan fuerte como lo fue el tirón del pecado para Caín.

Por causa del deseo de la mujer de controlar, las palabras de Dios: *"y él se enseñoreará de ti"* resultan en lloro y crujir de dientes hasta para las mujeres de temperamento más sumiso. Ninguna mujer quiere que alguien más tenga poder sobre ella. Obviamente, estas fuerzas son el origen de la batalla de los sexos. Mientras que la responsabilidad del marido delante de Dios es de gobernar a su esposa, ella desea controlar a su esposo. Sin la gracia de Dios habría pocas esperanzas para cualquier matrimonio.

## Las Bendiciones

Un deseo profundo de Dios es bendecir a la humanidad (1 Timoteo 2:3-4 y Juan 3:17). Por tanto, siempre que es necesario que la justicia de Dios juzgue la desobediencia, su amor también provee una manera de volver cualquier castigo en una bendición. Aun el juicio sobre el pecado original de la primera mujer puede ser vuelto en beneficios para toda la humanidad. Sin embargo, para obtener estos beneficios, es necesario entender la provisión de Dios para la bendición dentro del castigo. De otra manera, el castigo permanece como una maldición, mientras que los beneficios yacen inactivos y sin ser reclamados.

## El Primer Beneficio

Veamos el primer beneficio contenido dentro del juicio del pecado de la mujer. Como hemos visto, el nacimiento de cada hijo trae consigo un recordatorio doloroso del resultado del pecado. Pero juntamente con el dolor, Dios también provee la bendición de una nueva vida humana. Antes del nacimiento de Cristo, cada nueva vida era un recordatorio de la esperanza en el futuro nacimiento del Salvador prometido (Génesis 3:15). Sin embargo, desde su nacimiento, se le ha provisto a la humanidad el camino para restaurar su relación con Dios.

> *Mas Dios muestra su amor para con nosotros, en que siendo aún pecadores, Cristo murió por nosotros. Pues mucho más, estando ya justificados en su sangre, por él seremos salvos de la ira. Porque si siendo enemigos, fuimos reconciliados con Dios por la muerte de su Hijo, mucho más, estando reconciliados, seremos salvos por su vida. Y no sólo esto, sino que también nos gloriamos en Dios por el Señor nuestro Jesucristo, por quien hemos recibido ahora la reconciliación. (Romanos 5:8-11)*

Hoy, el dolor de parto todavía ofrece a la mujer la bendición de una nueva vida. La mayoría de las mujeres consideran este dolor como un precio por pagar de poca importancia cuando finalmente tienen en sus brazos al pequeño recién nacido. Aunque ya no estamos expectantes por el nacimiento del Salvador, cada recién nacido puede ser un bendito recordatorio de que Dios cumplió su promesa de enviar un Salvador a la humanidad.

Detengámonos y reflexionemos en como Dios convirtió esa maldición atemorizante de la muerte en una extraordinaria bendición de vida eterna.

> 1. En Génesis 2:16-17, *"mandó Jehová Dios al hombre, diciendo: **De todo árbol del huerto podrás comer**; mas del árbol de la ciencia del bien y del mal no comerás; porque el día que de él comieres, ciertamente **morirás**.* (Se añadió el énfasis)

2. Dios no puede mentir ni actuar de alguna manera que viole su carácter: *"en la esperanza de la vida eterna, la cual Dios, que no miente, prometió desde antes del principio de los siglos"* (Tito 1:2). De manera que las consecuencias por la desobediencia de su mandamiento: *"no comerás,"* **de hecho** ocurrieron. Adán y Eva inmediatamente murieron espiritualmente y comenzaron el proceso de la muerte física al momento de desobedecer. Toda la humanidad futura quedó condenada a estas mismas muertes.

> *Por tanto, como el pecado entró en el mundo por un hombre, y por el pecado la muerte, así la muerte pasó a todos los hombres, por cuanto todos pecaron.* (Romanos 5:12)

3. El carácter justo de Dios lo obliga a cumplir cabalmente su palabra, sin embargo, el carácter de Dios también incluye al amor. *"Y nosotros hemos conocido y creído el amor que Dios tiene para con nosotros. Dios es amor"* (1 Juan 4:16a). Es imposible para Dios actuar en una manera que no sea compatible con la integridad de la totalidad de su carácter. Nuestro Padre Celestial amoroso, quien también demanda justicia, convirtió la maldición en bendición cuando proveyó para la humanidad una manera en que pudiera ser restaurada con él mismo.

> *Pues si por la transgresión de uno solo reinó la muerte, mucho más reinarán en vida por uno solo, Jesucristo, los que reciben la abundancia de la gracia y del don de la justicia. Así que, como por la transgresión de uno vino la condenación a todos los hombres, de la misma manera por la justicia de uno vino a todos los hombres la justificación de vida.*

> *Porque así como por la desobediencia de un hombre los muchos fueron constituidos pecadores, así también por la obediencia de uno, los muchos serán constituidos justos. (Romanos 5:17-19)*

4. A través del sacrificio de Jesucristo, la aterradora maldición de una separación eterna de Dios fue conquistada. La gloriosa bendición de vida eterna está ahora disponible a todos los que creen que Jesús es el Cristo, el Hijo de Dios (Juan 20:31b).

> *También con respecto a nosotros a quienes ha de ser contada, esto es, a los que creemos en el que levantó de los muertos a Jesús, Señor nuestro, el cual fue entregado por nuestras transgresiones, y resucitado para nuestra justificación. Justificados, pues, por la fe, tenemos paz para con Dios por medio de nuestro Señor Jesucristo. (Romanos 4:24-5:1)*

Este es el asombroso, magnífico, glorioso, misericordioso Dios Padre Celestial quien nos creó y diseño nuestros roles. Él siempre provee para su creación de una manera infinitamente superior a cualquier cosa que nosotros pudiéramos imaginar. Él convirtió la maldición de muerte en una bendición a través de Jesucristo. De la misma manera, él convertirá la "maldición" del deseo en la mujer de controlar al hombre, en una bendición para todas las mujeres que decidan confiar en él.

### El Segundo Beneficio

El segundo beneficio que Dios incluyó dentro del castigo por el pecado de la mujer tiene que ver con su necesidad de ser protegida contra el engaño. La mujer fue creada por Dios para responder a su marido y ser su compañera y ayudadora. Estas características hacen de las mujeres excelentes ayudantes para cualquier persona en el liderazgo. Ahí es donde está el peligro. Por el hecho de que las mujeres son típicamente ayudadoras, son susceptibles de responder a la seducción de las decepciones malignas, como ocurrió en Génesis 3:1-5. No fue solamente la primera mujer la que cayó por causa de las mentiras persuasivas; Dios dice que todas las mujeres son vulnerables al engaño.

> *Porque no permito a la mujer enseñar, ni ejercer dominio sobre el hombre, sino estar en silencio. Porque Adán fue formado primero, después Eva; y Adán no fue engañado, sino que la mujer, siendo engañada, incurrió en transgresión.* (1 Timoteo 2:12-14)

La mujer engañada es fácilmente defraudada, burlada, estafada, y conducida a falsedades. A través de los siglos los defraudadores han hecho errar a muchas mujeres apelando a su deseo de autonomía o a su deseo de conocimiento. Tales mujeres engañadas son entonces fácilmente usadas para tentar a sus hombres a que se opongan a la voluntad de Dios, exactamente como Eva fue usada por Satanás para tentar a Adán. Debido a que las mujeres son fácilmente engañadas, necesitan protección de aquellos que quisieran aprovecharse de esta debilidad. Por consiguiente, Dios ofrece protección a las mujeres, dándoles liderazgo por medio de sus maridos. De esta manera, Dios ha convertido la maldición de la sumisión en la bendición de la protección para aquellas mujeres que confían en Dios y se sujetan al liderazgo de sus maridos.

### Pero, ¡los hombres también son pecadores!

Puede que en este momento siga siendo difícil entender cómo estar sujeta a la autoridad del hombre puede realmente ser benéfico para la mujer. Después de todo, el hombre pecó a sabiendas y deliberadamente, mientras que la mujer simplemente fue engañada. Toda mujer sabe que los hombres cometen errores, y que son dados al egoísmo y al pecado deliberado. Ningún hombre va a tomar siempre buenas decisiones, aunque tenga las mejores intenciones. Por lo tanto, la primera reacción de la mujer al mandamiento de someterse al gobierno de su marido es frecuentemente de temor, enojo, o hasta de indignación de que Dios realmente quiera decir, ¡eso! Su "deseo" de controlar a su marido junto con la realización de que su vida terrenal, tanto presente como futura, estará dependiendo de las decisiones que tome otra persona, le causan temor. Toda clase de: "¿pero, qué tal si...?" vienen a su mente. Ella puede prever que sujetarse a la autoridad de otro la deja vulnerable, no solamente al error, sino al maltrato intencional también.

Es natural para la mujer temer que su hombre pueda aprovecharse injustamente de ella por su posición de autoridad sobre ella. También es natural que intente mantener el control sobre cualquier decisión que la afecta. Entonces, ¿cómo puede una mujer alguna vez atreverse a confiar en el liderazgo de algún hombre? Ella es capaz de hacerlo porque la protección de una mujer bíblica **no depende** completamente en el carácter de su marido. Es el carácter de Dios el que proporciona la seguridad. Cuando una mujer se somete a su esposo, lo que ella realmente está haciendo es manifestando en su vida su confianza en Dios.

> *Porque así también se ataviaban en otro tiempo aquellas santas mujeres **que esperaban en Dios**, estando sujetas a sus maridos.* (1 Pedro 3:5)
> (Se añadió el énfasis.)

Es concebible que una hija de Eva moderna pudiera rechazar la idea de que necesita protección del engaño, aunque Dios diga que la necesita.

Pero su incredulidad en ninguna manera altera la verdad de Dios. Tampoco su rechazo altera el juicio de Dios por su desobediencia. Cualquier mujer que rechaza la provisión de Dios para su protección y el regalo del gobierno de su esposo sobre su deseo de control, levanta una barrera entre ella y las bendiciones que se encuentran en el plan de Dios. La mujer que insiste en posicionarse fuera del liderazgo de su marido se coloca fuera de la protección de Dios. En esta posición de vulnerabilidad, queda sujeta a los efectos nocivos de sus propias debilidades inherentes. En consecuencia, ella es susceptible, no sólo a ser engañada por Satanás, sino también por todos los argumentos convincentes de todos aquellos que la quieren seducir para alejarla de la verdad de su femineidad. Además, queda totalmente sujeta al auto-engaño creado por su propio orgullo y deseo. Cuando ella persiste en vivir fuera del plan de Dios, la maldición permanece como maldición y no puede ser vencida; ni siquiera con todas sus habilidades humanas.

El experimentar las bendiciones y los beneficios incorporados dentro del juicio de Dios sobre el pecado de la mujer es únicamente posible cuando una mujer reemplaza su propio deseo de autonomía personal por una completa confianza en Dios. Cuando una mujer obedece a Dios permitiendo que su esposo guíe, Dios mismo se pondrá como escudo protector impenetrable y la defenderá contra el engaño que viene del exterior.

En esta posición protegida, la maldición es vencida, superada y convertida en bendición. En el próximo capítulo veremos los principios de autoridad que Dios ha instituido para el beneficio de su creación.

Confieso que no puedo pensar en suficientes adjetivos para describir lo asombroso de nuestro Dios y las complejidades de su sistema de autoridad. Su diseño para que hombres y mujeres pecadores, puedan vivir en armonía es tan grandioso, que desafía su explicación por medio de palabras humanas. De todas maneras, mi oración es que Dios use mis inadecuadas palabras para despertar a muchas mujeres cristianas no solamente para que comprendan su provisión, sino también para que se regocijen realmente viviendo dentro de su diseño.

# CAPÍTULO V

## PRINCIPIOS DE AUTORIDAD

¡Autoridad! Esta es una palabra que es ferozmente aborrecida por todos los rebeldes. Hoy día prevalece en la sociedad una actitud de desconfianza y falta de respeto hacia cualquier persona en una posición de autoridad, aun entre personas que normalmente acatan las leyes. Las actitudes negativas respecto al concepto de autoridad se originan en una falta de entendimiento acerca del significado adecuado, propósito y aplicación de la autoridad. Estos malos entendidos, sumados a las pésimas experiencias con dictadores que han abusado del poder, han hecho que mucha gente tema y rechace por completo el concepto de autoridad. A pesar de esto, necesitamos entender los principios de autoridad para que no seamos engañados a responder de una manera programada, yendo en contra del mismo sistema que Dios ha establecido para nuestra libertad.

¿A qué se debe que tantas personas tengan aversión al principio de autoridad? Una razón es que la lógica nos dice que cuando hay posiciones de autoridad, también hay posiciones subordinadas a esas autoridades. El concepto de la sujeción es todavía más antagónico para la voluntad humana que el concepto de autoridad; y es ahí donde radica la verdadera objeción para la mayoría de las mujeres. Es mucho más fácil aceptar nuestra propia responsabilidad **como** autoridad (por ejemplo, como madre sobre los hijos) que aceptar nuestra sujeción personal a una autoridad (por ejemplo, como esposa sujeta a su marido).

Aunque este capítulo realmente no es acerca de la sumisión, se debe señalar que las objeciones al concepto de autoridad con frecuencia surgen a raíz de nuestro propio deseo de autonomía. Si siente cierta renuencia en este punto, no está fuera de lo normal. La mayoría de nosotras sentimos por lo menos una punzada de aprehensión cuando nos enfrentamos a este tema tan importante. (Permítame traer tranquilidad a su mente. Sí hay una diferencia entre la sumisión y la obediencia ciega. Aprenderemos acerca de esta vital diferencia en el siguiente capítulo.) Por lo pronto, tenga en cuenta que Eva también quería tener el control de su vida y ya sabemos a dónde la llevó eso. Mientras lee este capítulo, procure poner a un lado toda objeción que pueda tener al concepto de autoridad que haya sido originada por esas personas que han abusado del poder. Más bien, permita que Dios le revele cómo su sistema fue diseñado para bendecirla y protegerla. No deje que Satanás la engañe, como engañó a Eva para que rechazara la paz y seguridad que él había establecido para su beneficio. El resentimiento en contra de la autoridad solamente le cerrará la mente y la predispondrá en contra de la voluntad de Dios para su vida.

Primero, vamos a ver una definición general de autoridad. De esa definición estudiaremos algunas características de la autoridad suprema de Dios y, enseguida, determinaremos cuáles principios se aplican a nuestro tema: la femineidad.

### La Definición General de Autoridad

La definición de autoridad es: "el derecho a gobernar; el poder para actuar, decidir, ordenar, y juzgar." Es el derecho a fijar políticas, la posición de poder necesaria para mandar subordinados, y el poder para administrar juicio sobre aquellos que desobedecen como también para recompensar a los que se sujetan.

A primera vista, puede parecer que la autoridad es un poder sin freno alguno, que puede fácilmente ser usado para oprimir a aquellos que le están subordinados. Aunque es cierto que hay, y que siempre ha habido, aquellos que abusan del poder de la autoridad, estas excepciones no alteran el principio.

El abuso de la autoridad perpetrado por el hombre solamente sirve para demostrar que la humanidad es pecadora y que la influencia de Satanás continua existiendo en el mundo. A pesar de todo, bajo el poder de Dios la autoridad no se encuentra sin controles y sin límites. Dios ha establecido reglas y límites para gobernar el uso de toda autoridad. Todavía más importante, Dios siempre está en control. Él tiene la posición y la habilidad para imponer su voluntad sobre cualquier otra autoridad.

## Dios es la Autoridad Suprema

*Porque Jehová el Altísimo es temible; Rey grande sobre toda la tierra. (Salmo 47:2)*

*Y conozcan que tu nombre es Jehová; Tú solo Altísimo sobre toda la tierra. (Salmo 83:18)*

La palabra traducida como Altísimo es un título, y se utiliza en la Escritura exclusivamente para Dios. Este título nunca se confiere a ningún miembro de la raza humana. Es un título que se utiliza solamente para describir la posición de Dios como suprema autoridad. Él es el Altísimo; no hay nadie por encima de él con algún derecho a gobernar.

*Mas al fin del tiempo yo Nabucodonosor alcé mis ojos al cielo, y mi razón me fue devuelta; y bendije al Altísimo, y alabé y glorifiqué al que vive para siempre, cuyo dominio es sempiterno, y su reino por todas las edades. (Daniel 4:34)*

Este pasaje reconoce la extensión infinita del gobierno de Dios. No hay fin para el reino de Dios. Su eternidad revela un aleccionador contraste con el insignificante período de tiempo en que una autoridad humana puede ejercer su autoridad. ¡Dios siempre está en control!

# Principios De Autoridad

*Nuestro Dios está en los cielos; Todo lo que quiso ha hecho. (Salmo 115:3)*

*¿Dirá el vaso de barro al que lo formó: ¿Por qué me has hecho así? ¿O no tiene potestad el alfarero sobre el barro, para hacer de la misma masa un vaso para honra y otro para deshonra? (Romanos 9:20b-21)*

Dios es el Creador. Él tiene el derecho a gobernar sobre todo aquello que crea. En otras palabras, Él tiene completo derecho a reinar sobre sus criaturas de acuerdo con su voluntad.

*Todos los habitantes de la tierra son considerados como nada; y él hace según su voluntad en el ejército del cielo, y en los habitantes de la tierra, y no hay quien detenga su mano, y le diga: ¿Qué haces? (Daniel 4:35)*

*"Todos los habitantes de la tierra son considerados como nada"* es una declaración relativa. Establece una relación entre la posición de autoridad absoluta (derecho a gobernar) de Dios y la posición de autoridad del hombre. Nabucodonosor, quien es el que habla en este pasaje, es rey sobre un poderoso imperio, y está diciendo que aun como rey no tiene derecho de decirle a Dios: "¿Qué haces?"

La conclusión que podemos sacar de estos versículos, y de muchos otros sobre el tema, es que Dios, como nuestro Creador, tiene derecho a establecer las políticas para todas sus criaturas de conformidad con su propia voluntad. Él está en la posición suprema de gobierno por encima de todas sus criaturas por lo cual puede dirigir sus acciones. También tiene el poder para administrar justicia, en otras palabras, tiene el poder para castigar lo malo y para alabar lo bueno. Puesto que la autoridad suprema le pertenece a Dios, él tiene el derecho a delegar parte de esa autoridad.

## No Hay Autoridad excepto la designada por Dios

*Sométase toda persona a las autoridades superiores; porque no hay autoridad sino de parte de Dios, y las que hay, por Dios han sido establecidas.* (Romanos 13:1)

La palabra griega traducida como "poder" significa "autoridad, el derecho a decidir o a actuar, gobernar o tener poder oficial." Dios manda a toda persona a que se someta voluntariamente a todas las autoridades humanas que existan sobre ella. ¿Cómo nos podemos atrever a hacer esto? Podemos someternos a las autoridades porque Romanos 13:1 declara que no hay autoridad que exista sino de parte de Dios. Cada posición de autoridad humana que él ha establecido permanece bajo su control. La palabra traducida como "establecidas" significa "colocar, apostar, designar o constituir a alguien para una posición oficial por encima de otros." Es una palabra griega de donde se deriva el término teológico "institución."

Las tres instituciones básicas definidas en las Escrituras que afectan a todos los humanos son el gobierno, el matrimonio, y la familia. Dios ha instituido todas las posiciones existentes de gobierno que rigen a sus criaturas. El propósito de Dios para todos los gobernantes es que lleven a cabo Su voluntad y que administren justicia a todos los que gobiernan.

La Palabra de Dios establece linderos específicos para el poder de cada institución y define límites para su autoridad. Estos límites definen quienes son aquellos que están sujetos a cada autoridad, así como también, el grado al que dichos subordinados deben sujetarse. Por ejemplo, aunque los padres tienen el derecho de gobernar y mandar a sus hijos, no tienen el derecho de mandarlos a robar.

# Principios De Autoridad

## ¿Y Qué de los Gobernadores Malvados?

Cualquier problema que surge del abuso de la autoridad humana no se debe a que los principios de Dios sean imperfectos, sino al fracaso de la humanidad por no obrar de conformidad a la Palabra de Dios. Dios puede, en cualquier momento, quitar de su posición de autoridad a cualquier persona que se salga de sus límites. No obstante, con frecuencia permite que personas así permanezcan en sus puestos de poder con el propósito de disciplinar o de fortalecer el carácter de aquellos que están sufriendo bajo un gobierno injusto. Las presiones que Dios permite que vengan a nuestra vida tienen como propósito ayudarnos a desarrollar nuestra confianza en él, incrementar nuestra dependencia en su Palabra y fortalecer nuestra relación con él. Dios permite que estemos exactamente bajo el tipo de liderazgo que necesitamos para que se cumpla su plan en cada una de nuestras vidas.

La vida de José es un ejemplo de cómo Dios obra en la vida del creyente a pesar de estar sujeto a un gobernador malvado (Vea Génesis 39-50). Los hermanos de José lo vendieron en servidumbre a un gobernador impío quien tenía el poder de hacer lo que quisiera con su esclavo. De hecho, José fue acusado injustamente y echado en la cárcel. Dios usó a esas malvadas personas y situaciones aparentemente injustas para acercar a José más hacia él. Posteriormente, José glorificó a Dios por medio de la interpretación de los sueños de sus compañeros presos y eventualmente con la interpretación del sueño de Faraón. La presión que José soportó fue recompensada; fue promovido a segundo señor del reino, su familia fue salvada de la hambruna, e Israel fue bendecido por su fidelidad. José después reconoció la habilidad de Dios para obrar a pesar de las malas intenciones de otros, cuando dijo a sus hermanos:

*Vosotros pensasteis mal contra mí, mas Dios lo encaminó a bien, para hacer lo que vemos hoy, para mantener en vida a mucho pueblo.* (Génesis 50:20)

La sumisión de José a su legítima autoridad bajo las peores condiciones es un testimonio para cualquier mujer que se encuentre en una situación matrimonial difícil.

## La Estructura de Autoridad para la Institución del Matrimonio

Una de las estructuras de autoridad más importantes para una mujer cristiana es la institución del matrimonio. Puesto que esta institución gobierna una porción importante de la vida de una mujer, es fundamental que ella comprenda plenamente cómo funciona dentro del plan de Dios:

*Pero quiero que sepáis que Cristo es la cabeza de todo varón, y el varón es la cabeza de la mujer, y Dios la cabeza de Cristo.* (1 Corintios 11:3)

Este versículo determina claramente cuál es la estructura de autoridad para el matrimonio que Dios ha establecido. Revela que el marido es la cabeza de la familia y que la esposa no tiene igual autoridad en el matrimonio. Sin embargo, la autoridad del esposo cristiano no es ilimitada, puesto que Cristo es la cabeza suprema (autoridad) sobre el hombre. Este versículo también nos revela que el mismo Cristo también está bajo autoridad, la autoridad de Dios Padre.

Es importante para una esposa entender cabalmente lo que Dios tiene que decir acerca de la posición de liderazgo de su esposo. De otra manera, su tendencia será de franca resistencia, o resentirá en silencio, la posición de autoridad de su esposo.

Toda esposa cristiana dará cuentas directamente a Dios por su obediencia a su Palabra en lo que respecta a la sumisión a la autoridad de su marido. Esto significa que ella debe conocer cuáles son las áreas en las que es responsable de dar cuentas como ayudadora, y también debe conocer las áreas en las que solamente su esposo es responsable. La Palabra de Dios declara en Génesis 3:16, 1 Corintios 11:3; Efesios 5:23-24; 1 Timoteo 3:2-5 y 3:12 que el esposo, no la esposa, es responsable delante de Dios por el gobierno de su hogar.

La posición de liderazgo del esposo es de una responsabilidad obligatoria. Esta responsabilidad no lo deja libre para hacer lo que le plazca; él es responsable delante de Dios de ejecutar sus deberes de liderazgo de conformidad con las instrucciones de Dios. Aunque la esposa no tiene la misma autoridad en la tierra que su esposo, ella sigue siendo personalmente responsable de realizar sus deberes de ayudadora de conformidad con las instrucciones de Dios.

La estructura de autoridad del matrimonio no debe verse como una proclamación para avergonzar a la mujer, para oprimirla, o para denigrar su valor. Dios no le dio al marido la posición de liderazgo porque el hombre posee más mérito o estatus que la mujer. Tanto hombres como mujeres tienen el mismo estatus y mérito delante de Dios. Por ejemplo, las instrucciones bíblicas para obtener y mantener una relación personal con Dios son las mismas tanto para hombres como para mujeres. Dios provee protección de la condenación eterna para cada hombre y para cada mujer por medio de su aceptación personal de Jesucristo como su Salvador. De manera semejante, cada hombre y mujer es igualmente responsable delante de Dios de obedecer su Palabra, la cual incluye acatar y permanecer en su estructura de autoridad para el matrimonio.

### Un Matrimonio Terrenal, Una Figura Espiritual

*Porque el marido es cabeza de la mujer, así como Cristo es cabeza de la iglesia, la cual es su cuerpo, y él es su Salvador. Así que, como la iglesia está sujeta a Cristo, así también las casadas lo estén a sus maridos en todo.* (Efesios 5:23-24)

La posición de autoridad del esposo es necesaria para el adecuado y ordenado funcionamiento del gobierno familiar. Sin embargo, esta estructura tiene un propósito mucho mayor que simplemente el establecer un hogar pacífico. El matrimonio cristiano está diseñado para representar al mundo una imagen de la unión entre los creyentes y Cristo. Los roles en un matrimonio son figuras de la autoridad espiritual de Cristo (el esposo) sobre los creyentes (la esposa) y del vínculo de sumisión y unidad de los creyentes con Cristo. El presentar una imagen de Cristo en el matrimonio debe ser la meta de toda pareja cristiana. Sin embargo, muchos matrimonios hoy en día no operan de conformidad con la estructura de autoridad establecida por Dios. Esta es una razón del porqué los cristianos están perdiendo su impacto en la sociedad actual. Un matrimonio que no opera dentro del diseño de Dios, presenta al mundo una vista distorsionada de la autoridad de Cristo sobre los creyentes y de su sumisión a él.

La función del hombre como cabeza de su familia es de tal importancia para Dios que un hombre que aspire a tener liderazgo en la iglesia está descalificado bíblicamente si ha sido negligente o descuidado en sus responsabilidades como líder en el hogar (1 Timoteo 3:2-5 y 3:12). El hombre que quiera participar en el liderazgo de la iglesia tiene como prerrequisito haber demostrado su habilidad para guiar a su esposa y entrenar a sus hijos antes de que se le pueda encargar una parte del rebaño de Dios. Independientemente de si el esposo llega o no a ser un líder en la iglesia, lo que sigue siendo cierto es que necesita ser la cabeza de su familia, generando la sumisión de su esposa, para poder representar delante del mundo a Cristo como cabeza de la iglesia y la sumisión de la iglesia a Cristo.

La esposa bíblica tiene el privilegio de representar un papel de importancia espiritual significativa que interrelaciona su papel de ayudadora con la sumisión de Cristo a Dios Padre. Cuando la esposa llega a comprender las implicaciones espirituales de su papel como ayudadora, éste cobra mayor relevancia. Mientras que multitudes de las hijas rebeldes de Eva están siendo engañadas y convencidas a repetir el llamado de Satanás para derrocar a la autoridad divina, ella no vacila en lo absoluto.

Una esposa bíblica se sujeta a su esposo porque ella desea vivir de conformidad con la voluntad de Dios; no porque su esposo sea un líder perfecto. Ella sabe que pase lo que pase, Dios está en control. Por tanto, si Dios permite que haya presiones sobre su vida, por causa de un esposo que no dirige bien, ella buscará el propósito de Dios y libremente se sujetará a su voluntad. Ella no debe de buscar maneras de escapar de aquello que Dios está permitiendo en su vida.

> *Y sabemos que a los que aman a Dios, todas las cosas les ayudan a bien, esto es, a los que conforme a su propósito son llamados.* (Romanos 8:28)
>
> *¿Qué, pues, diremos a esto? Si Dios es por nosotros, ¿quién contra nosotros?* (Romanos 8:31)

Ahora que entendemos el sistema de autoridad de Dios en el matrimonio, estamos preparadas para estudiar el concepto de sumisión a la autoridad. En el siguiente capítulo veremos la diferencia crucial que existe entre la sumisión y la obediencia. Es mi oración que usted pueda encontrar esta información tanto emocionante como liberadora.

# CAPÍTULO VI

## SUMISIÓN NO ES LO MISMO QUE OBEDIENCIA

La sumisión bíblica **no** es sinónimo de obediencia. Sin embargo, aún las mujeres cristianas frecuentemente definen la sumisión como opresión, esclavitud, o hasta como obediencia ciega. En este capítulo intentaremos disipar tales conceptos erróneos acerca de lo que es la sumisión bíblica y descubrir su significado espiritual dentro de la relación esposo-esposa. Para poder comprender la diferencia crucial entre sumisión y obediencia, primero necesitamos descubrir la definición bíblica de cada palabra.

### Obediencia

La Palabra de Dios utiliza dos palabras griegas distintas, una para obediencia y la otra para sumisión, cuando se refiere a las funciones de varios subordinados dentro de las instituciones de gobierno. La palabra griega *Hupakouo* se usa normalmente en la Escritura para obediencia. Su significado literal es "estar bajo órdenes." Un mandamiento bíblico para ser obedecido con frecuencia es seguido de una promesa de bendición para la persona que lo cumple, o de una advertencia de las consecuencias negativas que vendrán sobre la persona que lo desobedece. En un mandamiento que demanda obediencia a la persona no se le ofrecen alternativas; tiene que obedecer, pero debe obedecer sin alegatos ni cuestionamientos. La autoridad designada es la que lo hace cumplir, ejecuta juicio y es la responsable de los resultados de su gobierno. La responsabilidad de la persona sujeta a obediencia es hacer lo que se le manda. Un ejemplo del concepto de obediencia lo encontramos en Colosenses 3:22:

> *Siervos, obedeced en todo a vuestros amos terrenales, no sirviendo al ojo, como los que*

*quieren agradar a los hombres, sino con corazón sincero, temiendo a Dios.*

A los esclavos cristianos se les enseñaba a continuar obedientes a sus amos y a servirles de todo corazón, como si estuvieran sirviendo al Señor Jesucristo mismo (Colosenses 3:23-25). Los siguientes versículos nos proporcionan dos ejemplos más del uso que hace Dios de la palabra "obediencia." En el primer pasaje Dios manda a los hijos a obedecer a sus padres.

*Hijos, obedeced en el Señor a vuestros padres, porque esto es justo. Honra a tu padre y a tu madre, que es el primer mandamiento con promesa; para que te vaya bien, y seas de larga vida sobre la tierra. (Efesios 6:1-3)*

El segundo pasaje tiene que ver con la importancia de obedecer a Dios.

*Y a vosotros que sois atribulados, daros reposo con nosotros, cuando se manifieste el Señor Jesús desde el cielo con los ángeles de su poder, en llama de fuego, para dar retribución a los que no conocieron a Dios, **ni obedecen** al evangelio de nuestro Señor Jesucristo; los cuales sufrirán pena de eterna perdición, excluidos de la presencia del Señor y de la gloria de su pode. (2 Tesalonicenses 1:7-9) (Se añadió el énfasis).*

La obediencia al evangelio de Jesucristo se refiere a la aceptación personal de Cristo como la única manera de recibir salvación eterna (Hechos 4:12). Este ejemplo advierte que la consecuencia de esta desobediencia (rechazo de Cristo como Salvador) será la separación eterna de la presencia y del poder del Señor.

# Sumisión No Es Lo Mismo Que Obediencia

## Sumisión

La segunda palabra griega usada en la Biblia en referencia a la función de los subordinados es *Hupotasso*, normalmente se traduce en las Escrituras como sumisión. Literalmente, sumisión significa "bajo nombramiento o posición, estatus o rango." Esta palabra es usada por los escritores de la Biblia para referirse a las posiciones y actitudes de personas que se encuentran sujetas a la autoridad de su gobierno (1 Pedro 2:13-15), a creyentes bajo la autoridad de la enseñanza de sus pastores (Hebreos 13:17 *"...sujetaos a ellos; porque ellos velan por vuestras almas..."*), y a las esposas que están bajo el liderazgo de sus esposos (Colosenses 3:18).

La definición bíblica de sumisión incluye la respuesta voluntaria y positiva de un subordinado a su legítima autoridad. La persona que está siendo sumisa **consciente y libremente cede** su propia voluntad a la voluntad de Dios o a su autoridad humana designada por Dios.

Un ejemplo de sumisión bíblica es la entrega de Cristo a Dios Padre en el Jardín de Getsemaní justo antes de su crucifixión. El ejemplo de Cristo nos muestra que la sumisión no es un acto de obediencia ciega o irreflexiva, sino que es un acto consciente de ceder nuestra voluntad a la voluntad de nuestra autoridad.

> *Y él se apartó de ellos a distancia como de un tiro de piedra; y puesto de rodillas oró, diciendo: Padre, si quieres, pasa de mí esta copa; pero no se haga mi voluntad, sino la tuya.* (Lucas 22:41-42)

## La Diferencia entre Sumisión y Obediencia

Cuando Dios manda a una persona a que le obedezca, el deber de la persona es obedecer la instrucción. Por ejemplo, un niño debe "obedecer" la autoridad de sus padres incuestionablemente, y a los padres se les dice que se hagan obedecer (aún en contra de la voluntad del niño cuando así se requiera). Sin embargo, cuando Dios le ordena a una esposa que se "someta" a la autoridad de su marido, Dios está requiriendo de ella más que un solo cumplimiento. Él espera que ella escoja sujetarse así como Cristo se sujetó a la autoridad de Dios el Padre.

En el **Capítulo V, "Principios de Autoridad,"** vimos que aunque la sumisión de la esposa a la autoridad del marido es necesaria para una vida familiar tranquila y pacífica, el significado espiritual es todavía mayor. La relación de Cristo con Dios el Padre y la relación de la iglesia con Cristo son modelos para la relación entre esposos en el matrimonio.

> *Porque el marido es cabeza de la mujer, así como Cristo es cabeza de la iglesia, la cual es su cuerpo, y él es su Salvador. Así que, como la iglesia está sujeta a Cristo, así también las casadas lo estén a sus maridos en todo.* (Efesios 5:23-24)

La figura espiritual de Efesios 5:23-24 se ve complementada en 1 Pedro 3 donde se revela la manera, semejante a Cristo, en que una esposa se ha de sujetar a su marido.

> *Asimismo vosotras, mujeres, estad sujetas a vuestros maridos; para que también los que no creen a la palabra, sean ganados sin palabra por la conducta de sus esposas.* (1 Pedro 3:1)

Mientras que algunas mujeres se irritan ante la sumisión y buscan excepciones a la regla, la mujer bíblica se pregunta: "¿De qué manera querrá Dios que me sujete?" *"Asimismo vosotras, mujeres, estad sujetas..."* ha sido explicado previamente en 1 Pedro 2:21-23:

*Pues para esto fuisteis llamados; porque también Cristo padeció por nosotros, dejándonos ejemplo, para que sigáis sus pisadas; el cual no hizo pecado, ni se halló engaño en su boca; quien cuando le maldecían, no respondía con maldición; cuando padecía, no amenazaba, sino encomendaba la causa al que juzga justamente.*

Estos versículos revelan que la palabra: "Asimismo," en 1 Pedro 3:1 se refiere a la manera en que Cristo se sometió al plan de Dios. Nuestro Cristo, que nunca pecó, tenía tanto el poder como el derecho de escapar de la injusticia de ser castigado por pecados que él no había cometido. Sin embargo, se sometió a las peores injusticias para poder así cumplir el plan de Dios. Él proveyó un camino hacia la salvación eterna por medio de su sumisión. 1 Pedro 3:1 revela que:

1. Una esposa bíblica debe también entregarse "al que juzga justamente."
2. Ella se sujeta aun a un esposo que no se sujeta a la Palabra para no ser ella una barrera entre su esposo y Dios.
3. "De la misma manera" que Cristo, una esposa bíblica debe mantener una actitud de sumisión voluntaria.
4. Con Cristo como su ejemplo perfecto, una esposa puede someterse a Dios porque ella confía implícitamente en él, así como Cristo confió en él.
5. Con el conocimiento del plan de Dios para su vida, y con el escudo de su fe (creencia) en Dios, ella podrá voluntariamente someterse al liderazgo de su esposo.

Como podemos ver, la frase "de la misma manera" eleva el concepto de la sumisión de la esposa al marido por encima de su propósito terrenal de una vida familiar pacífica y tranquila.

## Sumisión No Es Lo Mismo Que Obediencia

También resalta la importancia de la decisión consciente de cada creyente de voluntariamente sujetarse a la voluntad de Dios.

### La Obligación de dar Cuentas a Dios de la Esposa Sumisa

Otra diferencia importante entre la sumisión y la obediencia se puede encontrar en el nivel de responsabilidad que Dios pone en el subordinado por sus propias acciones y actitudes. Hechos 5:29 nos dice que la obediencia a Dios toma precedencia, si llegase a existir un conflicto, entre los mandamientos de Dios y los decretos de los hombres. La esposa bíblicamente sumisa está dispuesta a cumplir, pero siempre sabiendo que sigue siendo responsable delante de Dios por su pecado personal. Ella puede escoger desobedecer si la solicitud u orden de su esposo es una violación directa de alguno de los mandamientos de Dios. Si el incumplimiento se hace necesario, de todas maneras, la esposa bíblicamente sumisa continuará teniendo una actitud correcta y respetuosa hacia la posición de liderazgo de su esposo y hacia su derecho de dirigir. Esta acción puede llamarse un "incumplimiento sumiso."

### Incumplimiento Sumiso

Un ejemplo bíblico de incumplimiento sumiso se encuentra en el capítulo seis de Daniel. En este pasaje el rey hizo una ley:

> "...cualquiera que en el espacio de treinta días demande petición de cualquier dios u hombre fuera de ti, oh rey, sea echado en el foso de los leones..." (Daniel 6:7b)

La obediencia al decreto del rey hubiera causado que Daniel pecara contra el mandamiento directo de Dios:

> "No tendrás dioses ajenos delante de mí" (Éxodo 20:3)

Por lo tanto, fue necesario que Daniel desobedeciera la ley del rey. Sin embargo, ¿fue su desobediencia un acto arrogante de rebelión o fue un incumplimiento sumiso? Es necesario que examinemos la actitud de Daniel hacia su rey para encontrar la respuesta a esta pregunta. Antes que nada, Daniel mantenía una relación personal cercana con Dios, aunque esto significaba que tenía que desobedecer al rey.

> *Cuando Daniel supo que el edicto había sido firmado, entró en su casa, y abiertas las ventanas de su cámara que daban hacia Jerusalén, se arrodillaba tres veces al día, y oraba y daba gracias delante de su Dios, como lo solía hacer antes.* (Daniel 6:10)

Segundo, no hay ninguna indicación de que Daniel tuviera una actitud rebelde o defensiva con respecto a su rol de estar sujeto al rey. Él anteriormente se había sujetado a la autoridad del rey en todas las cosas, y no había desobedecido sino hasta que el rey promulgó esa nueva ley que contradecía directamente la voluntad expresa de Dios. Aunque Daniel sabía cuáles eran las consecuencias de escoger desobedecer en este caso, no lo hizo de manera desafiante ni intentó huir de las consecuencias. Daniel continuó reconociendo el derecho del rey como autoridad legítimamente establecida para aplicar la ley y castigar a los transgresores.

> *Entonces el rey mandó, y trajeron a Daniel, y le echaron en el foso de los leones.* (Daniel 6:16a)

En tercer lugar, Daniel continuó siendo respetuoso al rey en su posición de autoridad. Él estuvo libre de cualquier actitud arrogante o rebelde antes, durante y después de su desobediencia. El mensaje de Daniel después de que Dios lo libró de los leones es un ejemplo perfecto de la sumisión voluntaria a

## Sumisión No Es Lo Mismo Que Obediencia

una autoridad en una situación que requiere de un incumplimiento sumiso.

> *Entonces Daniel respondió al rey: Oh rey, vive para siempre. Mi Dios envió su ángel, el cual cerró la boca de los leones, para que no me hiciesen daño, porque ante él fui hallado inocente; y aun delante de ti, oh rey, yo no he hecho nada malo.* (Daniel 6:21-22)

Notemos como Daniel se dirige al rey diciendo: "Oh rey, vive para siempre," a pesar de que era una autoridad que acababa de condenarlo a muerte. El ejemplo de sumisión de Daniel dista mucho del desafiante: "Nunca voy a permitir que un hombre me diga lo que tengo que hacer," que escuchamos a muchas mujeres decir hoy en día. Tales protestas clamorosas generalmente vienen de mujeres que tratan de justificar su repudio a obedecer el mandamiento de Dios alegando que tal vez sus esposos les vayan a pedir hacer algo que vaya en contra de sus derechos personales.

Tales mujeres yacen al acecho, esperando que sus esposos se equivoquen en algo, para de esa manera justificar su actitud por no someterse desde antes-del-hecho. Con frecuencia imaginan muchos "¿Qué tal si...?" y tratan los raros casos en que el esposo ha hecho mal uso de su autoridad como si fueran eventos comunes, de todos los días. (Yo creo que el porcentaje de los esposos que realmente le piden a sus esposas **piadosas** que pequen es muy, pero muy pequeño. Por tanto, esta es una discusión irrelevante para la mayoría de las mujeres. Probablemente nace más de un deseo de escapar completamente de tener que ser sumisas a sus esposos, que de una verdadera preocupación por no hacer algo que vaya a deshonrar a Dios.) La actitud de las mujeres que intentan justificar anticipadamente su no-sumisión son una continuación de la variedad de rebelión engendrada en el Huerto del Edén y que ha existido desde la caída de la humanidad. Como contraste, el ejemplo de Daniel es un testimonio de lo que es posible cuando un creyente obedece a Dios sometiéndose aun a autoridades humanas que son injustas en sus acciones.

No, obediencia y sumisión no son sinónimos. La diferencia, sin embargo, no necesariamente se puede apreciar claramente en nuestras acciones. Con frecuencia, la verdadera sumisión solamente puede observarse en la actitud respetuosa que una mujer tiene hacia su autoridad; antes, durante y después de cualquier orden o instrucción. Por ejemplo, Sara abiertamente obedeció a Abraham: *"Como Sara obedecía a Abraham, llamándole señor; de la cual vosotras habéis venido a ser hijas, si hacéis el bien, sin temer ninguna amenaza"* (1 Pedro 3:6). Este pasaje revela que las acciones de esta noble mujer eran más que simple obediencia puesto que llamaba a Abraham, *señor*. Su "obediencia" era un acto, pero iba acompañado de una actitud de sumisión. Sara, como otras mujeres santas, podía someterse a su marido respetuosamente porque confiaba en Dios.

> *"Porque así también se ataviaban en otro tiempo aquellas santas mujeres que esperaban en Dios, estando sujetas a sus maridos".* (1 Pedro 3:5)

Cuando una mujer confía en Dios, como Sara lo hacía, y se sujeta a su esposo, se está uniendo a una familia muy antigua y venerable. Usted también será una mujer noble, una hija espiritual de Sara, cuando su absoluta confianza en la integridad de Dios reemplace su prerrogativa a reclamar sus derechos individuales. Como una hija espiritual también será la hermana de muchas mujeres santas que a través de la historia escogieron la verdadera sumisión por encima de una obediencia a regañadientes.

# Sumisión No Es Lo Mismo Que Obediencia

## En Conclusión

La obediencia es un acto externo de conformidad, mientras que la sumisión a una autoridad es una actitud respetuosa que se manifiesta antes, durante y después de **todas** las acciones. Cuando una lista de reglas y mandamientos deben preceder a la obediencia, la sumisión precede a las reglas y reemplaza a la ley. La verdadera sumisión es la disposición de seguir, **aún antes** de que se conozcan todos los detalles. La sumisión incluye la libertad de escoger de la mujer; su decisión de obedecer a Dios al someterse libremente a la autoridad que él ha ordenado o decretado para su vida. Su disposición a cumplir involucra confianza; su absoluta confianza en la integridad de Dios quien diseñó su papel e incluyó la sumisión a la autoridad dentro de su plan. La sumisión en la mujer bíblica es el resultado natural de su confianza permanente en Dios, y es el fruto de su deseo de hacer la voluntad de Dios.

Es mi oración que este capítulo le haya animado a comprometerse seriamente con Aquél que "juzga justamente" y con su diseño para la femineidad. Que pueda experimentar la libertad que viene con vivir su vida de conformidad con la Palabra de Dios.

# CAPÍTULO VII

## ¿POR QUÉ SON LOS HOMBRES TAN DIFERENTES?

La mayoría de las mujeres piensan que los hombres son extraños y difíciles de entender. ¿Por qué son los varoncitos tan activos físicamente, ruidosos, y agresivos? ¿Por qué les gusta la suciedad y detestan la limpieza? ¿Por qué es que los hombres se sienten más cómodos estando en el asiento del conductor del automóvil o teniendo en su mano el control remoto de la videograbadora? ¿Por qué hay tantos de ellos interesados en todo lo que tenga motor? ¿Por qué les gusta la acción, el poder y todo lo que haga ruidos fuertes?

Si comparamos estudios científicos acerca de cómo están constituidos psicológica y emocionalmente los hombres y las mujeres, se hace evidente que hay muchas áreas de diferencia. Para los diez u once años de edad las niñas tienen mayores habilidades verbales que los niños, mientras que los niños destacan en habilidades que tienen que ver con el espacio y la vista. Se puede observar que los niños mayores son más agresivos tanto física como verbalmente que las niñas. La agresión masculina surge casi tan pronto como comienza el juego social, como a los dos años de edad. Los niños parecen ser especialmente estimulados a arranques de gran actividad y competencia en la presencia de otros niños.

Sabemos que las voces masculinas tienen un tono diferente al de las mujeres, sus cuerpos tienen una forma diferente, y algunos comerciales dicen que transpiran de manera diferente. También la mayoría de las mujeres piensan que los hombres tienen unos egos inmensamente supes desarrollados. Por encima de todo lo anterior, las mujeres tienen dificultades para entender la manera tan extraña en que piensan los hombres.

## ¿Por Qué Son Los Hombres Tan Diferentes?

¿Por qué creó Dios al sexo masculino para ser tan diferente del sexo femenino?

Comencemos con el principio de que la creación original de la humanidad por Dios, fue diseñada con intención y para un propósito muy valioso. Esto significa que todas las diferencias emocionales, físicas y psicológicas, entre el hombre y la mujer fueron creadas como parte integral del plan de Dios para la humanidad. Él creó cada sexo con cuerpos singulares, patrones de pensamiento distintos, y con características específicas. Tales patrones de pensamiento y características no se aprenden; más bien, son parte del ser interno de cada sexo. Sin embargo, podemos observar que existe un problema por la manera en que hombres y mujeres ejercitan sus rasgos particulares.

Las características de la humanidad originalmente fueron creadas a la imagen de Dios (Génesis 1:27). Por tanto, los atributos singulares de la humanidad se habrían implementado perfectamente en la vida diaria antes de la caída. Pero, desde que el pecado entró en el mundo, las personas han estado naciendo en la semejanza de Adán: *Y vivió Adán ciento treinta años, y engendró un hijo a su semejanza, conforme a su imagen...* (Génesis 5:3); esto es, con su naturaleza pecaminosa. Los rasgos, tanto del hombre como de la mujer, dados en la creación se encuentran ahora manchados por el pecado. Conforme crece un niño, las presiones internas (la naturaleza pecaminosa) y los factores externos (mala crianza por parte de los padres) pueden distorsionar seriamente los rasgos innatos.

Dos ejemplos son: una niña que está siendo criada para cumplir un papel masculino, y un niño que está siendo criado de una manera en que resultará afeminado. No obstante, las características singulares de cada sexo tuvieron la intención original de facilitar el cumplimiento del diseño de Dios para el hombre y la mujer. Cuando los creyentes entiendan y acepten el propósito original de Dios para la singularidad de cada sexo, entonces se podrán tener matrimonios bíblicos.

## Las Mujeres fueron Creadas para Responder

Hay evidencia de la naturaleza sensible de la mujer dentro de los patrones emocionales que componen el "instinto maternal." Las mujeres también han sido dotadas con una gran capacidad de comprensión, sensibilidad y compasión por otros. Tienden a ser más afectuosas y cariñosas y a poseer en mayor grado el deseo de complacer a otros, de lo que lo tienen los hombres. Estos y otros atributos esencialmente femeninos emanan de la naturaleza emocionalmente sensible del alma de la mujer. Esta sensibilidad natural a responder y sus manifestaciones son esenciales para que la mujer pueda funcionar como ayudadora bíblica y como madre.

## Los Hombres fueron Creados para ser Iniciadores

La característica distintiva del alma del varón es el impulso a iniciar liderazgo. El hombre también es más fuerte físicamente, más competitivo, agresivo y muy posesivo; características ideales para proveer y proteger a su esposa y familia. Aun la extraña manera de pensar de los hombres, no se nos hace tan rara, después de todo, sino hasta se nos hace comprensible, cuando reconocemos el propósito original de Dios para el hombre. Como veremos, este propósito también explica la razón de ser del ego masculino.

## El Ego

La definición de un diccionario para la palabra ego es: "El "yo" de cada persona; una persona como pensando, sintiendo y queriendo, y diferenciándose a sí misma de los "yo" de otros y de objetos de su pensamiento." El ego también se define como autoestima o auto-imagen. El ego puede expresarse de manera positiva o de manera negativa, pero su definición más simple es sencillamente el reconocimiento de uno como diferente a otros.

La manera en que los hombres se ven a sí mismos (sus egos) y como se relacionan con otros revela algunas tendencias masculinas generales. Los hombres son asertivos y competitivos entre ellos mismos, tienen un fuerte deseo de tener éxito, y automáticamente sienten el deseo de dirigir y mandar a otros; particularmente a las mujeres. A una edad temprana los niños se sienten protectores de su madre y de sus hermanas, y responderán con mucha seriedad a la idea de ser el "hombre de la casa" mientras papá está fuera. Aun en niños muy pequeños la idea de liderar y proteger a sus mujeres corresponde a sus egos masculinos y les hace sentir valiosos, necesitados, y bien acerca de sí mismos. Estos son tan sólo algunos rasgos que parecen dar expresión al ego masculino. Un hombre con un ego masculino sano está consciente de, y se siente a gusto con, su masculinidad.

## Una Definición de Masculinidad

La masculinidad es la expresión de un ego masculino sano y es un componente importante en la manera en que un hombre se ve a sí mismo. Es la parte del hombre que le da su confianza, valor, objetividad, e iniciativa para ser un líder. Una masculinidad adecuada causa un deseo de proteger y proveer, que son las dos maneras en que un hombre bien equilibrado expresa su amor por su esposa e hijos. El ego masculino y la masculinidad están tan íntimamente entretejidos que si usted destruye el ego de un hombre, también habrá destruido su masculinidad.

## Egoísmo

La naturaleza pecaminosa distorsiona al ego legítimo como lo hace con cualquier otro rasgo humano. Por ejemplo, puede distorsionar la habilidad humana de amar y puede causar que el verdadero amor para el beneficio de otra persona, sea convertido en un amor asfixiante y egocéntrico del yo. Asimismo, el pecado puede distorsionar al ego, y ocasionar que un individuo (tanto hombre como mujer) tenga un ego inapropiado e inflado.

Un hombre que tiene un ego inapropiado lo manifestará, ya sea, como egoísmo agresivo o como egoísmo pasivo. Algunas de las manifestaciones del egoísmo agresivo son: una auto-importancia exagerada, orgullo pecaminoso, crueldad, y una actitud dominadora hacia aquellos que están bajo su liderazgo. Algunas de las manifestaciones del egoísmo pasivo en el hombre son el orgullo pecaminoso, la inseguridad, la cobardía, y el rehusarse a liderar a su esposa y familia.

Cualquiera que haya observado jugar a niños mayores se habrá percatado de la presencia de egos en formación. La mayoría de los varoncitos comienzan desde muy temprano en la vida tratando de ser el que manda y están dispuestos a hacer casi cualquier cosa con tal de superarse unos a otros. Compiten en todo, incluyendo cuál de ellos es el más alto, o cual puede hablar más rápido o gritar más fuerte. La confianza de cada niño manifiesta que no se asusta ante nada; está seguro de que él ganará el juego (derrotando a los demás) o que su papá le puede ganar a todos los demás papás. Este impulso innato por sobresalir es bueno y forma parte natural de la masculinidad del niño. Pero, las tácticas para alcanzar ese deseo están distorsionadas por su naturaleza descontrolada y en formación resultando en un egoísmo inmaduro.

El diseño de Dios es que los padres frenen la naturaleza pecaminosa de sus hijos sin destruir las características con las que fueron creados. Los padres han de entrenar a sus hijos de manera que puedan expresar ese deseo interno de sobresalir, pero de maneras aceptables. Sin embargo, debido a la falta de un entrenamiento adecuado en los niños, desde hace ya varios años, ahora existe una gran cantidad de hombres adultos con egos distorsionados. Como resultado, muchos hombres hoy, manifiestan un egoísmo arrogante y auto-centrado o lo que algunos llaman "machismo." También parece haber una cantidad todavía mayor de egos masculinos que han sido severamente dañados al grado de producir inseguridad, indecisión, y pasividad. Los egos masculinos pasivos son típicamente el resultado de la respuesta masculina a madres dominantes o a padres que se burlaban y ridiculizaban a los hijos; esto se agrava si se tiene una esposa dominante. La tabla al final del capítulo le ayudará a aclarar en su la mente la diferencia entre un ego masculino sano y las distorsiones en el ego masculino.

## Problemas Agravados

Si estamos en lo cierto que un gran porcentaje de los hombres adultos de hoy tienen sus egos dañados en una forma o en otra, esto quiere decir que la mayoría de las esposas están casadas con uno de estos hombres dañados. La esposa que tenga una actitud negativa aún contra el ego masculino apropiado, agravará cualquier problema legítimo que pueda existir. Por ejemplo, cuando un esposo normalmente pasivo intenta afirmarse a sí mismo; es decir, hacerse valer, su esposa agravará su pasividad si ella continuamente encuentra fallas en los esfuerzos de su esposo. En su ignorancia esta esposa desanima los esfuerzos de su marido por asumir el liderazgo (que es parte de su ego masculino legítimo) y lo empuja más lejos de su rol masculino. Sin querer, ella está promoviendo la destrucción de lo que sea que quede de la masculinidad de su esposo y de sus inclinaciones naturales para liderar. Este esposo eventualmente desistirá de intentar liderar y dejará su rol de líder completamente a su esposa. Las actitudes negativas de la esposa hacia las expresiones del ego de su esposo obran de manera contraproducente a su rol de ser ayudadora y dar apoyo, y tienden a agravar cualquier problema existente.

## La Alegoría de Sansón y Dalila

La conocida historia bíblica de Sansón y Dalila revela muchas verdades acerca de la frágil naturaleza de la masculinidad del hombre. Para fines de nuestro argumento, consideraremos el cabello de Sansón como análogo a la fuerza de su ego legítimo (su masculinidad). Las acciones de Dalila son análogas a las habilidades que tiene cualquier mujer para destruir la masculinidad de su propio Sansón.

El ego de un hombre es algo extremadamente vulnerable y sensible a los ataques de las "Dalilas" que hay en su vida (mamá, amigas, esposa). Cuando una "Dalila" se burla, ridiculiza o rechaza las expresiones de masculinidad de su Sansón, ella está acumulando sobre él sentimientos de desánimo y de debilidad. Los ataques pueden venir en forma de una actitud general de rechazo o por el uso de palabras hirientes de menosprecio. "No te tengo confianza." "Eres tan tonto y torpe." "¿Por qué no puedes ser un poco como Pedro?" "Tu continua competencia con Juan es ridícula y egoísta." "No tienes ni idea de lo que es un verdadero hombre." Estos son tan sólo algunos ejemplos de comentarios denigrantes que cortan directamente el corazón mismo del ego de un hombre.

Cuando le cortaron a Sansón su cabello quedó físicamente débil e inoperante. De una manera semejante el rechazo de la esposa al ego masculino de su esposo resulta en el debilitamiento de su masculinidad. Cuando el ego masculino legítimo del hombre es debilitado por el rechazo o la burla, él no tendrá la fuerza, valor, ni confianza para proveer un liderazgo efectivo. En consecuencia, con su habilidad para liderar debilitada disminuirá su deseo de proteger y proveer para su esposa. También limitará

## ¿Por Qué Son Los Hombres Tan Diferentes?

su manera masculina de expresar el amor. Los resultados pueden ser devastadores. Muchos matrimonios han sido destruidos cuando el ego de un marido ha sido halagado por alguna mujer, después de que primero había sido aplastado por su esposa.

Los ataques a la masculinidad de su propio Sansón pueden ser rechazos francos y orales a aceptar su liderazgo, o pueden ser sutiles. Hay muchas maneras efectivas de dar al esposo sutiles "avisos de rechazo." Puede ignorar lo que le dice acerca de cualquier cosa. Puede tratar sus intentos de liderar como interferencias molestas en su vida. Puede escucharlo cortésmente, luego hacer caso omiso de sus deseos, y enseguida hacer lo que a usted se le venga en gana. Puede asegurarse de que entienda, que en su lista de prioridades, las necesidades de él vienen después de las suyas. Vaya por donde quiera y haga "sus propias cosas." Estas son tan sólo algunas maneras en las que una esposa puede efectivamente "cortar el cabello" de su marido y hacer que su masculinidad quede débil e impotente.

Los hombres que se someten, durante un periodo de tiempo prolongado, a tener su "cabello cortado," generalmente llegan a ser exactamente lo opuesto a lo que es la intención de Dios. Sus impulsos masculinos de liderazgo son reemplazados por pasividad, abandono de responsabilidades, temor al fracaso, e indecisión. El impulso de proteger a la mujer está diseñado para producir valentía, pero cuando es continuamente frustrado es reemplazado por cobardía. Cuando el impulso masculino de proveer es negado de manera prolongada, se les hace difícil a los hombres aceptar responsabilidad de proveer para sí mismos, y ni que decir de tomar responsabilidad de proveer para otros.

Por otro lado, un esposo que tiene el apoyo y el aprecio de su mujer se siente animado a desarrollar los rasgos más deseables inherentes al ego masculino sano. Por ejemplo, el agradecimiento a un hombre por su impulso de proteger a las mujeres lo impulsará a la valentía y a obrar desinteresadamente. Cuando el impulso de un hombre de proveer para su familia es alentado, él desarrollará un fuerte sentido de responsabilidad hacia otros y también un deseo de tener logros. Un hombre naturalmente pasivo tenderá a ser más asertivo en su liderazgo y un hombre agresivo será más propenso a considerar la vulnerabilidad de su esposa.

Dios no se equivocó cuando creó el ego masculino. Si una mujer aspira a ser una mujer bíblica, necesitará tener un espíritu amoroso y compasivo y la disposición a aceptar a su hombre como Dios lo diseño. Uno de los primeros pasos para llegar a ser una ayudadora que aliente y apoye a su marido es comprender las necesidades del ego masculino con todos sus impulsos y funciones. La esposa puede ayudar a reparar la masculinidad magullada de su marido (pasiva o agresiva), sencillamente siendo una esposa bíblica. Ella puede ayudar agradeciendo y alentando los impulsos dados por Dios de su marido; inclusive si él no lo expresa perfectamente.

Si usted se ha casado con uno de estos hombres que tienen su ego dañado y manifiesta tendencias afeminadas o machistas, le sugiero que lo **anime** a leer el libro que escribió mi esposo: WHAT THE BIBLE SAYS ABOUT BEING A MAN. Este libro fue escrito específicamente para explicar cómo es que los hombres han sido "castrados" en los Estados Unidos durante los últimos cien años y como puede superarse ese daño.

WHAT THE BIBLE SAYS ABOUT BEING A MAN no fue escrito para ser leído por la esposa para que luego ella intente instruir a su marido o desafiarlo con lo que dice. ¡Está escrito solamente para los hombres! Mientras que Al *otro lado del Jardín* puede beneficiar a la pareja si lo leen ambos, *Acerca de ser un Hombre*,(disponible en inglés) no beneficia de esa manera.

## Ego

Definición: Aquello que reconoce al yo como diferente de otros. El ego masculino debe ser desarrollado hasta la madurez para el bien del rol del hombre como líder y conquistador del mundo físico.

### Contrario Expresiones del Ego Masculino Inmaduro

| | |
|---|---|
| Complejo de ego inflado | Inferioridad |
| Agresivo | Pasivo |
| Arrogante | Inseguro |
| Combativo (intimidador) | Cobarde |
| Centrado en sí mismo | Egoísta |
| Mal deportivismo | Mal Perdedor |

### Expresiones del Ego Masculino Sano

| | |
|---|---|
| Impulso de liderazgo | Confiado |
| Aceptación de responsabilidad | Valeroso |
| Rendimiento de cuentas personal | Protector |
| Orientado por objetivos | |
| Competitivo – deseo de tener éxito | |

# CAPÍTULO VIII

## CUANDO DOS CABEZAS SON MEJORES QUE UNA

*Por tanto, dejará el hombre a su padre y a su madre, y se unirá a su mujer, y serán una sola carne.* (Génesis 2:24)

La Palabra de Dios declara que el matrimonio debe fusionar dos partes independientes en una sola unidad completa. No es necesario que ninguna de las partes pierda sus distinciones singulares para poder fusionarse. De hecho, las distinciones de las dos partes son lo que hacen posible "el uno."

El matrimonio es como un rompecabezas con muchas piezas singulares. Cada pieza tiene su forma distinta y tiene impresa una porción de la totalidad de la imagen. Sin embargo, el propósito del fabricante no es que las piezas del rompecabezas se queden separadas; más bien, las diseñó con toda intención para que todas juntas ensamblen perfectamente.

Aunque las piezas del rompecabezas no pierden su forma particular cuando son ensambladas, es únicamente hasta que todas las distintas piezas se convierten en **una** que surge la imagen completa. De la misma manera, Dios con toda intención diseñó al hombre y a la mujer, distintos en forma y función, para que ensamblen perfectamente en el matrimonio. Y como las piezas del rompecabezas, tanto el esposo como la esposa retienen su individualidad y su singularidad, mientras plasman una "imagen" completa en la unidad e integridad del matrimonio. Para que un esposo y su esposa se puedan fusionar en uno, es sumamente importante para ellos entender cómo es que sus diferentes maneras de pensar se combinan para crear la unidad en su matrimonio.

## Cuando Dos Cabezas Son Mejores Que Una

¿Se ha dado cuenta como en ocasiones usted y su esposo parecen estar relatando dos historias diferentes, aunque están describiendo el mismo evento? ¿Es usted capaz de leer el "lenguaje corporal" y percibir o intuir como se sienten las personas, mientras que su esposo piensa que usted se está imaginando cosas? ¿Usted está interesada en compartir los detalles precisos, mientras que los detalles no son tan importantes para él (como el día **exacto** en que él hizo tal o cual cosa)? ¿Alguna vez ha intentado contarle a su marido algo emocionante que sucedió, solamente para descubrir cómo se impacienta por la narración tan larga? Y enseguida oírle decir: "¿Cuándo vas a ir al grano?" La mayoría de las mujeres responderán: "Sí, sí, sí, sí. A veces es como si mi esposo y yo vivimos en dos planetas distintos." No viven en dos planetas distintos, pero si piensan en dos planos distintos.

Este capítulo le ayudará a ver cómo tanto su singular patrón de pensamiento, como el de su esposo, son necesarios para hacer de su matrimonio algo completo. (Con toda honestidad, ¡la manera de pensar tan chistosa de tu marido no fue creada solamente para irritarte!). La esposa generalmente acepta que su esposo solamente está medio completo y necesita de ella para estar completo. Sin embargo, ella también necesita comprender que sus atributos son solamente la mitad de la creación de Dios de la humanidad; ella también necesita de su esposo para estar completa. Una ayudadora bíblica complementa a su esposo; ella no intentará remodelar su pensamiento masculino en un pensamiento femenino, ni intentará moldearlo a su propia imagen.

Con mucha frecuencia en la consejería y en seminarios para matrimonios hoy día, se exhorta al marido a intercambiar su manera de pensar masculina por la manera femenina de pensar de su mujer. Tristemente, en ocasiones esto resulta en que los hombres modernos son entrenados para convertirse en ayudadores de sus *esposas*, en vez de al revés. Es cierto que los hombres deben comprender y respetar la manera de pensar de la mujer, pero no es verdad ni saludable que los hombres se vuelvan femeninos y se retiren de sus roles como varones.

En un matrimonio bíblico, la esposa se beneficia de la manera de pensar de su marido y él se beneficia de la manera de pensar de ella. Solamente una respetuosa combinación de los dos patrones singulares de pensamiento, así como de todas las demás cualidades singulares tanto del marido como de la esposa, lograrán la unidad que Dios ha dispuesto para el matrimonio.

El diseño de Dios para el matrimonio no se logra cuando las cualidades del hombre son aniquiladas de manera que todo lo que queda son las características femeninas. Puede pensar que el tratar de combinar las diferentes maneras de pensar del hombre y la mujer sea como mezclar agua y aceite. Esta es una conclusión natural cuando no comprendemos cómo patrones de pensamientos tan diversos pueden en la práctica ser compatibles. Cuando un hombre y una mujer viven dentro del diseño de Dios, esto es, con el hombre como la cabeza, y la mujer como su ayudadora, sus diferencias se homogenizan y son capaces de trabajar juntos por un propósito común. En vez de operar como dos entidades separadas e incompletas, cooperan como una sola. Veamos cómo estas dos maneras de pensar se complementan la una a la otra.

### La Manera de Pensar de la Mujer

La manera de pensar de la mujer normalmente incluye cómo se siente acerca de cualquier tema. Generalmente es muy observadora de los detalles más pequeños y alerta a las reacciones emocionales de los demás. A la mujer típicamente le encanta hablar. Esto quiere decir que piensa mientras habla y

## Cuando Dos Cabezas Son Mejores Que Una

habla mientras piensa. También tiende a hablar con abundancia de palabras. Puesto que ella es observadora de los detalles, efusiva y frecuentemente guiada por sus emociones, rara vez puede relatar información de una manera "nada más cuénteme los hechos, señora." No importa que tan inteligente sea, la manera de pensar de la mujer nunca está lejos de sus reacciones emocionales. En consecuencia, su manera de presentar datos es generalmente dramática, con gran colorido y descriptiva.

Una mujer puede tener un muy elevado coeficiente intelectual, pero su patrón de pensamiento es inseparable de su femineidad. Normalmente manifiesta emociones profundas e intensas cuando se preocupa por el placer o dolor de otros. Las emociones de una mujer crean en ella una naturaleza cariñosa, susceptible y dispuesta a responder. Esta naturaleza susceptible hace que ella fácilmente se duela cuando alguien, especialmente su padre o su esposo, están disgustados con ella.

Además, la mujer tiene la necesidad inherente de tener seguridad física, emocional y económica. Esta es una de las razones por las cuales parece preocuparse tanto. Hay que admitir que los padres y esposos que han fallado en proveer esta seguridad básica, han desilusionado a muchas mujeres en las generaciones recientes. Debido a este hecho triste, la mujer que ha sido desilusionada por hombres puede intentar endurecerse en contra de su necesidad inherente de seguridad. Pero, la necesidad emocional de tener un hombre que cuide de ella, que la ame y que la proteja, aún continua clamando en su corazón. En el alma de la mujer reside una poderosa necesidad de que su hombre le provea y la proteja de cualquier daño.

Sin embargo, no estoy sugiriendo que un hombre pueda, ni siquiera deba, alguna vez tomar el lugar de Dios en la vida de la mujer. El esposo debe de ser un complemento y un alma gemela terrenal, pero no se puede esperar que él satisfaga completamente esas necesidades más profundas del alma que solamente Dios puede satisfacer. Únicamente Dios puede sanar el daño que nos han causado otras personas en el pasado. Una mujer puede esperar encontrar aceptación completa por medio de su relación personal con Dios. Sus más profundas necesidades de una seguridad absoluta y de una relación enteramente satisfactoria solamente pueden encontrarse en Dios. Por tanto, si usted es una de esas mujeres que han sido lastimadas por los hombres en su vida, permita que Dios satisfaga su necesidad de seguridad. Él solo es su refugio.

*En Dios está mi salvación y mi gloria; En Dios está mi roca fuerte, y mi refugio. Esperad en él en todo tiempo, oh pueblos; Derramad delante de él vuestro corazón; Dios es nuestro refugio. Selah.*
(Salmos 62:7-8)

Construya esa relación necesaria con Dios aprendiendo su Palabra y apoyándose en su amor y cuidado soberano. No use las heridas del pasado como una excusa para desobedecer el diseño de Dios para su matrimonio. Después de todo, mientras se ocupa en construir su relación con Dios y en darle el primer lugar en su vida, puede ser que Dios obre en, y a través, de su marido para darle también a usted una medida de seguridad terrenal. Aun si su esposo no siempre cumple con el rol que Dios le dio, usted puede gozosamente prosperar en su relación personal con Dios.

### La Manera de Pensar del Hombre

El hombre tiende a ser menos observador de los sentimientos de otras personas y más atento a los asuntos. A menudo es menos comunicativo oralmente que la mujer y con frecuencia reflexiona dentro de sí mismo en vez de hablar mientras piensa. El hombre tiende a ver las cosas de una manera más orientada a los hechos. Cuando habla, generalmente es franco y usa oraciones breves y al grano. Cuando un hombre tiene que hacer una decisión difícil, generalmente no pasa mucho tiempo reflexionando en cómo se sienten las personas involucradas. Generalmente trata de poner a un lado hasta sus propios sentimientos para poder mantener una perspectiva objetiva.

Un líder excepcional con frecuencia rehusará reflexionar en las posibles consecuencias negativas de hacer lo correcto delante de Dios porque no quiere ser persuadido a obrar para protegerse a sí mismo. Al mantener la objetividad y rehusarse a obrar para protegerse a sí mismo, le permite tener la confianza de que su decisión final fue tomada de manera imparcial. Su esposa puede erróneamente pensar que a él no le interesan las consecuencias de sus decisiones, o que es insensible a los sentimientos de otros. Además, ella puede creer que su esposo la está dejando fuera de sus pensamientos porque él medita en silencio. Como regla, estas suposiciones no son ciertas, pero una esposa puede creer que lo son si juzga la manera de pensar de su esposo basada en su propio proceso mental y como ella responde emocionalmente.

En primera instancia, podríamos preguntarnos, ¿cómo es posible que tales maneras tan diversas de pensar puedan llegar a ser compatibles? Como sabemos, es raro que el hombre o la mujer puedan entender la manera de pensar del otro; cada uno considera que su manera de pensar es superior. Hasta que el hombre y la mujer lleguen a entender y a valorar la importancia de sus distintos enfoques de la vida, siempre habrá malos entendidos entre ambos.

# Cuando Dos Cabezas Son Mejores Que Una

## Uniendo Dos Cabezas

Como vimos en el Capítulo VII, Dios diseñó la composición física, emocional y psicológica de cada sexo como parte de su plan. En sus posiciones correctas, y con sus atributos singulares siendo ejercitados correctamente, el hombre y la mujer se complementan armoniosamente en el diseño de Dios para el matrimonio. La habilidad de la mujer para estar consciente de los sentimientos de otros la hace ser más atenta emocionalmente como ayudadora y sus muchos atributos femeninos la impulsan en su servicio desinteresado por otros. La objetividad del hombre lo hace más competente para el liderazgo porque es menos probable que sus decisiones estén influenciadas por las emociones.

Veamos una ilustración que nos mostrará las diferencias en la manera de pensar del hombre y de la mujer. A través de esta ilustración veremos cómo tanto la capacidad de responder emocionalmente de la mujer como el enfoque más objetivo del hombre son necesarios para cumplir con el diseño de Dios para el matrimonio.

Muchos niños pequeños lloran cuando se hace el primer intento de acostarlos; unos hasta dan de gritos como si tuvieran mucho dolor. También se bajan de la cama repetidas veces, llaman a la mamá, piden algo de tomar y usan una gran cantidad de tácticas con tal de permanecer despiertos. La madre de manera natural responde emocionalmente cuando cree que su niño tiene alguna necesidad. Esta disposición a responder la motiva para correr al lado del niño que se encuentra llorando, tomarlo en sus brazos, consolarlo y protegerlo.

Aun si ella sabe que el niño no tiene dolor, sino que solamente está intentando evitar tener que dormirse, para ella es difícil negarle su consuelo. Ella sigue preocupada pensando que a

## Cuando Dos Cabezas Son Mejores Que Una

lo mejor esta vez realmente tiene alguna necesidad. Tal vez se imagina que su niño tiene miedo y lo deja dormir con ella, puede ser que concluya que tiene hambre y lo sobre alimente, o le puede permitir que siga despierto hasta que caiga exhausto.

Es más fácil para una mujer dar consuelo innecesario que negarse a satisfacer las demandas de su hijo. Puede ser que sienta estrés emocional aun cuando intelectualmente sabe que es mejor para el niño que ella no acceda a sus deseos de permanecer despierto. Por otro lado, la respuesta normal del hombre al ritual del niño de quedarse-despierto-lo-más-posible es generalmente sin ninguna urgencia emocional para dar consuelo. El hombre típico buscará razones físicas para la angustia y si no hay razones aparentes, generalmente reconocerá la estrategia del niño como un intento por controlar o manipular. Con frecuencia el hombre puede tomar una decisión rápida acerca de cómo detener tales técnicas de control y aplicará el remedio con muy poca respuesta emocional a las lágrimas del niño. La objetividad del hombre en la crianza de los hijos es un equilibrio necesario para contrarrestar la respuesta emotiva de la mujer. La eliminación de una respuesta emotiva le permite considerar más fácilmente los efectos a largo plazo de sus decisiones y acciones, mientras que la mujer está más preocupada por aliviar la angustia inmediata. Esto no significa que el hombre no tenga emociones; simplemente significa que sus emociones están siendo contenidas para dar lugar a un pensamiento más objetivo.

La habilidad femenina de responder de la mamá le permite atender las necesidades físicas y emotivas de otros. La impulsa hacia acciones tiernas y amorosas que son benéficas para el desarrollo del niño. Su naturaleza compasiva es perfecta para dar consuelo, pero debe ir mezclada con objetividad cuando el niño necesita aprender las difíciles lecciones que forman parte del ir creciendo. La respuesta emotiva sola puede resultar indeseable para el bienestar general del niño si no va moderada por la objetividad.

Por otra parte, la objetividad sola del hombre no es suficiente para satisfacer todas las necesidades del niño en todo tiempo. Cuando los niños realmente están angustiados, necesitan las tiernas caricias y el amoroso consuelo para el desarrollo adecuado de su seguridad emocional. La objetividad sola es un consuelo frío cuando el niño realmente necesita compasión y comprensión. La respuesta compasiva femenina y la objetividad masculina tienen que trabajar al *unísono* para poder proveer una vida balanceada para el niño. Un niño necesita de las respuestas tiernas de la madre como también de la objetividad del padre para poder ser entrenado adecuadamente para la vida de adulto.

Una vez tuve una conversación con un padre joven que lo dijo de la siguiente manera: "Mi esposa está preocupada por hacer de nuestro hijo un niño sano y feliz, y está haciendo muy buen trabajo. Sin embargo, yo estoy preocupado por hacer de nuestro hijo un adulto maduro." Este padre reconocía que su hijo necesitaba del cuidado tierno de la madre, pero también se daba cuenta, que como padre, su mayor preocupación era entrenar a su hijo para la edad adulta. La madre se fijaba en las necesidades a corto plazo, pero el padre tenía una misión a más largo plazo.

Es importante darnos cuenta de que aunque la mujer posee muchos atributos sobresalientes, ninguno de ellos son suficientes si están solos. Una mujer nunca debe de pensar que sus cualidades especiales son superiores a las del hombre. Las características femeninas son excelentes cuando se usan como Dios las diseñó, pero también pueden ser extremadamente destructivas cuando se utilizan mal. Solamente cuidar y proteger a un niño, sin darle un entrenamiento objetivo, lo echará a perder. El atender los antojos y caprichos del niño creará para él un mundo irreal donde él es el centro. Luego como adulto continuará

## Cuando Dos Cabezas Son Mejores Que Una

demandando gratificaciones inmediatas; y este egocentrismo lo motivará para jugar con las emociones de otros (especialmente con las mujeres con el fin de lograr sus deseos egoístas).

Los mismos atributos que hacen que la mujer sea cariñosa y amorosa también la hacen susceptible a la ceguera racional y al engaño emocional. La mujer que es dominada completamente por sus sentimientos es ciega a la realidad, y sus reacciones emotivas intensas pueden hacer que ella sea fácilmente manipulada por un engañador astuto. Las cualidades femeninas requieren equilibrio. Dios da a la mujer ese equilibrio a través del liderazgo de su esposo. Su hijo va a tener un entrenamiento más balanceado para la vida si ella no permite que sus "sentimientos" interfieran o anulen el efecto del enfoque más objetivo del esposo en el entrenamiento de los hijos.

No solamente se requiere el equilibrio para el entrenamiento de los hijos sino que también es necesario en todas las demás áreas de la vida de la mujer. La vida entera de la mujer será más balanceada cuando ella confíe en el plan de Dios y se someta al liderazgo de su marido. Se podría escribir otro capítulo entero acerca de cómo la manera de pensar de la mujer ayuda a equilibrar la manera de pensar del hombre, pero este libro no está escrito para los hombres. Sin embargo, aún con este ejemplo parcial, el punto debe estar claro.

Cuando un hombre y una mujer cooperan para "unir sus cabezas," podrán balancear y compensar el uno las deficiencias del otro, y podrán complementar el uno las fuerzas del otro. De esta manera estarán cumpliendo con el propósito del diseño de Dios para el matrimonio bíblico. (Los hombres deben leer el libro que escribió mi esposo: WHAT THE BIBLE SAYS ABOUT BEING A MAN.)

# CAPÍTULO IX

## LA MUJER—UNA PERSONA MUY INFLUYENTE

Algunas personas piensan que el papel de la mujer como ayudadora le impide ser una fuerza significativa en la sociedad. La realidad es que lo contrario es cierto. De hecho, la influencia de la mujer es tan poderosa que se debería exigir que portara un rótulo de: **¡Advertencia!** de una u otra manera, toda mujer influye sobre su hombre, sus hijos, y la sociedad en la que vive. Su influencia puede ser benéfica (cumpliendo el plan de Dios) o destructiva (apoyando el plan de Satanás). Este capítulo muestra varias áreas en las cuales una mujer ejerce, ya sea, una influencia positiva o una negativa. El material que aquí se presenta deberá desvanecer el mito de que el papel sumiso de la mujer es insignificante. También servirá de advertencia al daño considerable que se puede causar cuando una mujer decide vivir fuera del diseño de Dios.

### La Influencia de una Mujer sobre sus Hijos

Un refrán conocido dice: "La mano que mece la cuna gobierna el mundo." Hasta hace poco tiempo, mamá y hogar, eran prácticamente palabras sinónimas en las mentes de las personas. Los recuerdos del hogar de nuestra infancia generalmente se centran alrededor de mamá; recordamos cómo ella cocinaba, calmaba el dolor, y, particularmente, las normas morales que nos enseñaba. La influencia de la madre en las actitudes de los niños con respecto a sí mismos y otras personas, hacia las autoridades, y hacia Dios, duran toda la vida. En la Palabra de Dios un rey exhorta a su hijo a obedecer la instrucción de su madre.

*Oye, hijo mío, la instrucción de tu padre Y no desprecies la dirección de tu madre.* (Proverbios 1:8)

## La Mujer—Una Persona Muy Influyente

Este versículo también declara que la instrucción de la madre a los hijos tienen igual estatus que la del padre. Esa enseñanza se convierte en la norma en la cual vivirá la siguiente generación.

La mayoría de los cristianos están profundamente consternados por el abandono de la Palabra de Dios y de la moralidad básica que se percibe en nuestros países. No es coincidencia que esta decadencia moral comenzó después de que un gran porcentaje de mujeres abandonaron sus hogares para irse a trabajar. Como resultado de trabajar fuera de la casa, muchas de las madres cristianas de hoy, han renunciado a sus responsabilidades de entrenar a sus hijos y las han traspasado a las guarderías seculares y las escuelas públicas. El mundo secular enseña sus propias normas y en muchos casos estos estándares se oponen abierta y directamente a principios cristianos. Esta situación produce una atmósfera fértil para la inmoralidad. En algunas escuelas se provee a los jóvenes de condones y se les instruye acerca del "sexo seguro" como una alternativa a la abstinencia y a la autodisciplina. Puesto que el mundo secular es quien ahora "mece la cuna," las madres que se encuentran ausentes del hogar diariamente están perdiendo oportunidades de entrenar moralmente a sus hijos.

El deterioro en las normas morales comenzó con el descuido y la negligencia de padres cristianos de generaciones pasadas quienes fallaron en enseñar a sus hijos. La restauración de la moralidad puede comenzar únicamente cuando los padres cristianos vuelvan a cumplir con su responsabilidad de entrenar a sus propios hijos. Las mujeres cristianas que aman a Dios más que al mundo pueden proveer un ambiente en el hogar donde las leyes de Dios florezcan y donde la influencia satánica es puesta al descubierto y contrarrestada.

## La Mujer—Una Persona Muy Influyente

Personalmente creo que toda mujer que comprende los principios bíblicos puede comenzar con sus propios hijos y al entrenarlos en esas normas, puede influir en el despertar espiritual de toda la nación. Es posible que en este mismo momento alguna madre cristiana esté moldeando los valores de un futuro estadista, pastor, misionero, o de un mecánico de automóviles honrado. Ella es un ejemplo viviente de la femineidad bíblica que sus hijas podrán imitar cuando ellas sean esposas y madres. Además, ella y su esposo estarán entrenando a sus hijos varones para que sean hombres verdaderos quienes valoren, respeten y protejan a las mujeres. Sin saber lo que traerá el futuro de sus hijos, los padres están activamente implantando las cualidades de un carácter piadoso en sus almas. La etnicidad, estatus económico o la inteligencia de los niños no es tan importante como las lecciones que están aprendiendo de sus padres en áreas de auto-disciplina, honradez, integridad, fortaleza moral, valor, y respeto hacia los demás.

### La Influencia de la Mujer como Maestra de otras Mujeres

Una influencia que es urgentemente necesaria hoy día es que las mujeres mayores enseñen a las mujeres más jóvenes. Por varias generaciones la enseñanza de la femineidad bíblica a las hijas, ha sido gravemente descuidada en los hogares cristianos y en nuestras iglesias. Una razón de esta negligencia es que muchas mujeres ignoran, ellas mismas, los principios bíblicos. Otra razón es que muchas mujeres hoy día persiguen ambiciones personales fuera del hogar y no tienen interés en entrenar a sus hijas. El único entrenamiento para el matrimonio que recibe la mayoría de nuestras hijas modernas, es en sus materias de economía del hogar y de educación sexual, de las revistas de romances, de los medios de entretenimiento, y de sus compañeras de escuela. El contenido y enfoque de los cursos en las escuelas y en los medios de entretenimiento, está mayormente controlado por el pensamiento secular y, obviamente, no incluye en lo absoluto, principios bíblicos. Asimismo, las jovencitas compañeras de escuela de su hija son, por lo general, tan ignorantes de los principios bíblicos como lo es ella y solamente pueden ofrecer consejos juveniles egocéntricos.

El propósito de Dios al mandar a las ancianas o mujeres mayores a enseñar a las mujeres jóvenes *es...que la palabra de Dios no sea blasfemada a través de la manera de vivir de las mujeres jóvenes* (Tito 2:5b). Pero el día de hoy la Palabra de Dios **está** siendo blasfemada porque muchas hijas adultas se guían por las opiniones seculares acerca de la vida y del matrimonio, en vez de buscar dirección en la Palabra de Dios. Este consejo secular las anima a vivir sus vidas en maneras que son directamente opuestas a la Palabra de Dios, incluyendo estilos de vida inmorales y divorcio a solicitud.

Las dificultades maritales y el divorcio causan un gran dolor para todos los involucrados; el esposo, la esposa, pero especialmente a los hijos. Muchas iglesias hoy están respondiendo a esta intensa agonía humana ofreciendo programas de co-dependencia y otras clases basadas en la psicología para tratar con las repercusiones ocasionadas por padres quienes egoístamente han abandonado el diseño de Dios para el matrimonio. Desafortunadamente, estas soluciones cuestionables son semejantes a tratar los síntomas de una enfermedad, en vez de eliminar la causa de la enfermedad. El método de Dios de que las mujeres mayores instruyan a las mujeres jóvenes es una medida preventiva que ayuda a mantener sanos a los pacientes, de esta manera previniendo epidemias serias. Las iglesias podrían ayudar más a los matrimonios cristianos si identifican, desarrollan y capacitan a las mujeres mayores, para que puedan enseñar a las mujeres jóvenes acerca de la femineidad bíblica, antes de que surjan los problemas.

Dios ha dado los criterios bíblicos para identificar a la anciana capacitada. Antes de que se le permita enseñar, la anciana deberá manifestar en el currículo de su vida los siguientes atributos y requisitos:

> *Las ancianas asimismo sean reverentes en su porte; no calumniadoras, no esclavas del vino, maestras del bien.* (Tito 2:3)

El "bien" que debe enseñar incluye instruir a las mujeres jóvenes...

> *...a amar a sus maridos y a sus hijos, a ser prudentes, castas, cuidadosas de su casa, buenas, sujetas a sus maridos, para que la palabra de Dios no sea blasfemada.* (Tito 2:4-5)

Como hija de Dios, usted debe evaluar a cualquier mujer que la instruya con base en estas normas bíblicas. ¿Refleja su enseñanza el "bien" de Tito 2:4-5? ¿Ella honra o blasfema la Palabra de Dios en su propia vida? ¿Si usted hace caso de sus sugerencias y consejos resultarán en un crecimiento en amor y comprensión entre usted y su esposo o se incrementará el aislamiento y la disconformidad? Si aplicáramos esta prueba a nuestros "expertos" modernos, muchos de ellos quedarían descalificados (aún algunos que dicen ser cristianos), así reduciríamos el daño que puede infligirse con sus consejos blasfemos.

# La Mujer—Una Persona Muy Influyente

## La Influencia de la Mujer sobre su Esposo

Como hemos visto, la mujer puede ser una considerable influencia en sus hijos y en las mujeres jóvenes. Sin embargo, indudablemente el mayor impacto que tiene una mujer es sobre la vida de su esposo; el padre de sus hijos. La influencia de una mujer se siente en cuatro áreas básicas de la vida del esposo: en su masculinidad, en su iniciativa, en su liderazgo, y en su vida espiritual.

## La Masculinidad de su Esposo

Un sábado por la mañana, un matrimonio de nuestro vecindario estaba teniendo una venta de garaje. Las personas caminaban viendo los artículos que estaban a la venta mientras que el esposo platicaba con un amigo. Un cliente se acercó al esposo ofreciendo comprar una mesa por una cantidad ligeramente menor a la solicitada. Cuando la esposa escuchó a su esposo aceptar vender la mesa en diez dólares menos, gritó desde el otro lado del jardín: "¿Pero qué te pasa, Jim? ¿Por qué la vendiste a ese precio? ¡Cómo eres tonto!" Jim miró a su amigo y se puso rojo de vergüenza. Si esta escena fuera de una película, seguramente llevaría una música apropiada que indicara que era un momento significativo. De hecho, tal vez fui la única persona que escuchó la marcha fúnebre de la masculinidad de Jim.

Sin darse cuenta de que sus palabras cortan como un cincel, la esposa en la venta de garaje arrancó un pedazo de la masculinidad de su marido. Sin saberlo, ella ayudó a su esposo a perder el interés por tomar decisiones en el futuro. Jim, seguramente, fue a lo seguro, y el resto del día le pasó a su mujer todas las preguntas y decisiones. Casi estoy segura que se metió a la casa y se puso a ver la TV y dejó a la mujer para que se las arreglara sola. Cuando terminó la venta de garaje la mujer seguramente se encontraba totalmente exhausta y encolerizada porque tuvo que hacer todo ella sola. La esposa de Jim imprudentemente obró en contra de su propósito de ser ayudadora cuando avergonzó a su marido. En vez de animarlo a tomar decisiones, le ayudó a retraerse de tomar decisiones. ¿Me pregunto si la pérdida de diez dólares justificaba el daño hecho a la masculinidad de Jim con su efecto a largo plazo?

El ejemplo de la venta de garaje sucedió hace varios años. Desde entonces el ambiente matrimonial ha empeorado mucho más en los Estados Unidos. Escucho ejemplos de este mismo tipo de tratamiento castrador aplicado por las esposas a sus maridos en donde quiera que voy; incluyendo en las iglesias.

Tristemente, es ya muy común la influencia negativa de la esposa moderna en la masculinidad de su esposo. La esposa que no se sujeta al patrón bíblico, generalmente no está consciente de que ella puede abusar mental y emocionalmente de la masculinidad de su marido cuando lo trata como a un niño, cuando se queja continuamente de lo mal esposo que es, o cuando lo regaña en público. Este tipo de esposa frecuentemente culpa al marido por las debilidades que ella misma refuerza con sus palabras y acciones.

Es muy raro que una esposa se dé cuenta que la calidad del liderazgo de su esposo es directamente proporcional a la salud de su masculinidad. Dañe la masculinidad de su esposo y él comenzará a perder confianza en sí mismo, y con frecuencia el deseo de ser un esposo responsable. Por el contrario, proteja y apoye su masculinidad y él será animado a ser un mejor líder, proveedor, y protector.

### La Iniciativa de su Esposo

No es un apodo inapropiado el que algunos maridos orgullosamente se refieran a sus esposas como su "mejor mitad." Un marido con esta actitud está consciente de que la influencia que su esposa añade a su vida, es un ingrediente que antes le faltaba. Sin ella, tendría menos razones para soportar la adversidad y las dificultades que acompañan la responsabilidad del hombre. La demostración de confianza de la esposa en la habilidad de su esposo para tener éxito, así como su aprecio por sus esfuerzos, fortalecen la determinación del marido para salir victorioso en las batallas de la vida. La mujer bíblica es la mitad del marido que le da apoyo (no su "mejor mitad"), así como también es su leal y compasiva amiga.

Por otro lado, la esposa que rehúsa cumplir con su diseño divino como ayudadora, abandona a su esposo y lo deja pelear las batallas solo. Sin una ayudadora, su ayuda idónea, dispuesta a unirse a él, el marido es vulnerable a una multitud de dificultades. Él necesita de su ayudadora para que le auxilie a aliviar el dolor en su vida, pero la indiferencia de la esposa no bíblica aumenta su sufrimiento. En vez de edificar su confianza, la falta de apoyo de la mujer debilita el estado de ánimo del hombre. En vez de apaciguar cualquier aprehensión respecto a su habilidad para dirigir y para proveer para la familia, las críticas y desconfianza aumentan su inseguridad y destruyen su iniciativa. Cuando la esposa es una influencia negativa en su esposo, ella se convierte en su "azote y lastre" en vez de ser su mitad que le apoya.

## El Liderazgo de su Esposo

Algunas mujeres se confunden mucho a la hora de tomar decisiones. Piensan que el esposo debe tomar todas las decisiones mientras la esposa permanece completamente en silencio. Permítame aclarar este mal entendido. Es cierto que Dios determinó que el esposo fuera la cabeza de la familia y eso incluye que sea responsable de las decisiones principales que afectan a la familia. Sin embargo, esto no quiere decir que la esposa nunca se involucra en la toma de decisiones. Hay dos tipos de decisiones que se deben hacer respecto a la vida de la familia. Antes de ver la influencia que la mujer tiene en el liderazgo de su esposo, primero determinemos la diferencia entre estos dos tipos de toma de decisiones.

El primer tipo de toma de decisiones involucra *decisiones de liderazgo*. El esposo es responsable delante de Dios de supervisar todos los asuntos que impacten de manera considerable a la familia entera. Un asunto que requiere de una resolución final antes de que pueda ejecutarse alguna acción, así como el establecimiento de políticas, caen dentro del dominio del liderazgo del esposo. Ejemplos de decisiones que el esposo debe tomar son: determinar en dónde debe vivir la familia, con qué iglesia se van a comprometer, decisiones acerca de cambios de trabajo, elaboración de un presupuesto, y establecimiento de estándares para la crianza de los hijos. Estos ejemplos corresponden al rol del esposo en sus áreas de responsabilidad como líder, protector y proveedor de su familia.

El segundo tipo de toma de decisiones involucra *decisiones de apoyo* que dan seguimiento e implementan exitosamente las políticas del líder, manteniéndose dentro de los lineamientos establecidos. Ejemplos de las decisiones de la esposa son: encontrar maneras de vivir dentro del presupuesto y entrenar en la práctica a los hijos dentro de las normas establecidas. Mientras las decisiones de la esposa se mantengan dentro de los lineamientos que estableció su esposo, ella tendrá gran libertad para escoger. Por ejemplo, establecer el presupuesto familiar para la alimentación es una decisión de política, pero la planeación de los menús y el decidir dónde se consiguen los mejores precios, son decisiones dentro de la esfera de dar seguimiento con decisiones de apoyo. La esposa puede necesitar pedir la aprobación de su marido antes de comprar algún aparato electrodoméstico principal, pero no necesita consultar con él antes de comprar una lechuga.

Aunque al final de cuentas el marido es responsable por todas las decisiones del tipo liderazgo, la esposa debe recordar que siempre está en una posición de influir en esas decisiones. La esposa que conoce a su marido y está segura acerca de su rol como líder, podrá expresar libremente sus puntos de vista, preferencias, y apreciaciones durante las pláticas previas a la toma de la decisión. La esposa de un marido que guía bíblicamente a su familia, puede descansar en el conocimiento de que su marido ponderará cuidadosamente las ideas y sugerencias de la esposa antes de imponer una política principal en la familia. Tristemente, pocas esposas hoy tienen razones para tener confianza en las habilidades de sus maridos para tomar decisiones sabias. Por tanto, es una creencia popular que la esposa debe ejercer su más fuerte influencia cuando ella piensa que el liderazgo de su esposo es falto de sabiduría o débil. Sin embargo, esta creencia es contraproducente al rol correcto de ayudadora y solamente asegura la continuidad de un liderazgo pobre.

**Influencias Peligrosas**

Toda esposa influye en la vida de su esposo; ya sea para bien o para mal. Para asegurar que su influencia sea constructiva, la esposa debe comprender el poder que tiene sobre su marido, especialmente sobre uno que se siente inseguro acerca de su posición como líder. Por ejemplo, una esposa persuasiva corre el peligro de hacer mal uso de su poder para influenciar a su esposo, si su marido es menos firme y enérgico que ella. Una esposa perspicaz, que sabe que su esposo puede preferir eludir las responsabilidades de líder, debe ser especialmente cuidadosa para evitar expresar sus opiniones de manera impositiva.

## La Mujer—Una Persona Muy Influyente

Esto es especialmente cierto si ella tiene la tendencia a provocar debates y discusiones sobre cada decisión, o si se da cuenta que su esposo puede ser fácilmente dominado y apabullado por los argumentos prolongados de ella. (La habilidad de la mujer para hablar más o mejor que un hombre no hace que sus opiniones sean correctas.) Cuando la mujer usa consistentemente sus poderes de persuasión para convencer a su marido de no asumir su lugar de líder, ella lo está estorbando y evitando que desarrolle su pleno potencial, y puede motivarle a ser inactivo como líder. Muchos esposos modernos han sido persuadidos a convertirse en cónyuges silenciosos en sus matrimonios por estás esposas no-bíblicas.

Me doy cuenta que muchas mujeres se van a sentir frustradas ante la idea de guardarse sus opiniones delante de sus esposos cuando estos sean menos firmes y enérgicos. "Es que no puedo quedarme callada y hacerme la tonta," es la manera en que muchas mujeres expresan su rechazo a este concepto. Antes de arrojar todo este concepto por la ventana, por favor, considere que Rebeca, la esposa de Isaac, probablemente también se sentía de la misma manera.

La Biblia nos dice que cuando Rebeca estaba embarazada con gemelos, Dios le dijo a Rebeca que su hijo mayor, Esaú, serviría a su hijo menor, Jacob. Esta promesa era contraria a las costumbres culturales donde el hijo mayor asumía el liderazgo a la muerte del padre. Además, Isaac favorecía a Esaú. Debido a estos problemas aparentes, Rebeca no creía que podía confiar en que Dios cumpliría lo que le había prometido. Pensó que le correspondía a ella *asegurarse* de que se cumpliera lo que Dios le había profetizado; aun si tenía que hacer uso del engaño para lograr su meta. Por consiguiente, convenció a su hijo favorito, Jacob, de engañar a su padre para robarle la bendición a su hermano (Génesis 27:1-40). Los resultados de la influencia de

## La Mujer—Una Persona Muy Influyente

Rebeca fueron desastrosos para la familia. Esaú se llenó de odio hacia su hermano (Génesis 24:41 y 28:6-9), y Jacob tuvo que huir del país para escapar de la ira de su hermano (Génesis 27:42-45). Es muy posible que la interferencia de Rebeca resultara en que, ¡nunca jamás volvió a ver a su hijo favorito!

Cuando las soluciones a los problemas parecen tardarse una eternidad, la mujer debe tener especial cuidado de su poder para influenciar a su marido. La mujer típicamente desea que se tomen decisiones y que se resuelvan los problemas, ¡AHORA! Cuando surgen los problemas y no hay una solución inmediata, no es inusual que la mujer se impaciente. Pero, si intenta forzar a su marido para que actúe de manera prematura, ella fácilmente puede crear una situación desastrosa. Sara, la esposa de Abraham, es una ilustración perfecta de una esposa que se impacientó ante la prolongada demora de esperar a que algo sucediera. Sara estaba convencida de que sería estéril el resto de su vida, de manera que le sugirió a Abraham que podía tener un hijo a través de su esclava, Agar, y de esta manera cumplir la profecía de Dios. Sara, como Rebeca, pensó que su intervención era necesaria para que se cumpliera el plan de Dios. Las consecuencias que sobrevinieron en su hogar después de que Abraham siguió el liderazgo de su mujer están registradas en Génesis 16 y 21:9-21. La influencia entrometida de Rebeca y Sara con sus maridos, sin duda demuestra que es prudente que la esposa se preocupe por las posibles consecuencias a largo plazo de sus sugerencias –antes de que hable.

### Influencias Benéficas

Ya sea que su marido sea indeciso, decidido, o se encuentre en algún punto intermedio, la pauta que le ayudará a evitar ejercer una influencia incorrecta en él, es su fe en Dios. ¿Realmente cree que Dios diseñó la sumisión bíblica para el beneficio de toda su familia? ¿Cree usted que Dios está en control? Si es así, querrá operar de conformidad al plan de Dios para el matrimonio. Siempre y cuando la esposa no sea argumentadora (que discute repetidamente), reacia (rehusarse a aceptar la decisión final de su marido), o rebelde (desafiante e insubordinada), ella podrá expresar sus opiniones (una vez, no tres veces) durante el proceso de toma de decisiones. A lo largo de estas conversaciones la actitud sumisa de la esposa debe siempre ser evidente. Ella deberá presentar sus objeciones o perspectivas acerca de posibles problemas solamente hasta que las haya comunicado claramente. Ella nunca debe dar razón al marido para pensar que no está dispuesta a sujetarse a la decisión final.

Por favor, no caigan en el concepto equivocado popular de que el papel sumiso de la mujer la deja débil e indefensa. Puesto que es el diseño de Dios que la esposa se sujete a su marido, hay bastante poder respaldando su sumisión bíblica. Esto no significa que Dios siempre va a evitar que un esposo cometa errores de liderazgo. Dios con frecuencia usa los errores de juicio del marido como un ejercicio de entrenamiento para ayudarle a mejorar su liderazgo en el futuro. La esposa puede descansar en el conocimiento de que Dios proveerá para ella mientras él entrena a su marido. Además, debe considerar que mientras Dios entrena a su marido, él también desea desarrollar en ella dominio propio, paciencia y confianza. Asimismo, ella tendrá la oportunidad de manifestar el fruto del Espíritu en su propia vida: *Mas el fruto del Espíritu es amor, gozo, paz, paciencia, benignidad, bondad, fe, mansedumbre, templanza* (Gálatas 5:22-23a). Tales metas son más importantes para su propia vida que las consecuencias temporales de los errores de juicio de su marido.

Por tanto, no es la esposa sumisa la que está indefensa; más bien es la esposa no-sumisa la que no tiene defensa. Dentro del bien fortificado baluarte que es el matrimonio bíblico, a una esposa sumisa se le provee hoy, como también, mañana.

## La Vida Espiritual de su Esposo

Más mujeres van a la iglesia, leen libros cristianos, enseñan en la escuela dominical, y hacen preguntas espirituales que lo que hacen los hombres. ¿Por qué entonces dice Dios: *Y si quieren (las esposas) aprender algo, pregunten en casa a sus maridos...*(1 Corintios 14:35a) (Se agregó el paréntesis).

Cuando la serpiente se acercó a Eva, no fue porque ella era menos espiritual que Adán, sino porque ella era más susceptible a responder emocionalmente y ser engañada. La susceptibilidad de la mujer moderna a ser engañada es la misma que la de Eva, sin importar qué tan lógica y brillante pueda ser. Recuerden, las debilidades de la mujer son el orgullo del conocimiento que la haría como un dios, y un deseo insaciable de controlar al hombre; ambos hacen que sea fácil de engañar. La responsabilidad del esposo por el liderazgo espiritual es un don de gracia dado por Dios para la protección de la esposa contra el engaño.

Por diseño de Dios el esposo es la cabeza espiritual de su familia. Sin embargo, su esposa tiene una influencia directa y poderosa sobre su liderazgo. La mujer que tenga más entusiasmo por la información espiritual que su esposo no deberá hostigarlo ni intentar empujarlo a estudiar la Palabra de Dios. Ella nunca deberá usurpar su posición de liderazgo, ni tampoco convertirse en su maestra:

> *La mujer aprenda en silencio, con toda sujeción. Porque no permito a la mujer enseñar, ni ejercer dominio sobre el hombre, sino estar en silencio.* (1 Timoteo 2:11-12)

## La Mujer—Una Persona Muy Influyente

La esposa debe hacer preguntas a su esposo y enseguida estar atenta a sus respuestas, confiando en que Dios proveerá las respuestas que ella necesita. Dios puede recompensar la obediencia de la esposa bíblica a su Palabra usando su ejemplo positivo como una influencia espiritual poderosa en su esposo. Este sencillo método es como Dios puede usar a la esposa bíblica para animar y fortalecer a su esposo en su liderazgo espiritual.

> *Asimismo vosotras, mujeres, estad sujetas a vuestros maridos; para que también los que no creen a la palabra, sean ganados sin palabra por la conducta de sus esposas, considerando vuestra conducta casta y respetuosa.* (1 Pedro 3:1-2)

(El respeto al que se refiere el contexto es a Dios, no al esposo.) La preocupación por las pobres habilidades de liderazgo del esposo impulsa a muchas mujeres a desobedecer el diseño de Dios para el matrimonio, particularmente en el área del liderazgo espiritual. Sin embargo, ninguna mujer tiene más poder para protegerse a sí misma de las consecuencias del liderazgo deficiente del que tiene Dios. Tampoco hay mujer que posea la habilidad de Dios para entretejer juntas *todas las cosas* (Romanos 8:28) para que resulten beneficiosas para todos los involucrados. Confiar lo suficiente en Dios como para obedecerlo hace a la mujer beneficiaria de un intercesor celestial invencible. La mujer que insiste en tratar de protegerse a sí misma influenciando a su marido, imprudentemente se desliga de este poder inconmovible.

> *Porque así también se ataviaban en otro tiempo aquellas santas mujeres que **esperaban en Dios**, estando sujetas a sus maridos; como Sara obedecía a Abraham, llamándole señor; de la cual vosotras habéis venido a ser hijas, si hacéis el bien, sin temer ninguna amenaza.* (1 Pedro 3:5-6) (Se agregó el énfasis.)

# La Mujer—Una Persona Muy Influyente

La palabra griega traducida como "temer" en el versículo de arriba es la palabra *phobeo*. Significa "atemorizar" o "alarmarse." La palabra griega traducida como "amenaza" significa "alarma" o "algo terrorífico." Una traducción más amplia de 1 Pedro 3:6 enfatizaría el grado en el cual Sara es un ejemplo de una mujer que sigue el liderazgo de su esposo. *Como Sara obedecía* (escuchaba atentamente y acataba los mandatos o autoridad de) *Abraham, llamándole señor:* (su autoridad) *de la cual vosotras habéis llegado a ser hijas, si hacéis el bien sin* **phobeo** (temor ni alarma) ninguna **ptoesis** (terror). (Se agregaron los comentarios.) Estos versículos prometen que una esposa no necesita temer los resultados de las decisiones de su marido —aun cuando estén equivocadas. La mujer que entiende estos principios se da cuenta que su influencia es más fuerte espiritualmente cuando es personalmente más débil.

## ¡Una Advertencia Final!

Muchas de las mujeres de hoy se sienten personalmente insultadas cuando se les enseña que sus maridos deben ser la cabeza espiritual de sus familias. Estas mujeres, por lo general, se consideran independientes de sus maridos. Los resultados de esta postura son desastrosos para las mujeres, para sus maridos y para sus familias.

La mujer que cree que su propio intelecto la puede proteger del engaño, ya está engañada. No hay intelecto lo suficientemente grande como para declararse exento de la Palabra, del plan o del diseño de Dios. La mujer que ha sido engañada para creer que ella es superior al diseño de Dios inevitablemente llegará a ser una mujer orgullosa, rebelde a toda autoridad y arrogante en su conocimiento de la información bíblica.

## La Mujer—Una Persona Muy Influyente

*Sabemos que todos tenemos conocimiento. El conocimiento envanece, pero el amor edifica.* (1 Corintios 8:1b)

Una mujer orgullosa, que piensa que siempre está en lo correcto con frecuencia se convierte en la esposa que usa la religión como arma. Ella le "predica" a su marido y lo baña de condenaciones por sus muchos pecados. Cuando la mujer se vuelve orgullosa de su supuesta autonomía espiritual, esto ocasiona que se debilite la determinación de su marido por mejorar su conocimiento espiritual.

Es más fácil para él salvar su dignidad pretendiendo que no le interesan las cuestiones espirituales, que tener que competir con su esposa la cual usa su extenso vocabulario y aparente conocimiento de los datos bíblicos como mazo sobre su cabeza. Cuando la confianza en sí misma ha sido hecha añicos, él tendrá menos interés en proteger a su esposa de falsas enseñanzas (ella de cualquier manera no le escucharía). Aún más, este esposo frecuentemente manifestará poco interés en las cosas de la iglesia, alegando que eso es para mujeres y niños solamente. Un predominio de mujeres como líderes espirituales de sus familias ocasionará que la iglesia sufra por falta de liderazgo masculino. Tristemente, este tipo de esposa frecuentemente anhela poder influenciar a su esposo hacia las cosas espirituales, sin darse cuenta que ella misma es la excusa del esposo para abandonar su responsabilidad como cabeza espiritual de la familia.

### En Conclusión

Para asegurarse de que su influencia sea benéfica para aquellos que ama, la mujer bíblica debe practicar el discernimiento y obrar con sabiduría. Entre sus normas de conducta debe estar el dominio propio y el evitar las tácticas de manipulación. La mujer bíblica sabe que una imagen de auto-importancia no es una imagen semejante a Cristo; por tanto, ella se somete a la voluntad de Dios.

Hay muchos beneficios cuando una ayudadora bíblica influye positivamente en su marido. El no tener que estar compitiendo la posición de cabeza en el hogar hace que el esposo sea un empleado más confiable en el trabajo. Su deseo de dirigir bien promueve un anhelo por mejorar. El esposo que tiene una ayudadora bíblica pronto comenzará a desarrollar su potencial como líder y servidor en la iglesia. Como resultado, él y su esposa, llegan a dar un excelente testimonio cristiano que glorifica a Dios y evita dar lugar para que se blasfeme la Palabra de Dios.

La unidad de esta pareja proporciona a los niños un ambiente hogareño estable y seguro. Además, puesto que Dios protege a aquellos que le honran, la nación entera se beneficia al tener hogares que están funcionando bíblicamente. La consecuencia mínima será que los hijos estén siendo criados para ser buenos ciudadanos y para no contribuir a la destrucción de la moral en la sociedad en la que viven.

Todas estas bendiciones son posibles cuando la mujer confía lo suficiente en Dios como para funcionar como una esposa bíblica y permite que Dios influya en su marido en maneras que le traerán honra y gloria al Señor.

# CAPÍTULO X

## UN MODELO EJEMPLAR PARA LA FEMINEIDAD BÍBLICA

He intentado presentar algunos principios básicos relativos a la femineidad bíblica en los nueve capítulos anteriores de este libro. Se puede decir que Proverbios 31:10-31 es la versión condensada de esos principios; y la mujer que ahí se describe es la personificación de la femineidad bíblica. Conforme nos acercamos al final de la **Sección Uno: Fundamentos**, me parece adecuado presentar a la mujer que ha sido el modelo ejemplar en la Biblia durante miles de años.

Desafortunadamente, muchas mujeres tratan a la mujer de Proverbios 31 como si fuera una reliquia del pasado – tal vez ideal, pero seguramente poco realista para las complejidades de la vida moderna. Aun entre mujeres cristianas de hoy el consenso de su manera de pensar es que: ya no es práctico para la mujer confiar su bienestar físico, emocional, mental y financiero al mismo estilo de vida que representa esta mujer.

Quiero exhortar a la mujer cristiana a recordar que la fidelidad de la Palabra de Dios determina que Proverbios 31 es tan relevante, hoy, como lo fue el día en que se escribió.

*El cielo y la tierra pasarán, pero mis palabras no pasarán.* (Mateo 24:35)

Las mujeres cristianas todavía pueden, con confianza, mirar a la mujer de Proverbios 31 como su modelo a seguir. La siguiente es una entrevista hipotética en la cual se hacen preguntas a la mujer de Proverbios 31 referentes a temas que agobian a las mujeres hoy en día. Sus respuestas están parafraseadas, pero los versículos que apoyan sus respuestas aparecen en paréntesis para que usted pueda verificar su certeza.

# Un Modelo Ejemplar Para La Femineidad Bíblica

## Preguntas Modernas para la Mujer de Proverbios 31

1. ¿Siente usted que sus talentos están siendo sofocados porque tiene que ser sumisa al liderazgo de su esposo?

"No, yo hago mi trabajo de buena gana (no a regaña-dientes)" (versículo 13). "Estoy satisfecha y realizada porque percibo que mi ganancia es buena" (versículo 18). "Tengo fuerza y dignidad y sonrío (no tiene temor) ante el futuro" (versículos 21 y 25). "Todo lo que hago muestra la disposición que tengo para servir a los de mi casa y a otros" (versículos 15, 16, 18-22, 24, 27-31).

2. ¿Siente usted que ha perdido toda identidad personal y que ahora es meramente una extensión de su esposo?

"No, valgo mucho más que las piedras preciosas" (versículo 10). "Soy fuerte" (versículo 17). "Tengo compasión" (versículo 20). "Soy sabia y bondadosa" (versículo 26). "La fuerza y el honor son parte de mi carácter y el futuro de mi familia está seguro" (versículos 11 y 25). "Soy alabada, honrada, y respetada por mis hijos y por mi esposo" (versículo 28). "Mi esposo me considera la mujer más maravillosa del mundo" (versículo 29).

3. ¿Acaso no ha suprimido su propia personalidad y descuidado el desarrollo de su propia inteligencia por ocuparse en los trabajos serviles y monótonos del hogar?

"No, en lo absoluto. Tengo un sentido muy agudo para los negocios" (versículos 13-24). "Cuando hablo, lo hago con sabiduría. Enseño la amabilidad. Mi alma queda expuesta por lo que hablo y por cómo lo digo" (versículo 26). "Uso mi inteligencia para servir bien a los de mi casa" (versículos 15, 16, 18-22, 27-31).

4. ¿Es usted una mujer dada al ocio y al esparcimiento, que se pasa el tiempo viendo telenovelas y haciendo tareas sin provecho, en vez de lograr algo de valor para la sociedad?

"¡Qué pregunta tan extraña! No soy una carga para mi esposo porque mis obras solamente le hacen bien y no mal" (es decir, no soy causa de vergüenza para él, no le ocasiono ninguna desdicha, angustia, ofensa ni agravio) (versículo 12). "Trabajo arduamente. Sirvo a mis hijos y a mi esposo. También sirvo a la comunidad" (versículos 13-22, 24, 25, 27). "Mi esposo no necesita preocuparse por lo que pudiera estar pasando en la casa. Él puede confiar en mí y ocuparse de sus negocios. Porque hago mi trabajo, no le falta nada" (versículo 11). "Disfruto de mi trabajo" (versículo 13). "Sirvo con mis manos y soy alabada en la ciudad" (versículo 31). "¿Cómo no va a ser todo esto valioso para la sociedad en la que vivo?"

5. ¿Siente usted la necesidad de dejar esas tareas domésticas aburridas, repetitivas y vanas para convertirse en una persona completa y valiosa? ¿No ha pensado en lo que pudiera pasar en el futuro, en la posibilidad de que súbitamente tuviera que mantenerse a sí misma?

"¡No, en lo absoluto! Mi confianza está en Dios, no en mí misma. Apoyo a mi marido y hago lo que me corresponde dentro de los límites de mi rol" (Todos los versículos). "Juntos progresamos y somos dignos de alabanza" (versículos 23 y 31). "El motivo subyacente de todo lo que hago es el servicio a otros, no el servirme a mí misma" (versículos 11, 12, 23, 28, y 29). "Porque hago la voluntad del Señor no me siento insegura, ni temerosa, ni siento la necesidad de protegerme a mí misma" (versículos 18, 21, 25, y 31).

# Un Modelo Ejemplar Para La Femineidad Bíblica

Proverbios 31 es la declaración de que no hay llamado más supremo para una mujer que el de ser esposa y madre. La mujer de Proverbios 31 también tenía la libertad de desarrollarse y ocuparse en negocios. Estos intereses no interferían con su papel principal de ayudadora de su marido, madre de sus hijos, y encargada de su hogar. Todas sus actividades estaban interrelacionadas con su hogar ya que eran extensiones de su rol de mujer bíblica. Las motivaciones y los logros de la mujer de Proverbios 31 reflejan la voluntad de Dios revelada para la femineidad. Ella es la precursora de la femineidad bíblica y su modelo exhorta a generaciones de mujeres creyentes a seguir su ejemplo. A través de la historia diferentes mujeres han escogido diferentes caminos y han sido elogiadas como modelos a seguir para las generaciones más jóvenes. Muchas han alcanzado la fama y la fortuna, solamente para descubrir que en esos logros no encuentran la verdadera satisfacción. Los comentarios que una famosa actriz de cine hizo durante su vida describen precisamente esa simpleza.

Un periódico publicó las siguientes declaraciones el día después de la muerte de la actriz Ava Gardner:

> Ava Gardner declaró: "Yo actuó por dinero, no por otra razón. Desde que hice mi primera película en 1941, no he hecho nada que valiera la pena." "Nunca he disfrutado el hacer películas, y no me gusta ser considerada una estrella. No tengo la hechura emocional para ello, ni el amor por el exhibicionismo. Soy demasiado tímida." Gardner en una ocasión dijo que creció esperando encontrar: "un buen hombre al que pudiera amar y con quien me pudiera casar, para cocinar para él y establecer un hogar, y que se quedara conmigo

para el resto de mi vida. Nunca lo encontré. Si lo hubiera hallado hubiera abandonado mi carrera en un minuto."

Siento una tristeza abrumadora cuando leo la evaluación que hizo Ava Gardner de su vida. Su expresión de vacío y falta de realización contrasta notablemente con la plenitud de vida de la mujer de Proverbios 31. Gardner hubiera abandonado todos sus logros a cambio de lo que cualquier mujer bíblica tiene. Para ella, ya es demasiado tarde, pero tal vez sus palabras sirvan de advertencia a otras mujeres; antes de que sufran el mismo tipo de pérdida, y antes de que el final de sus vidas refleje una desesperación similar.

La mujer que consagra su vida para vivir como una mujer bíblica, escoge la carrera más importante que cualquier mujer puede seguir. La mujer bíblica es la única que puede apoyar a su esposo y animarlo a ser todo lo que Dios quiere que él sea. La esposa bíblica, con su sumisión puede dar testimonio del sacrificio abnegado de Cristo en su sumisión al plan de Dios Padre. Su éxito como esposa bíblica es una confirmación de la provisión de Dios, y su sumisión en el matrimonio es una imagen de la relación de la iglesia con Cristo. Su dedicación a su familia, guiada por su conocimiento de los principios de la femineidad bíblica, proporcionará la estabilidad que sus hijos necesitan como preparación para enfrentar los desafíos cuando sean adultos.

La mujer puede buscar hasta en los últimos confines del mundo, alguna manera para servir a Dios, pero nunca encontrará un llamado más supremo, ni más satisfactorio que el de ser ayudadora de su propio marido.

# CAPÍTULO XI

## ENSAMBLANDO TODAS LAS PIEZAS

Nuestro estudio de la femineidad bíblica, hasta este punto, ha establecido un fundamento firme de principios bíblicos sobre los cuales construir un matrimonio. Hemos visto cómo la mujer fue creada como una de las mitades de la creación original que Dios llamó "Adán" o "humanidad" (Génesis 5:2). La mujer y el hombre están incompletos el uno sin el otro (salvo por la excepción especial del celibato en 1 Corintios 7:7). Hemos descubierto que el propósito de Dios para la mujer es que sea ayudadora (ayudante, auxiliar, partidaria, promotora, etc.) de su esposo. Se nos ha recordado que la mujer fue hecha del hombre y para el hombre; no solamente para el placer del hombre sino para el cumplimiento del plan de Dios para la humanidad. La mujer fue creada después del hombre, pero esto no significa que sea segunda en grado o calidad. La mujer es una creación especial y especializada. Ella debe ser la compañera y ayudadora creativa de su marido. Como dadora-de-la-vida y criadora de sus hijos, la mujer también juega un rol específico en la directriz divina dada a la humanidad de poblar la tierra.

¿Por qué, entonces, tantas mujeres hoy han rechazado este grandioso diseño? ¡Por el engaño! La Biblia dice que en los últimos días las personas serán... sin *afecto natural* (2 Timoteo 3:3). Serán egocéntricas y faltas de amor y cariño. ¿Puede pensar en un ejemplo mejor de esta falta de afecto natural, que el creciente número de mujeres que hoy no solamente están abandonando a sus maridos para seguir sus propios sueños, sino que también están abandonando a sus hijos? Es como si estas mujeres han sido embrujadas para alejarlas de su devoción a sus familias. La verdad es que Satanás ha sido tan exitoso en el engaño de multitudes de mujeres modernas, como lo fue en su engaño de Eva en el huerto. Él ha apelado a la fuerte atracción de la mujer por el conocimiento y a su deseo orgulloso de dominar sobre el hombre; de manera que la mujer ha caído de nuevo, esta vez arrastrando a su familia consigo. A través de toda la variedad de instrumentos que tienen los medios de comunicación y de entretenimiento, Satanás *constantemente* bombardea a la mujer de hoy con su filosofía:

- "El conocimiento da libertad."
- "Sé tu propia autoridad."
- "La mujer es superior al hombre."
- "No necesitas un hombre para que te diga lo que tienes que hacer."
- "Los hombres evitan que te realices y alcances cosas buenas."

Así como le fue a Eva, le está yendo hoy a un creciente número de mujeres modernas, incluyendo a muchas mujeres cristianas. Se pregona más el amor por uno mismo que el amor por Dios y por su Palabra. Las mujeres jóvenes de hoy están rodeadas de promociones de ambiciones vanas y egocéntricas, más que exhortaciones a la pureza y al servicio abnegado y desinteresado.

Hemos estudiado juntas las consecuencias resultantes de la caída de Eva en todas las mujeres: grandes dificultades al dar a luz y un fuerte deseo por controlar a su hombre. Y aparentemente —para colmo— al esposo se le dio autoridad sobre la esposa. En consecuencia, aquella que deseaba ser independiente y autónoma hasta de Dios, ahora debe someterse a otro simple ser humano. De no haber sido por la gracia de Dios, estas consecuencias podrían haber llegado a ser una maldición insoportable para Eva y sus hijas.

## Ensamblando Todas Las Piezas

La humanidad no hubiera podido sobrevivir a las consecuencias de su pecado, pero gracias a Dios que él es amor además de ser justicia. En su gracia, su plan provee abundantes bendiciones para la esposa a través de la posición de líder de su marido. Su esposo debe proveer una visión para el matrimonio, la debe proteger del engaño y la debe proteger físicamente; también debe proveer para ella y para sus hijos, así como amarla y atesorarla por toda la vida. Ella, a su vez, puede disfrutar de una unidad de alma con su marido, de un sentido de seguridad personal, y de un sentido de realización, cuando ella sigue el plan de Dios y le confía a él su vida.

También hemos estudiado el concepto más difícil de aceptar la autoridad aún para las criaturas más obstinadas. Toda la humanidad descubriría que la vida es más sencilla, si comprendiera y confiara en la provisión que Dios ha establecido por medio de la autoridad humana.

La autoridad adecuada provee estructura, orden, seguridad, paz, y la máxima libertad para el individuo. La esposa puede confiar en el liderazgo de su esposo porque ella a la vez confía en Dios, no meramente en otro ser humano falible. La sumisión de Jesucristo a la voluntad del Padre es el ejemplo supremo para la sumisión de la esposa bíblica a su marido.

Hemos aprendido la diferencia crucial entre la sumisión y la obediencia. Hemos comprendido que una esposa, en ocasiones, puede obedecer a su marido, pero todavía no ser sumisa. Aprendimos que la sumisión que Dios espera de una esposa bíblica, es que ella voluntariamente ceda su voluntad; no es la obediencia incondicional y sin cuestionamientos que se espera de un niño o un esclavo. Descubrimos que se espera que ella se apegue a una norma superior a ser solamente obediente; una esposa bíblica dará cuentas a Dios por sus actitudes y acciones. El

## Ensamblando Todas Las Piezas

"incumplimiento sumiso" protege a la esposa bíblica de ser presionada a pecar por aquellos que están por encima de ella.

También hemos examinado algunos de los factores singulares que hacen que el hombre sea tan diferente de la mujer. El factor principal es el ego masculino. No se trata de un impulso horrible diseñado para dominar a la mujer; más bien, este ego es fundamental para una hombría o masculinidad adecuada, pero también es algo muy frágil. La mujer bíblica se convertirá en una experta en el ego de su marido. Aprenderá a cómo no lastimarlo y a cómo animar adecuadamente su masculinidad. Uno de los primeros pasos para llegar a ser una ayudadora que realmente apoye a su marido es comprender la necesidad de un ego masculino legítimo, con todos sus impulsos y funciones.

El ego masculino no es la única diferencia importante entre el hombre y la mujer, también aprendimos que los hombres piensan de manera diferente a las mujeres. El hombre es objetivo y orientado a los datos en su manera de pensar, mientras que la mujer piensa en términos de relaciones, emociones e imágenes. Estos dos, que parecen ser tan incompatibles, se unen en un matrimonio maduro para alcanzar un punto de vista balanceado en todas las áreas de la vida. Un matrimonio es como dos piezas de un rompecabezas que encajan perfectamente. Separadas, las piezas están incompletas, pero juntas se combinan para producir un entero que es mayor que sus partes.

Enseguida, descubrimos la tremenda influencia que toda mujer tiene sobre todos los que la rodean. Su influencia puede ser benéfica o destructiva para otras mujeres, para sus hijos y, especialmente, para su marido. Estudiamos las cuatro áreas principales en las que la mujer influye en su marido, ya sea positivamente o negativamente. Estas áreas son: su masculinidad, su iniciativa, su liderazgo y su vida espiritual. Es fácil ver que una mujer no necesita aplicarse a fondo para dejar su huella en el mundo. De hecho, puede ser que necesite refrenarse un poco para poder alcanzar sus más grandes contribuciones.

Finalmente, hemos visto la importancia terrenal y espiritual que tiene el diseño de Dios para la femineidad bíblica. La mujer es importante, no solamente para su marido, ella es vital para sus hijos y puede ser un testimonio positivo para todos los que están a su alrededor. También puede expresar su creatividad y encontrar gran realización en su rol singular. La conclusión final es que la femineidad bíblica es ineludiblemente el más sublime llamado para la mujer.

# SECCIÓN DOS

# OPOSICIONES A LA FEMINEIDAD BÍBLICA

## INTRODUCCIÓN A LA SECCIÓN DOS

La **Sección Uno** estableció la posición bíblica de la femineidad y del matrimonio. En otro tiempo se enseñaba a los cristianos en las iglesias, tanto a hombres como a mujeres, muchos de estos principios acerca de la vida familiar. Conforme estos cristianos creían y practicaban lo que se les enseñaba influenciaban a la sociedad en la que vivían.

Trágicamente, la enseñanza bíblica acerca de los roles del hombre y de la mujer, y del papel de los padres, han sido descuidados o abandonados en muchas iglesias hoy. Este abandono de la enseñanza acerca de cómo debe ser la vida familiar según la palabra de Dios deja a congregaciones enteras vulnerables a la influencia de filosofías humanistas, como también a sus propias imaginaciones. Ahora, en vez de que los cristianos influyan en la sociedad, es la sociedad la que influye en los cristianos. Los valores humanistas prevalecen mientras que las normas de Dios son tratados como reliquias del pasado. Como resultado, cada vez es más difícil observar que haya diferencias entre la manera en que los cristianos y los incrédulos viven sus vidas.

*Buena es la sal; más si la sal se hiciere insípida, ¿con qué se sazonará? Ni para la tierra ni para el muladar es útil; la arrojan fuera. El que tiene oídos para oír, oiga.* (Lucas 14:34-35)

Las consecuencias de abandonar el diseño de Dios para el hombre y la mujer han sido catastróficas para todos. El daño puede verse al contemplar los estragos causados por los divorcios y la inmoralidad sexual en las generaciones presentes y futuras. Lo que me parte el corazón, es que algunos pastores que conozco, en lo personal me han dicho que están de acuerdo con el contenido del libro y con lo que dicen los libros que ha escrito mi esposo, pero aun así se niegan a instruir a sus feligreses acerca del plan de Dios para las familias. Temen enfrentar una reacción negativa por parte de las mujeres de su congregación quienes, como Eva, han caído en el engaño de Satanás. Pero también temen enfrentar a los hombres engañados quienes como Adán, siguen la directriz de sus esposas.

Esta sección, **Oposiciones a la Femineidad Bíblica**, no intentará explicar el por qué los pastores descuidan o rehúsan presentar la enseñanza bíblica acerca de los roles del hombre y de la mujer. Más bien, nos enfocaremos en dos razones por las cuales muchas mujeres modernas arman una revuelta cada vez que maestros de la Biblia sí enseñan sobre el tema. Es mi oración que si alguna de mis lectoras llega a entender el por qué algunas mujeres escogen vivir sus vidas en oposición al diseño de Dios para la femineidad, ésta sea librada del engaño y de unirse a esa rebelión. También, es mi oración que muchas mujeres cristianas regresen al diseño de Dios en sus matrimonios y que lleguen a ser como medicina para una nación que agoniza.

**Oposiciones a la Femineidad Bíblica** tiene como propósito alertar a las mujeres respecto a la posición anti-bíblica de las filosofías vanas (vacías, engañosas) de hoy acerca de la mujer. También tiene la finalidad de revelar cómo Satanás procura utilizar a las personas en su guerra contra Dios. Esta sección nos ayudará a identificar las mentiras que pueden conducir a las mujeres a caer en esas filosofías vanas y mostrará a las lectoras cómo puede neutralizar sus efectos.

Esta sección también analizará varios patrones de pensamiento deficientes que impiden a la mujer comprender la verdad bíblica de la femineidad y le mostrará a la lectora cómo puede reemplazar esas necedades humanistas con la sabiduría de Dios. Al entender los conceptos presentados en esta sección la mujer podrá protegerse de ser usada por Satanás o de ser controlada por su propia naturaleza pecaminosa.

# CAPÍTULO XII

## VANAS FILOSOFÍAS

*Vanidad de vanidades, dijo el Predicador; vanidad de vanidades, todo es vanidad.* (Eclesiastés 1:2)

*¿Qué es lo que fue? Lo mismo que será. ¿Qué es lo que ha sido hecho? Lo mismo que se hará; y nada hay nuevo debajo del sol.* (Eclesiastés 1:9)

¡Nada hay nuevo debajo del sol! Todas las filosofías humanistas "nuevas" que intentan explicar quiénes somos y cómo debemos vivir son sencillamente versiones modernas de la antigua filosofía falsa con la que Satanás engaño a Eva. El hombre y la mujer siempre han tenido que escoger entre la Palabra revelada por Dios y las filosofías falsas de Satanás. Cada ser humano desde Adán y Eva hasta usted, debe escoger cuál filosofía va a creer y a seguir.

### Cómo Identificar Filosofías Satánicas

*Mirad que nadie os engañe por medio de filosofías y huecas sutilezas, según las tradiciones de los hombres, conforme a los rudimentos del mundo, y no según Cristo.* (Colosenses 2:8)

Hay solamente una verdadera filosofía de la vida y ésta es revelada por la Palabra de Dios. Sin embargo, existen muchas filosofías falsas. El creyente en Cristo necesita darse cuenta que todo punto de vista acerca de la vida que no proviene de Dios, al final de cuentas proviene de Satanás. El diablo rechazó a Dios y le declaró la guerra; de esta manera se estableció el fundamento para toda filosofía vana. Satanás intentó usar a la humanidad como arma en su guerra contra Dios, y el hombre cayó como resultado de su manipulación malvada. Como fue en el principio, así también es hoy; las vanas filosofías modernas siguen rechazando a Dios y a su autoridad. Satanás sigue intentando usar a la humanidad en su guerra contra Dios. Ya sea por medio del humanismo, feminismo, o cualquier otro "ismo," las filosofías vanas se esfuerzan por explicar el significado de la vida excluyendo a Dios.

Los autores humanos de filosofías anti-Dios son generalmente considerados por el mundo como pensadores originales. Sin embargo, como Satanás, estos filósofos humanos fundamentan sus razonamientos en una negación de Dios y en el rechazo de la autoridad absoluta de su Palabra. Cuando las filosofías humanas rechazan a Dios, sus fundadores, realmente no están siendo esos brillantes pensadores que ellos mismos creen ser. En realidad, solamente están siguiendo las vanas filosofías establecidas por Satanás; el padre de la mentira. Jesús les dijo a los líderes religiosos de su época, que ellos estaban siguiendo la filosofía vana de Satanás:

> *¿Por qué no entendéis mi lenguaje? Porque no podéis escuchar mi palabra. Vosotros sois de vuestro padre el diablo, y los deseos de vuestro padre queréis hacer. El ha sido homicida desde el principio, y no ha permanecido en la verdad, porque no hay verdad en él. Cuando habla mentira, de suyo habla; porque es mentiroso, y padre de mentira.* (Juan 8:43-44)

Las vanas filosofías pueden identificarse de diversas maneras. La señal más obvia es una premisa o postulado inicial que rechaza a Dios. Pero el estudiante cuidadoso de la Palabra de Dios también podrá reconocer otros principios y creencias engañosas más sutiles. Las doctrinas básicas de las filosofías falsas siguen el mismo patrón que Satanás utilizó cuando engañó a Eva en el huerto. El patrón de muchas filosofías satánicas comienza sugiriendo o promoviendo *dudas* respecto a que se pueda tomar la Palabra de Dios de manera literal y, enseguida, apremia a rechazar las normas y los principios bíblicos. Las filosofías vanas también contienen mensajes que nos incitan emocionalmente a sentirnos *descontentas* con la manera bíblica de vivir la vida.

Y finalmente, una filosofía satánica convence a sus seguidores a vivir estilos de vida de *incredulidad* que se encuentran en rebelión abierta contra Dios y su Palabra.[*]

### Un Ejemplo de una Vana Filosofía Moderna

Un ejemplo de una enseñanza que sigue el patrón de pensamiento satánico es el movimiento de liberación femenina, ahora conocido como el movimiento feminista. En algún momento, al principio de los años setentas este movimiento popular me llamó la atención y me pregunté a mí misma: "¿Será este movimiento compatible con la Palabra de Dios? ¿O, será una filosofía engañosa concebida y promovida por Satanás?"

Al hacer un estudio de los autores y promotores del movimiento feminista, junto con una revisión de sus doctrinas filosóficas fundamentales, inmediatamente quedó al descubierto la fuente original de esta "nueva" manera de concebir los roles de la mujer. Descubrí que el movimiento feminista promueve *dudas* acerca de los caminos de Dios, el *descontento* con ser una esposa y madre, y la *incredulidad* respecto al orden de Dios para el matrimonio y la familia. Las siguientes son tan sólo unas pocas declaraciones hechas por líderes y promotores del movimiento

---

[*] Estoy muy agradecida con el Pastor Carl Denti por esta perspectiva. Él es el maestro cuya investigación bíblica descubrió que la filosofía de Satanás está basada principalmente, en primero causar la *duda*, que luego lleva al *descontento* y, finalmente conduce a la *incredulidad* o a la rebelión.

feminista que demuestran el origen anti-Dios de esta vana filosofía.

Paul Kurtz, fue Profesor Emérito de Filosofía en la Universidad Estatal de Nueva York en Búfalo, Fundador y Presidente del Consejo por el Humanismo Secular y de los libros Prometheus (la casa editorial más influyente del humanismo), autor del *Manifiesto Humanista II*, y editor jefe de la revista *Free Inquiry* (Cuestionamiento Libre). También fue co-presidente de la Unión Internacional Humanista y Ética, así como también, Humanista Laureado y Presidente de la Academia Internacional de Humanismo. El Sr. Kurtz ha dicho:

> "El movimiento feminista fue iniciado y ha sido fomentado por mujeres humanistas prominentes."

El Sr. Kurtz específicamente menciona a Elizabeth Cady Stanton, Betty Friedan (autora de La *Mística Femenina* en 1963 y Humanista del Año en 1975), Gloria Steinem, y Simone de Beauvoir. Es importante destacar el reconocimiento que hace de que el movimiento feminista y el humanismo están unidos filosóficamente, porque los humanistas enérgicamente rechazan a Dios y creen que la humanidad es su propio Dios.

Julian Huxley (1888-1975), un reconocido humanista y evolucionista, definió a un humanista de la siguiente manera:

> "Uso la palabra 'Humanista' para referirme a todo aquel que cree que el hombre es un fenómeno natural como lo son los animales, y las plantas; que su cuerpo, mente y alma, no fueron creados de manera sobrenatural sino que todos son el resultado de la evolución, y que no se encuentra bajo el control o dirección de ningún ser o seres sobrenaturales, sino que tiene que depender de sí mismo y de sus propios poderes."

# Vanas Filosofías

Elizabeth Cady Stanton, 1815-1902, reconoció al Sr. Paul Kurtz como un colega humanista, fue una de las organizadoras líderes de *Declaración de los Derechos de la Mujer* en Seneca Falls, el 19 de julio de 1848, y autora de *Ochenta Años y Más* en 1898. Ella escribió:

> "El recuerdo de mi propio sufrimiento me ha impedido hostigar almas jóvenes con las supersticiones de la religión cristiana."

Annie Laurie Gaylor, co-fundadora de la Fundación Libertad de la Religión, editora del libro *Mujeres sin Supersticiones: Sin Dioses; Sin Amos,* fue una atea sumamente activa y escritora feminista en *El Humanista* (este es una revista oficial bimensual para los artículos de los líderes humanistas) escribió:

> "Olvidémonos del mítico Jesús y busquemos aliento, consuelo e inspiración en las mujeres de verdad... Dos mil años de un gobierno patriarcal bajo la sombra de la cruz debe ser suficiente para hacer que las mujeres se vuelvan hacia la 'salvación' del mundo que ofrece el movimiento feminista."

Gloria Steinem fue editora de la revista *Ms. Magazine* y autora de *Actos Escandalosos y Rebeliones de Todos los Días*, en el cual ella admira a Elizabeth Cady Stanton por su rechazo de la femineidad bíblica. Steinem fue una líder elocuente en el movimiento feminista quien cree que debemos:

> "...criar a nuestros hijos para que crean en el potencial humano, no en Dios."

Sol Gordon, otro escritor para la revista *El Humanista* dijo:

> "La familia tradicional, con todos sus supuestos atributos, esclaviza a la mujer, la rebaja a una criadora y cuidadora de niños, una sirvienta del esposo, una limpiadora doméstica, y en ocasiones, hasta en una víctima del mercado laboral."

Fiel al patrón de las doctrinas satánicas, aquellos que establecieron los movimientos humanistas y feministas promovieron el rechazo de Dios y de su Palabra como autoridad final respecto a la creación, la femineidad, la masculinidad, y el matrimonio. Hoy, los partidarios del feminismo continúan expresando su rechazo a que se considere literalmente lo que dice la Palabra de Dios. Además, persuaden a las mujeres que escuchan sus doctrinas, a que se sientan insatisfechas con el rol y las funciones que Dios le asigna a la mujer en la vida. Las feministas también abogan por el reemplazo de las verdades de Dios con normas y estilos de vida que se oponen directamente a la Palabra de Dios. De hecho, para verdaderamente ser una discípula de la filosofía feminista, la mujer tiene que rebelarse directamente en contra de Dios, de su plan y de su Palabra. Esta vana filosofía propone liberar a la mujer, pero no la libera; más bien, esclaviza a sus erradas seguidoras a Satanás.

### Porque las Mujeres Cristianas Caen Presa de las Filosofías Feministas

*Pero temo que como la serpiente con su astucia engañó a Eva, vuestros sentidos sean de alguna manera extraviados de la sincera fidelidad a Cristo.* (2 Corintios 11:3)

Aunque Dios fielmente ha advertido a los cristianos para que estén alerta en contra de las influencias y acechanzas de Satanás, muchas de nuestras hermanas en Cristo caen presa de las vanas filosofías del feminismo. Son demasiadas las mujeres cristianas que han sido persuadidas a rechazar el rol de su marido como cabeza de la familia, y han sido convencidas a sentirse descontentas con su rol honorable de esposa, madre y ama de casa. ¿Cómo ha sido que estas actitudes anti-bíblicas han llegado a ser aceptables para tantas mujeres cristianas hoy en día?

Una razón por la cual las mujeres cristianas están siendo engañadas por esta doctrina satánica es que su exposición a opiniones no-bíblicas acerca del feminismo es proporcionalmente mayor que su exposición a las verdades bíblicas del feminismo. Virtualmente toda mujer moderna, hoy en día, está rodeada de información que ha sido escrita para aplacar y satisfacer a aquellos que creen y aceptan el punto de vista filosófico del feminismo. Mi esposo y yo probamos esta teoría un día en que procuramos poner especial atención a una fuente de información que tiene como propósito influenciar nuestro pensamiento y nuestras emociones: los comerciales en la televisión.

El primer comercial presentaba a un hombre que no podía decidir si aceptaba o no los servicios de larga distancia ofrecidos por una compañía telefónica. Él le pasó el teléfono a su esposa y le pidió que ella decidiera. Una escena posterior mostraba al hombre muy aliviado (por haber eludido la responsabilidad de tomar esa decisión) cuando supo que su esposa había finalizado el trámite de contratación con la compañía de teléfonos. Este mismo tipo de escenario se repitió en otros comerciales de sopas y tarjetas de crédito.

Otro comercial presentaba a una esposa que le daba instrucciones a su inepto esposo acerca de cómo usar la lavadora, otro más, mostraba a una esposa satisfaciendo el gusto por el dulce de su marido dándole una golosina saludable al esposo que actuaba como si fuera un niño. En otro comercial, una mujer que andaba de viaje de negocios llamaba a la casa para ver cómo estaban el esposo y el niño. En todos los comerciales no sólo trataban de vender los productos, sino que también estaban ofreciendo mensajes feministas sutiles a los televidentes incautos. De manera consistente presentaban a los esposos como aniñados e ineptos, mientras que las esposas eran conocedoras y estaban encargadas del liderazgo de la familia. Y lo que es más importante, la mayoría de los comerciales presentaban a los cónyuges en **un cambio de papeles**. Los esposos eran representados como ayudadores de sus esposas. Los mensajes que promueven el cambio de papeles y otras enseñanzas del feminismo no solamente se encuentran en los anuncios y comerciales, y no solamente están dirigidos a las mujeres. Casi todas las fuentes de información actuales mandan mensajes sutiles con el propósito de informar, educar e influenciar el pensamiento de todos los hombres, mujeres y niños con respecto a los roles del hombre y de la mujer. La mayoría de los noticieros, programas de televisión, películas, y demás material escrito están saturados con información tendenciosa diseñada para influir en nuestra manera de pensar.

Esta información se refiere a temas tan importantes como: los roles del hombre y de la mujer en el matrimonio y en la sociedad, el divorcio, la conducta sexual (tal como el sexo premarital o la homosexualidad), el trabajar en o fuera del hogar, el cuidado de los niños, el maltrato físico, el aborto, y la discriminación sexual. En prácticamente todos los casos este llamado "material educativo" directa o indirectamente se opone a la filosofía bíblica de la femineidad y a los roles diseñados por Dios para el hombre y la mujer. El siguiente párrafo tomado del periódico *Arizona Republic* contiene un ejemplo de cómo ese mensaje *de duda, descontento e incredulidad* es sutilmente manejado en los medios.

"Todavía hasta hace solamente una generación, la mayoría de las esposas tenían pocas oportunidades para la infidelidad." (¿Está sugiriendo el autor que estas mujeres estaban siendo privadas o eran menos privilegiadas?) "Estaban atrapadas" (implica que estaban confinadas a fuerzas) "en sus hogares con los niños y otras criadas (el insulto y la difamación es una táctica común) mientras sus esposos se iban a trabajar, donde frecuentemente estaban rodeados de hermosas compañeras de trabajo." (Sembrar la semilla del descontento por medio de la sospecha y los celos es otra práctica común.) (Se agregó el énfasis.)

En este sencillo párrafo, se han sembrado varios mensajes subliminales. Palabras y frases negativas tales como "pocas oportunidades," "atrapadas," y "criadas," junto con otras palabras lema y slogans, son usadas por su poder para influenciar el pensamiento y las emociones. Y éstas, casi siempre dejan a la lectora con sentimientos negativos acerca de su rol como ayudadora y madre. Aun mucho tiempo después de que la mujer deje la revista o el periódico, estos sentimientos negativos permanecerán en su subconsciente. Luego cuando su esposo se porte de manera desconsiderada, cuando su niño esté lloriqueando todo el día, cuando se sienta poco atractiva, o cuando se sienta poco apreciada, incomprendida, o frustrada "porque el trabajo de la mujer nunca termina," esas emociones adversas que han sido sembradas en su mente pueden emerger. Es probable que la mujer comience a manifestar sentimientos y pensamientos negativos hacia sus propias circunstancias, sin siquiera darse cuenta que la fuente de su descontento es esa exposición de su subconsciente a la propaganda diseñada para provocarle ese desagrado. Puede pensar dentro de sí: "Estoy atrapada, no soy más que una ama de casa fachosa y mal vestida. Necesito libertad para mí misma." Los mensajes torcidos que reciba en el futuro acerca del supuesto (o aun real) maltrato de la mujer, servirán para reforzar sus emociones previamente agitadas por los medios de comunicación, causando que se sienta *personalmente* maltratada.

Esta mujer habrá sido inconscientemente adoctrinada por la información errónea, la falsa enseñanza, y las mentiras descaradas; ella meditará largamente en esto y procederá a aumentar el tamaño de los pequeños baches que hay en el camino del matrimonio; baches que normalmente no vería como problemas muy serios. Esta desastrosa secuencia de eventos, que va desde el contentamiento y la complacencia hasta el descontento, puede ocurrir *no necesariamente debido a experiencias personales reales*, sino por causa de esas semillas de descontento que han sido plantadas por los medios de comunicación.

## Contrarrestando las Vanas Filosofías

Una mujer no puede evitar totalmente el exponerse a las muchas filosofías satánicas que hay en este mundo, pero puede contrarrestar su influencia en su vida. Primero, una mujer bíblica debe estar constantemente consciente de que la mayoría de las filosofías falsas apelaran a sus emociones, a su sentido de "derechos personales," a su deseo de autonomía, y a las debilidades de su naturaleza pecaminosa. Segundo, cuando una mujer comienza a reconocer que hay filosofías engañosas entrometiéndose en su pensamiento, debe hacer lo que hizo el Señor Jesucristo cuando fue confrontado y tentado por Satanás. Cristo contrarrestó los intentos de Satanás por influenciar su manera de pensar y evitar que cumpliera su misión, utilizando y respondiendo con la absoluta verdad de la Palabra de Dios.

> *Entonces Jesús le dijo: Vete, Satanás, porque escrito está: Al Señor tu Dios adorarás, y a él sólo servirás.* (Mateo 4:10)

Ya es tiempo de que las mujeres cristianas no se dejen influenciar por doctrinas satánicas que se oponen a la verdad de la Palabra de Dios. Sin embargo, una mujer es incapaz de resistir estas influencias solamente con su propio poder carnal.

> *Pues aunque andamos en la carne, no militamos según la carne; porque las armas de nuestra milicia no son carnales, sino poderosas en Dios para la destrucción de fortalezas.* (2 Corintios 10:3-4)

La influencia de Satanás es tan fuerte en esta época actual que la única arma segura que una mujer tiene es su conocimiento de la Palabra de Dios. Toda mujer que lleva en cautividad todo pensamiento a la obediencia a Cristo estará bien equipada para diferenciar entre la verdad de Dios y la ficción de Satanás.

> *Derribando argumentos y toda altivez que se levanta contra el conocimiento de Dios, y llevando cautivo todo pensamiento a la obediencia a Cristo.* (2 Corintios 10:5)

La Palabra de Dios contiene todo el conocimiento que necesitamos para vivir una vida plena y satisfactoria. Es en la Palabra de Dios que una mujer puede enfocar correctamente su deseo de conocimiento. La Biblia le ayudará a descubrir cómo verse a sí misma en relación con Dios y con las demás personas. Le proporcionará reglas y lineamientos específicos a seguir a lo largo de su vida, para toda situación, y para toda circunstancia. Nos instruye a cada una de nosotras en la única y verdadera

## Vanas Filosofías

filosofía: la perspectiva de Dios, y protege contra las vanas filosofías a todas aquellas que hacen caso de sus verdades.

*¡Cuán dulces son a mi paladar tus palabras! Más que la miel a mi boca. De tus mandamientos he adquirido inteligencia; Por tanto, he aborrecido todo camino de mentira. Lámpara es a mis pies tu palabra, Y lumbrera a mi camino. Juré y ratifiqué Que guardaré tus justos juicios. (Salmo 119:103-106)*

*Por heredad he tomado tus testimonios para siempre, Porque son el gozo de mi corazón. Mi corazón incliné a cumplir tus estatutos De continuo, hasta el fin. Aborrezco a los hombres hipócritas; Mas amo tu ley. Mi escondedero y mi escudo eres tú; En tu palabra he esperado. Apartaos de mí, malignos, Pues yo guardaré los mandamientos de mi Dios. Susténtame conforme a tu palabra, y viviré; Y no quede yo avergonzado de mi esperanza. Sostenme, y seré salvo, Y me regocijaré siempre en tus estatutos. (Salmo 119:111-117)*

# CAPÍTULO XIII

## PATRONES DE PENSAMIENTO DEFICIENTES

Las vanas filosofías no son el único enemigo que tiene el pensamiento de la mujer. Su propia naturaleza pecaminosa obra a través de su voluntad y emociones para producir opiniones personales fuertes que también se oponen a la Palabra de Dios. Los patrones de pensamiento deficientes que resultan de estas opiniones hacen casi imposible vivir la femineidad bíblica (es decir, es la gracia de Dios lo que lo hace posible). En este capítulo se pondrán al descubierto algunos de los tipos de patrones de pensamiento deficientes que son los más comunes en las mujeres y propondremos maneras para superar estos pensamientos erróneos.

La manera de pensar de la mujer (como la del hombre) puede parecer inteligente, lógica, o hasta elevada, pero sus pensamientos y opiniones se forman dentro de una mente humana muy imperfecta y limitada, por tanto, están sujetos al error. En contraste, los pensamientos de Dios son infinitamente ilimitados y completamente libres de error.

> *Porque mis pensamientos no son vuestros pensamientos, ni vuestros caminos mis caminos, dijo Jehová. Como son más altos los cielos que la tierra, así son mis caminos más altos que vuestros caminos, y mis pensamientos más que vuestros pensamientos.* (Isaías 55:8-9)

Cada vez que una mujer escucha alguna verdad bíblica que es contraria a alguna de las opiniones que se había formado anteriormente, enfrenta una decisión crítica. En ese momento, su pensamiento humano deficiente se estrella contra la verdad divina y ella se ve obligada a tomar una decisión. ¿Seguirá

## Patrones De Pensamiento Deficientes

aferrada a sus propias opiniones, o aceptará los pensamientos de Dios? Puesto que los pensamientos de Dios son infinitamente superiores a las opiniones humanas, parece razonable decir que la mujer cristiana querrá optar por el pensamiento superior. El versículo de abajo declara que nuestro pensar humano necesita ser cambiado completamente para poder entender la voluntad de Dios.

*No os conforméis a este siglo, sino transformaos por medio de la renovación de vuestro entendimiento, para que comprobéis cuál sea la buena voluntad de Dios, agradable y perfecta.* (Romanos 12:2)

Los siguientes son cuatro ejemplos comunes de pensamiento deficiente que serán comparados con la Palabra de Dios. Tal vez, se vea a sí misma en uno o más de estos ejemplos. Entiendo que algunos de estos ejemplos pueden ser dolorosos, pero espero que eso no haga que usted automáticamente ignore (o rechace) cualquier convicción que pueda sentir al continuar leyendo las siguientes páginas. Más bien, pida al Señor que le conceda tener un corazón receptivo para que Dios le pueda revelar cualquier pensamiento deficiente que usted pueda tener.

### Pensamientos Egoístas

Un abatido y descorazonado consejero matrimonial cristiano, en una ocasión le dijo a mi marido que el obstáculo número uno hoy en día para tener una consejería matrimonial exitosa era el pensamiento egoísta. Dijo que un gran porcentaje de las parejas cristianas que van con él solicitando ayuda, realmente todo lo que quieren es salirse con la suya.

Ellos de manera egoísta rehúsan renunciar o abandonar sus demandas personales que es lo que se requiere para que su matrimonio pueda seguir adelante. Estos hombres y mujeres tercamente rechazan todo consejo que les demanda que sacrifiquen algo de su propia voluntad. El pensamiento egoísta existe en muchos cristianos, a pesar de que se supone que una de las características principales del cristianismo es la disposición a poner a otros por delante de nosotros mismos.

> *Nada hagáis por contienda o por vanagloria; antes bien con humildad, estimando cada uno a los demás como superiores a él mismo; no mirando cada uno por lo suyo propio, sino cada cual también por lo de los otros. Haya, pues, en vosotros este sentir que hubo también en Cristo Jesús.* (Filipenses 2:3-5)

El sentir (actitud) *que hubo también en Cristo Jesús* fue el poner a otros primero, esa falta total de egoísmo, manifestada en su total sumisión a la voluntad de Dios: *...pero, no sea como yo quiero sino como tú* (Mateo 26:39b). Jesús no se consideró a sí mismo por encima del plan de Dios ni tampoco consideró que sus propios intereses eran más importantes que las necesidades de la gente que vino a salvar.

La actitud que Cristo tenía respecto a su propósito predeterminado es la misma actitud que la mujer cristiana debe tener respecto a vivir la femineidad bíblica. El egoísmo no tiene lugar en el matrimonio cristiano. Las demandas obstinadas, la falta de consideración por el bienestar de su marido, o el rehusar inclinarse ante la voluntad de Dios, son actitudes extremadamente impropias e indecorosas para la mujer cristiana.

## El Pensamiento Crítico

El matrimonio es la *más* íntima relación que una persona puede tener con otra. La intimidad puede ser el medio para un compañerismo placentero y agradable entre un esposo y una esposa, o puede ser el catalizador para actitudes críticas. Como tan atinadamente dice el viejo refrán: "la familiaridad produce el menosprecio." Esta familiaridad resulta del conocimiento íntimo de las debilidades de la naturaleza pecaminosa del cónyuge, que a su vez pueden llevar a la crítica o al juzgar.

El juzgar es un problema particular de muchas mujeres, que las hace ser hipercríticas de sus maridos. La mujer que tiene problemas con actitudes de crítica no puede pasar por alto ninguna transgresión o acción incorrecta que ella perciba. Este es el sentido maternal arraigado en la mujer; ese deseo de enseñar lo que es correcto y lo que es incorrecto. El portarse como madre es necesario para el entrenamiento de los niños, pero cuando la esposa asume una actitud de maestra o entrenadora con su marido, está invadiendo su privacidad como adulto y manifestando una falta de respeto a él como líder. La relación entre el esposo y la esposa nunca ha tenido el propósito de ser una relación como la de la madre con su hijo.

La mujer debe evaluar su propio comportamiento y desempeño, pero no tiene el derecho de exigir perfección a su marido. El crecimiento del esposo hacia la madurez puede ser severamente estorbado por una esposa criticona. La atención del marido pasa de estar enfocado en su necesidad de cambiar y mejorar, a ahora enfocarse en la franca actitud de crítica de su esposa.

*Así que, ya no nos juzguemos más los unos a los otros, sino más bien decidid no poner tropiezo u ocasión de caer al hermano.* (Romanos 14:13)

En vez de juzgar y criticar a su esposo, la mujer debe concentrarse en lograr que sus propias actitudes y comportamiento cumplan con las expectativas de Dios. Una mujer bíblica dejará a su esposo en las manos de Dios para que sea él quien obre los cambios necesarios en su marido.

# Patrones De Pensamiento Deficientes

*Asimismo vosotras, mujeres, estad sujetas a vuestros maridos; para que también los que no creen a la palabra, sean ganados sin palabra por la conducta de sus esposas, considerando vuestra conducta casta y respetuosa.* (1 Pedro 3:1-2)

Nota: La primera mención en este versículo de la "palabra" se refiere a la Palabra de Dios, mientras que la segunda mención se refiere a la ausencia de palabras en la mujer. La Biblia deja muy en claro que Dios no necesita que la esposa sea su portavoz para que él pueda corregir las faltas o supuestas faltas del marido.

## El Pensamiento Farisaico

La mujer que continuamente cae en patrones de pensamientos de crítica y de juicio, casi siempre también se vuelve muy farisaica, creyéndose muy justa y buena. Generalmente piensa, que puesto que ella está en lo "correcto," ella debe controlar los pensamientos y acciones de todos los que la rodean para asegurarse de que tengan éxito o para evitar que vayan a fracasar.

Como vimos en el **Capítulo IV**, el deseo de controlar es una característica arraigada en toda mujer. A nosotras las mujeres, comúnmente se nos representa en esta manera negativa en las caricaturas y en los chistes acerca de la mujer. La mujer controladora que constantemente crítica a su marido, y la suegra que interfiere en las vidas de sus hijos adultos, son blancos fáciles de los comediantes. Tristemente, la mujer farisaica controladora es tan real que la mayoría de las personas no tienen problemas para asociar a alguien con esos chistes.

La sumisión dentro del matrimonio es extremadamente detestable para la mujer farisaica que cree tener siempre la razón. Porque ella no está dispuesta a confiar en que alguien más pueda tener la razón. En casi todas las situaciones ella peleará por obtener la posición del que toma las decisiones. Una mujer que cree estar siempre en lo correcto señalará las faltas de su marido como su excusa para no seguir su liderazgo. Si ella en algún momento llega a ceder temporalmente el control a su marido, lo hará en una obediencia a regañadientes en vez de en una sumisión voluntaria. La obediencia renuente de la mujer controladora es similar a la niña rebelde a quien se le obligó a sentarse. La niña se sentó, pero tercamente mantuvo el control, diciéndose a sí misma, "¡Estoy sentada en el exterior pero sigo de pie en mi interior!"

Algunas señales de la mujer farisaica son su incesante fastidio, las discusiones acaloradas (especialmente cuando alguien manifiesta no estar de acuerdo con su punto de vista), y el castigo que aplica dentro de su esfera de control a todo aquel que no hace lo que ella piensa que se debe hacer. Sus castigos varían desde tácticas de darle la espalda, manifestar indiferencia, abuso verbal hasta hacer pucheros y llorar lágrimas de cocodrilo. Esta mujer usará cualquier forma de intimidación u otro tipo de manipulación para salirse con la suya. Para justificar sus acciones, con frecuencia hará comparaciones favorables entre ella misma y los supuestos grandes pecados de las otras personas. Una mujer controladora generalmente es arrogante, condescendiente y petulante. Es una de las mujeres más difíciles con quien vivir porque casi siempre está queriendo discutir y señalar fallas; además es implacable (contenciosa e intransigente.)

*Mejor es morar en tierra desierta Que con la mujer rencillosa e iracunda. (Proverbios 21:19)*

*Gotera continua en tiempo de lluvia Y la mujer rencillosa, son semejantes. (Proverbios 27:15)*

# Patrones De Pensamiento Deficientes

## Pensamientos de Superioridad Espiritual

Una de las oposiciones más insidiosas a la femineidad bíblica viene de mujeres que conocen muy bien información de la Biblia. Estas mujeres piensan que su conocimiento, y su supuesta espiritualidad, de alguna manera les permite vivir bajo sus propias reglas. Por ejemplo, los pensamientos deficientes las pueden llevar a creer que no es realmente necesario que tengan que seguir el liderazgo de sus esposos que son espiritualmente "inferiores."

Toda la Palabra de Dios queda sujeta a la interpretación privada de mujeres que presumen tener una espiritualidad superior. Hasta pueden llegar a decir que el Espíritu Santo les ha revelado algo diferente a ellas, tomándose la libertad de pasar por alto la palabra que Dios ha revelado en las Escrituras. La Biblia misma revela que hasta el Espíritu Santo mismo recibe su dirección de Dios Padre. De manera que toda mujer bíblica entiende que el Espíritu Santo no la va a dirigir a desobedecer la Palabra de Dios ni a hacer algo que no vaya a glorificar a Cristo.

> *Pero cuando venga el Espíritu de verdad, él os guiará a toda la verdad; porque no hablará por su propia cuenta, sino que hablará todo lo que oyere, y os hará saber las cosas que habrán de venir. Él me glorificará; porque tomará de lo mío, y os lo hará saber.* (Juan 16:13-14)

La mujer que piensa que el Espíritu Santo le puede dar una perspectiva que esté en oposición a la Palabra de Dios, realmente está siendo engañada por sus propios sentimientos humanos o por un deseo de autonomía espiritual. Nadie puede afirmar tener verdadera sabiduría espiritual mientras vive conforme a sus propias opiniones y rechaza la Palabra de Dios.

# Patrones De Pensamiento Deficientes

*Y si alguno de vosotros tiene falta de sabiduría, pídala a Dios, el cual da a todos abundantemente y sin reproche, y le será dada. Pero pida con fe, no dudando nada; porque el que duda es semejante a la onda del mar, que es arrastrada por el viento y echada de una parte a otra. No piense, pues, quien tal haga, que recibirá cosa alguna del Señor. El hombre de doble ánimo es inconstante en todos sus caminos.* (Santiago 1:5-8)

Nota: El término "doble ánimo" se refiera a una persona que piensa como un esquizofrénico; es decir, parcialmente con el pensar del mundo, las emociones y las opiniones personales, y parcialmente con la manera de pensar revelada en la Palabra de Dios. (Ver también, 2 Pedro 1:20)

## ¡Miserable de mí! ¿Quién me librará...?

Este capítulo ha cubierto solamente cuatro problemas causados por la naturaleza pecaminosa dominante que pueden ocasionar que una mujer se aparte de la femineidad bíblica. No hemos considerado otras obras de la carne como son: el odio, los celos, y el enojo (Gálatas 5:17-21) que también interfieren con la habilidad que la mujer tiene para vivir de conformidad con el diseño de Dios. Sin embargo, la discusión de estos cuatro problemas le debe haber ayudado a darse cuenta que una parte importante de la oposición al diseño de Dios para la mujer proviene de la propia naturaleza pecaminosa de la mujer.

Cuando una mujer se da cuenta de la influencia tan grande que puede tener su propia inclinación hacia el pecado sobre su manera de pensar, ella podrá inmediatamente identificarse con esa declaración, tan emotiva, expresada por Pablo concerniente a la lucha entre su naturaleza pecaminosa y su deseo de seguir la voluntad de Dios.

*Pero veo otra ley en mis miembros, que se rebela contra la ley de mi mente, y que me lleva cautivo a la ley del pecado que está en mis miembros. ¡Miserable de mí! ¿Quién me librará de este cuerpo de muerte?* (Romanos 7:23-24)

Todas las mujeres batallan con uno o más problemas originados por su naturaleza pecaminosa que se oponen a la femineidad bíblica. Este hecho hace que sea muy fácil sentirse desanimada, pero, como siempre, Dios ha provisto la solución. Alabe a Dios, porque él tiene un plan que puede destruir el efecto de la oposición y darle la victoria sobre la tendencia de su naturaleza humana a pecar. Sin su provisión, verdaderamente seriamos dejados en ese estado, sintiéndonos miserables.

### Derrotando a la Oposición

La oposición arraigada en contra del diseño de Dios para nuestras vidas puede ser derrotada por el conocimiento y la observancia de la Palabra de Dios. La mujer cristiana tiene a su disposición los medios para resistir y vencer las influencias no-bíblicas en su vida. Ella no tiene por qué dejarse arrastrar por las falsas filosofías, ni tampoco tiene que sucumbir a sus propias tendencias pecaminosas. El armamento que derrota a esa oposición es el pensamiento espiritual.

El verdadero pensamiento espiritual le pertenece a, y viene únicamente de, Dios mismo. No viene de nada que sintamos, pensemos, o podamos fabricar dentro de nosotras mismas. Solamente la Palabra de Dios nos dice cómo obtener su espiritualidad, tanto para una salvación eterna como para vivir una vida piadosa. Cuando una mujer acepta a Jesucristo como su Salvador personal es salva para toda la eternidad (Juan 3:36); se convierte en una hija de Dios (Juan 1:12); y es capaz de tener comunión con él también en esta vida presente (1 Juan 1:9).

# Patrones De Pensamiento Deficientes

Mientras una mujer esté andando en comunión con Dios, el Espíritu Santo obrará para contrarrestar las debilidades de su naturaleza pecaminosa y producirá en ella el fruto del Espíritu. Esto es lo que significa la verdadera espiritualidad. El fruto del Espíritu completamente destruye cualquier oposición a la femineidad bíblica.

> *Mas el fruto del Espíritu es amor, gozo, paz, paciencia, benignidad, bondad, fe, mansedumbre, templanza; contra tales cosas no hay ley.* (Gálatas 5:22-23)

El fruto del Espíritu en la vida del creyente manifiesta la verdadera espiritualidad, en contraste con la falsa espiritualidad de aquella mujer que afirma seguir su propia interpretación privada de la Escritura. El Espíritu Santo produce en el creyente únicamente actitudes y acciones que están en perfecta armonía con las leyes de Dios. Una mujer no puede mantener una verdadera espiritualidad mientras viva de manera contraria a las enseñanzas de la Palabra escrita de Dios.

> *Y al que sabe hacer lo bueno, y no lo hace, le es pecado.* (Santiago 4:17).

Vivir de manera contraria a la Palabra de Dios es pecado, y el pecado rompe la comunión espiritual entre el hombre y Dios. En ese punto, la confesión del pecado es la única oración que restaura la comunión del creyente con Dios.

> *Si confesamos nuestros pecados, él es fiel y justo para perdonar nuestros pecados, y limpiarnos de toda maldad. Si decimos que no hemos pecado, le hacemos a él mentiroso, y su palabra no está en nosotros.* (1 Juan 1:9-10) (Comp. Salmos 32:5; 51:1-9: Proverbios 28:13.)

# Patrones De Pensamiento Deficientes

Una confianza inquebrantable en Cristo, el conocimiento de su Palabra, y un andar diario en el Espíritu Santo son los medios que permiten a una mujer resistir las filosofías engañosas que obran en contra del plan de Dios. Cada pensamiento que es llevado cautivo a la obediencia a Cristo destruye la oposición y guía a la mujer a vivir para la gloria de Dios.

*Derribando argumentos y toda altivez que se levanta contra el conocimiento de Dios, y llevando cautivo todo pensamiento a la obediencia a Cristo.*
(2 Corintios 10:5)

## Viviendo bajo una Ley Espiritual Verdaderamente Superior

Bajo las leyes de la nación, la mujer de hoy es libre para tomar decisiones en oposición al liderazgo de su esposo. Entre sus derechos legales, puede abrir cuentas de crédito, puede divorciarse sin razón, y puede tomar decisiones importantes en la vida sin tener que consultar con su marido. Sin embargo, Dios llama a los creyentes a hacer lo que es correcto espiritualmente, por encima de hacer lo que es "correcto" según las leyes vigentes del gobierno, la tradición socialmente aceptada o la opinión popular. El seguir una ley espiritual superior es el acto de escoger lo que es correcto ante Dios aunque las leyes de los hombres nos den permiso de hacer lo contrario.

La historia de Filemón es el ejemplo perfecto de un creyente al que se le pide renunciar a sus derechos legales en favor de la verdad espiritual. Filemón era un creyente que había sido conducido a Cristo por Pablo. Él tenía un esclavo llamado Onésimo quien se había fugado y, por tanto, estaba expuesto a la pena de muerte según las leyes del país. Después de haber huido, Onésimo se encontró con Pablo, y él también fue ganado para Cristo.

## Patrones De Pensamiento Deficientes

Pablo escribió una carta a Filemón rogándole que tratara con Onésimo según una ley espiritual superior. En la carta Pablo reconoció que Filemón tenía el *derecho legal* para tratar severamente a su esclavo errante. Sin embargo, Pablo apeló a las leyes espirituales superiores de Dios acerca del perdón y del amor divino para exhortar a Filemón a ir más allá de lo que era su derecho legal.

*Te ruego por mi hijo Onésimo, a quien engendré en mis prisiones...* (Filemón 10)

*Te he escrito confiando en tu obediencia, sabiendo que harás aún más de lo que te digo.* (Filemón 21)

La ley espiritual superior sobrepasa el mero cumplir las leyes. Primero, nos sirve para conocer la razón que Dios tenía al dar cada una de sus leyes al hombre, como lo comprendió David:

*Porque no quieres sacrificio, que yo lo daría; No quieres holocausto. Los sacrificios de Dios son el espíritu quebrantado; al corazón contrito y humillado no despreciarás tú, oh Dios.* (Salmo 51:16-17)

Segundo, es para que obremos en gracia y amor cristiano *más allá* de lo que dice la letra de la ley. Es para que *perdonemos setenta veces siete* (Mateo 18:22); no para que nos divorciemos aunque tengamos el derecho de hacerlo (Mateo 19:6-8); no para que demandemos ante el juez al creyente que nos ha hecho un mal (1 Corintios 6:7); es para que la mujer haga a un lado sus derechos para ganar a su marido para Cristo (1 Pedro 3:1 y 1 Corintios 7:16).

Esta ley espiritual verdaderamente superior no implica que una mujer creyente vaya a poner a un lado la Palabra escrita de Dios. Lo que significa es que ella *voluntaria y gustosamente* se somete a toda ley de Dios, y aún más, sacrifica sus propios derechos para el beneficio de otros. Si su esposo no vive de acuerdo con la Palabra de Dios, ella no usa eso como excusa para abandonar la femineidad bíblica. En otras palabras, ella no le dice a su pareja: "Yo seré una esposa conforme a la Biblia, *después* de que tú empieces a comportarte como un esposo de acuerdo con la Biblia."

La mujer cristiana que consistentemente aplique la Palabra de Dios a su vida diaria estará viviendo verdaderamente de acuerdo con esa ley espiritual superior de Dios. Aun cuando sus circunstancias personales parezcan permitir y justificar una represalia, y todas las personas que conoce le dicen que está en "su derecho," ella todavía se apega a la dirección espiritual de Dios. Como enseña el libro de Filemón, ella va más allá de la letra de la ley y no exige ni demanda sus derechos. La mujer que vive de conformidad a este principio ofrecerá amor aun cuando su esposo o sus hijos sean poco cariñosos, y hasta ásperos; dará a pesar de haber sido desairada o despreciada; y hará todas estas cosas como un acto deliberado de sumisión a la voluntad de Dios.

## En Conclusión

No es necesario que la mujer cristiana caiga en la trampa de las vanas filosofías, ni necesita sucumbir ante la resistencia presentada por su naturaleza pecaminosa en contra de la femineidad bíblica. Cristo ya ha destruido a semejantes enemigos. Como creyentes podemos reclamar nuestra victoria por medio de él:

*Más gracias sean dadas a Dios, que nos da la victoria por medio de nuestro Señor Jesucristo. Así que, hermanos míos amados, estad firmes y constantes, creciendo en la obra del Señor siempre, sabiendo que vuestro trabajo en el Señor no es en vano.* (1 Corintios 15:57-58)

## Patrones De Pensamiento Deficientes

Ahora mismo, hoy, puede simplemente obedecer la Palabra de Dios, aunque no sienta hacerlo. Recuerde: ¡Hay poder en la Palabra! Pida que Dios cambie su mente a través del conocimiento de su Palabra y que cambie sus emociones por medio de su obediencia. Su confianza en Dios se fortalecerá conforme lo obedece y lo ve hacer milagros en su propia vida.

Oro que cada una de ustedes llegue a comprender la victoria de Cristo sobre *toda altivez que se levanta contra el conocimiento de Dios* (2 Corintios 10:5). Mientras usted se someta con decisión a la voluntad y al diseño de Dios para su femineidad bíblica, también pido al Señor que usted tenga mucho gozo y plena confianza *sabiendo que su trabajo en el Señor no es en vano* (1 Corintios 15:58).

# SECCIÓN TRES

# APLICACIONES PARA LA VIDA PRÁCTICA

## INTRODUCCIÓN A LA SECCIÓN TRES

Si ha llegado hasta esta sección después de haber leído cuidadosamente las primeras dos secciones, esto es una indicación de que tiene el deseo de vivir su vida en obediencia a Dios. Ahora bien, si abrió el libro en esta sección por pura curiosidad, por favor, regrese a estudiar cuidadosamente las primeras dos secciones antes de proceder con la lectura de esta sección. Las ilustraciones para la vida práctica en esta tercera sección le pueden parecer como simples opiniones si anteriormente no ha estudiado el sustento bíblico en que están basadas. Es la Palabra de Dios la que debe ser la fuerza sustentadora en su vida, no las opiniones de alguien. Una vez que tenga el fundamento bíblico estará preparada para apreciar como la femineidad bíblica realmente se aplica a su vida.

**Aplicaciones para la Vida Práctica**, establece cierta mecánica para vivir los principios enseñados en la **Sección Uno**. Esta sección es la femineidad bíblica y el matrimonio puestos en acción. Aquí se proporcionan consejos prácticos de cómo hacer las cosas y debe responder a la mayoría de las preguntas que vinieron a su mente en la **Sección Uno**.

**Aplicaciones**, también le dará la motivación y la esperanza de que realmente puede vivir la femineidad bíblica. Sin embargo, debe estar consciente de que hay muchos obstáculos poderosos obrando para impedir que tenga éxito. Cada mujer lleva la carga de su propia tendencia natural al pecado. A pesar de que se esfuerce por vivir como una esposa bíblica, todavía estará luchando en contra de su deseo de autonomía, así como también, contra esas fuerzas externas que la exhortan a la independencia. Además, luchará contra el temor de que su esposo haga un mal uso de su liderazgo y eso le cause a usted sufrimiento, o lo que es peor, les cause sufrimiento a sus hijos. Estas luchas pueden hacer

## Introducción A La Sección Tres

que la esposa moderna se sienta vulnerable. Además de esto, las imperfecciones reales de su marido pueden crear posibles piedras de tropiezo, y tendrá que hacer frente a problemas que no son originados por ella misma. Finalmente, tendrá que vencer las vanas filosofías modernas que insisten en hacerla dudar y temer ese camino perfecto que Dios ha diseñado para el matrimonio.

A pesar de todo, los obstáculos a la femineidad bíblica pueden ser superados. Si una mujer cristiana moderna supera tales barreras y vive como una esposa bíblica o no, dependerá completamente de su compromiso personal con Dios. Este compromiso puede inspirarla a buscar maneras de alcanzar esa meta de Dios para la femineidad bíblica y puede darle la energía y resistencia para perseverar, sin importar las barreras. Esta sección le proveerá de muchas ilustraciones prácticas acerca de cómo tener éxito como mujer bíblica en el mundo de hoy.

# CAPÍTULO XIV

## DESILUSIONES, DECEPCIONES, Y MALOS ENTENDIDOS

Desde que una niña es lo suficientemente grande como para jugar a la casita, ella comienza a soñar con el día en que se casará y "vivirá feliz para siempre," como la princesa en su cuento de hadas favorito. Estos sueños no se desvanecen conforme la niña crece hasta ser una joven mujer. Ella sigue esperando algún día casarse con un hombre maravilloso y tener su propia familia. Una mujer alcanza el máximo de felicidad el día de su boda porque ese día representa el principio del cumplimiento de sus esperanzas y sueños de toda la vida. Tiene un destello especial en sus ojos y su canción favorita es "Te amaré toda la vida."

Sin embargo, al poco tiempo ese destello parece convertirse en "miradas que matan" y su canción favorita viene a ser: "Nadie sabe en qué lío me he metido." La realidad es que un esposo y una esposa pueden vivir "felices para siempre" solamente en los cuentos de hadas. Las expectativas poco realistas de una joven inmadura respecto al matrimonio la preparan para muchas desilusiones. La realidad de vivir con un esposo humano pronto hace estallar la burbuja de las ilusiones inspiradas en las novelas románticas y los cuentos de hadas.

En la vida real, las naturalezas pecaminosas inevitablemente chocan y aquella joven ilusionada ahora tiene que enfrentar desilusiones, decepciones y malos entendidos. Una fuente de desilusión en la esposa cristiana ocurre cuando ella sabe cómo debe un esposo cristiano tratar a su esposa; es decir, la debe de amar, *así como Cristo amó a la iglesia* (Efesios 5:25). La mujer que comprende cómo debe ser el matrimonio bíblico puede esperar de manera razonable que el suyo sea así. Cuando no lo es, se puede sentir defraudada y desilusionada. Para poder enfrentar las realidades de la vida ella no debe olvidar que aunque los caminos de Dios son perfectos, aquellos que intentan vivir conforme a estos caminos son personas imperfectas.

Las decepciones de una esposa en el matrimonio pueden deberse a sus expectativas poco realistas, o a que aún sus expectativas realistas no están siendo satisfechas. En cualquier caso, sus desilusiones seguirán sin resolverse a menos que enfrente su matrimonio de manera realista y bíblica. Ninguna esposa puede esperar tener un matrimonio sin problemas. El matrimonio es la unión de dos personas imperfectas y una de ellas es un esposo que le ocasiona a su esposa problemas muy reales. El primer paso práctico para resolver los problemas con el esposo es entender cómo está hecho un hombre.

### Comprendiendo a tu Esposo

Para que una esposa pueda vivir con su esposo de una manera práctica, ella tiene que hacer el esfuerzo por entender a su esposo tal como él es en la actualidad, y no como ella quiere que él sea. Los **Capítulos VII y VIII**, y el que sigue le ayudarán a la esposa a como mejor entender al hombre que es su esposo. Muchas de las desilusiones que una mujer enfrenta en el matrimonio se deben simplemente a las diferencias entre las cosas que impulsan al hombre y las que impulsan a la mujer.

La mayoría de las mujeres están muy orientadas a las relaciones. Las semanas anteriores a su compromiso fueron probablemente uno de los tiempos más emocionantes en la vida de la mujer. Durante este tiempo su futuro esposo llegó a ser el centro de su vida. Ella, por lo general, supone que él también la quiere hacer el centro de su vida. En consecuencia, después de la boda cuando la conquista amorosa de su esposo disminuye un poco, o cesa completamente, ella puede sentirse confusa y lastimada. Porque él ya no hace las cosas que hacía cuando la pretendía, ella puede comenzar a sentir que él ya no la quiere. La esposa podrá superar muchas de sus desilusiones cuando comprenda que los impulsos de su esposo en la relación de ambos, no son, ni nunca serán, idénticos a los de ella.

En contraste con los deseos de la mujer de hacer de su hombre el centro de su vida, el impulso principal del hombre es el de guiar, proteger y proveer para su familia (**Capítulo VII**). Sin embargo, tal responsabilidad es una tarea extremadamente difícil, solitaria, y desafiante. Por lo tanto, la meta del hombre durante el cortejo es identificar y asegurar una compañera que vaya a apoyarlo y ayudarlo; una que le proveerá del propósito para tener éxito. Él siente una fuerte necesidad de una esposa para aliviar su soledad y que le apoye en su responsabilidad. El hombre es frecuentemente atraído a la mujer que comparte sus sueños acerca del futuro y que lo anima en esos momentos en que él siente darse por vencido. Una vez que el hombre se ha casado, el objetivo de ganar a la mujer que ha escogido se ha cumplido, y el marido está ahora listo para proseguir a conquistar sus metas principales; es decir, proveer para su familia.

Además, él espera que su esposa siga adelante y avance para convertirse en su ayudadora; es decir, que lo anime para que su tarea sea menos solitaria y difícil. Él también, puede sentirse confundido cuando descubre que su esposa quiere continuar con las actividades del cortejo, en vez de avanzar a otros objetivos. Este hecho puede no ser muy halagador para el alma romántica y femenina de la mujer; pero los hombres son motivados a la acción más por metas tangibles que por sus emociones.

No es que el hombre esté totalmente privado de la necesidad emocional de tener una relación cercana con su esposa, pero generalmente, esa no es la meta principal que busca alcanzar con arduo trabajo. Sin embargo, el esposo que tiene una esposa dispuesta a adaptar su vida a la de él, tendrá una mujer que le podrá proporcionar una relación íntima que no encontrará en ninguna otra parte. Un beneficio adicional de la disposición de una esposa a ajustar su vida a la de su marido es que también obtendrá lo que más desea – una relación cercana e íntima con su amado esposo, quien la ama y aprecia de todo corazón. Sin embargo, no importa qué tanto una esposa intente ajustar su vida a la de su marido, o qué tanto intente entender su masculinidad, siempre surgirán algunos problemas entre ambos que requerirán ser resueltos.

### Solución de Problemas por Medio de la Comunicación

No puedo poner demasiado énfasis en lo importante que es que el esposo y la esposa desarrollen el arte de la comunicación mutua. El poder ver los problemas de manera objetiva y buscar soluciones que vayan de acuerdo con el diseño de Dios para la hombría y la femineidad bíblica, es la clave para desarrollar una relación en el matrimonio. Cuando la mujer tiene necesidades emocionales que desea que su esposo satisfaga, ella tiene que estar dispuesta a comunicar esas necesidades en una manera en que él pueda comprenderlas. Para una mujer, hablar con su marido acerca de sus necesidades emocionales puede ser una experiencia altamente emotiva.

También es importante recordar que una mujer no se va poder comunicarse adecuadamente con su marido, un hombre objetivo, cuando está emocionada sobremanera. El hombre tiende a menospreciar o a no darle mucha importancia a las palabras de una mujer cuando ella está emocionalmente alterada. Para que una mujer se pueda comunicar con un hombre, tiene que hablar en un lenguaje que penetre dentro de su manera masculina de pensar.

Los siguientes pasos básicos le ayudarán a prepararse para tener una comunicación significativa con su esposo.

# Desilusiones, Decepciones, Y Malos Entendidos

## Preparación para Comunicarse con un Hombre

Antes de que intente comunicarse con su esposo respecto a los problemas en el matrimonio, necesita prepararse mental, emocional y espiritualmente.

1. *Examine y juzgue su propia vida.* El condenar a otro, aun cuando está obrando mal, no la hace estar bien (Mateo 7:1-5; 2 Corintios 10:12). Las preguntas que debe hacerse son: "¿Estoy viviendo mi vida de conformidad con la enseñanza bíblica referente a las esposas? ¿Estoy obrando como verdadera ayudadora, honrando el liderazgo de mi esposo y apoyando su masculinidad?"

2. *Debe estar espiritualmente preparada.* Pregúntese: "¿Está Dios y su Palabra en primer lugar en mi vida y estoy andando cerca de él?" Asegúrese de estar andando cerca del Señor para poder acercarse a su marido con una actitud correcta.

3. *Ore* para que Dios calme sus emociones y prepare el corazón de su esposo para que puedan tener una conversación provechosa.

Después de que se haya preparado a sí misma espiritualmente, estará lista para abordar a su esposo con el problema.

1. *Sea prudente.* Escoja cuidadosamente el momento oportuno. No trate de hablar con su esposo cuando está demasiado cansado, preocupado, enfermo, o en el instante mismo en que regresa del trabajo, abre la puerta y entra a la casa. Espere hasta que se encuentre relajado y de buen humor.

# Desilusiones, Decepciones, Y Malos Entendidos

*2. Prepare a su esposo para la discusión.* Por ejemplo, le puede pedir que aparte un tiempo para hablar con usted acerca de un problema que tiene. Si nota que esta renuente a hablar del problema en ese momento, entonces pregúntele cuándo lo pueden hacer. Asegúrese de decirle que este asunto es muy importante para usted.

*3. Presente sus necesidades en vez de acusar.* Por ejemplo, presentar las necesidades puede incluir: "Extraño las conversaciones que antes teníamos. Realmente me siento sola y yo necesito ser más parte de tu vida." El presentar acusaciones sería: "Ya nunca me hablas. Me excluyes de tu vida porque no tienes sentimientos." Por favor, note el "yo necesito" tan personal en el primer ejemplo y la acusación implícita de que es un mal hombre en el segundo ejemplo. Es muy probable que su esposo responda positivamente a una petición, pero seguramente se alterará y se defenderá a sí mismo si se siente como un chico malo que está en problemas con su mamá.

*1. Ayude a su esposo a cumplir con lo que usted le pide* dándole algunas sugerencias que estén orientadas a una meta. Por ejemplo, pregúntele si pudieran establecer la práctica de salir los dos solos, una vez por semana, o si pudiera apagar la televisión durante una hora cada noche para poder platicar acerca de cómo les fue ese día. Tal vez quisieras salir a caminar por la noche o _____ usted llene el espacio con lo que crea les ayudaría a proveer ese calor que necesita en su matrimonio. Repito, este método le da a su esposo una meta u objetivo que puede alcanzar, en vez de confrontarlo con un reclamo que lo puede hacer sentirse atacado.

2. *Hable pero también escuche.* Las puertas de la comunicación funcionan en ambas direcciones, de manera que debe estar preparada para escuchar y también dispuesta a hacer algunos cambios personales. Puede ser que descubra cuando hable con su esposo acerca de sus necesidades no satisfechas, que él también tenga por ahí una o dos quejas. Quizás le diga que no le habla porque no le da tiempo a que se relaje cuando regresa del trabajo. Tal vez le diga que lo interrumpe con frecuencia y no lo deja terminar de hablar, o quizá cambia el tema para hablar solamente de lo que a usted le interesa y habla sin parar de detalles que solamente a usted le interesan. Hay muchas cosas que su esposo le va a querer decir que servirán para acercarlos más cuando abra las puertas para una comunicación en ambas direcciones.

## Dándole Tiempo a la Comunicación

Después que la esposa le ha comunicado el problema a su esposo, ella generalmente espera que algunas cosas cambien inmediatamente. Sin embargo, esto no siempre ocurre. Si su esposo vuelve a deslizarse a sus viejos caminos y se olvida del plan que ambos acordaron, está bien si se lo recuerda. Sin embargo, acérquese a él de la misma manera y con los mismos lineamientos de la vez anterior. Evite recurrir a técnicas de fastidiarlo, de ponerlo por el suelo, de avergonzarlo, o de acusarlo con el fin de salirse con la suya; y nunca compare sus acciones con la manera en que otros hombres tratan a sus esposas.

Los hábitos son difíciles de cambiar. Déle tiempo a su esposo para que logre lo que le está pidiendo. También, ponga atención especial y manifieste su aprecio cuando comience a hacer lo que le ha pedido, como el apagar la televisión para hablar. Sus muestras de aprecio mostrarán que no está tratando de controlar sus acciones, sino que sus necesidades son verdaderas. Si no se da por enterada de sus esfuerzos por complacerla, o si solamente señala lo que está haciendo mal, él probablemente dejará por completo de intentarlo.

## Cuando las Cosas No Mejoran

En todo matrimonio la esposa debe aceptar que hay ciertas cosas en su esposo que nunca cambiarán; o que por lo menos, pasará mucho tiempo antes de que cambien. En tales casos, los constantes recordatorios tienden a sonar como quejas crónicas y, por lo general, no logran nada. La actitud de la esposa frente a estas irritaciones inmutables debe ser una actitud de aceptación y perdón, así como el Señor la ha aceptado y perdonado a ella.

> *Vestíos, pues, como escogidos de Dios, santos y amados, de entrañable misericordia, de benignidad, de humildad, de mansedumbre, de paciencia; soportándoos unos a otros, y perdonándoos unos a otros si alguno tuviere queja contra otro. De la manera que Cristo os perdonó, así también hacedlo vosotros. Y sobre todas estas cosas vestíos de amor, que es el vínculo perfecto.* (Colosenses 3:12-14)

Al principio de este capítulo hablamos de los cuentos de hadas. En los cuentos de hadas la rana se convierte en un príncipe muy atractivo. Pero en la vida real, más bien el príncipe se convierte en una rana que llena la alfombra de lodo y avergüenza a su princesa en público. La verdad es que vivir de conformidad con los principios bíblicos para la femineidad significa vivir con la rana, como también con el príncipe. A veces, el poner los principios bíblicos por obra significa que la esposa tiene que tratar con su menos-que-adorable esposo cuando él actúa de manera inmadura. Ella también necesita seguir el liderazgo de su esposo, aun cuando él no está andando bien con el Señor. Además, puede ser que ella tenga que sufrir a su lado las desagradables consecuencias de su inmadurez y pecado. Una esposa bíblica honrará la posición de autoridad de su esposo, aun si él se toma cincuenta años antes de permitir que Dios le ayude a superar su inmadurez. Algunas veces, pienso que la mujer moderna comprendería mejor la realidad de sus votos matrimoniales si éstos fueran de la siguiente manera:

> "Prometo confiar en Dios mientras mi esposo crece en madurez. Aprenderé a entender sus características masculinas. Seré respetuosa aun cuando pienso que se equivoca. Compartiré con él las consecuencias de todos sus errores y permaneceré a su lado a través de todas las desilusiones, decepciones y malos entendidos, hasta que la muerte nos separe."

Hoy en día, las novias piensan que el matrimonio es una relación de mitad y mitad, y prometen "amar, honrar, y obedecer," sin tener la menor idea en lo que se están metiendo. El principio bíblico del matrimonio no es un contrato de mitad y mitad. Más bien, es un compromiso del 100% por cada una de las partes. Sin duda alguna, es *mucho más* fácil cuando la pareja hace su parte. Sin embargo, el creyente sigue siendo responsable por dar el 100% de su compromiso, aún cuando la naturaleza pecaminosa de su pareja esté manifestándose a plenitud. La esposa cristiana debe funcionar dentro de su rol como ayudadora, ya sea que su esposo responda, o no responda a sus necesidades.

## Desilusiones, Decepciones, Y Malos Entendidos

Al final de cuentas, no es lo que otra persona hace lo que nos elogia; sino la alabanza se otorga a aquellos que simplemente hacen lo correcto sin esperar ni exigir una recompensa inmediata.

*No nos cansemos, pues, de hacer bien; porque a su tiempo segaremos, si no desmayamos. Así que, según tengamos oportunidad, hagamos bien a todos, y mayormente a los de la familia de la fe.* (Gálatas 6:9-10)

# CAPÍTULO XV

## IRRITACIONES, FRUSTRACIONES, Y OFENSAS

Si usted tiene un matrimonio típico, su esposo probablemente tiene por lo menos un hábito o costumbre que la vuelve loca. Por ejemplo, el baño lo deja como si un gorila se hubiera bañado y rasurado ahí. Él come de una manera poco refinada o de plano desagradable; deja sus calcetines sucios en la mesa de la cocina, o _____ usted llene el espacio en blanco. Usted y su esposo tendrán una mezcla sazonada con las causas de irritación de cada uno.

La esposa puede fastidiar a su gorila acerca de cómo deja el baño, le puede aventar los calcetines, o como vimos en el capítulo anterior, puede aprender a resolver los problemas por medio de una comunicación objetiva. La comunicación es siempre la mejor manera de tratar los problemas que ocurren en el matrimonio. Sin embargo, la comunicación adecuada entre el esposo y la esposa no es fácil de alcanzar. Así como los diferentes impulsos y motivaciones del hombre y de la mujer pueden preparar el terreno para las desilusiones y los malos entendidos, sus diferentes maneras de pensar pueden hacer que la comunicación sea extremadamente difícil. Estas diferencias provocan malos entendidos, los cuales pueden convertirse en obstáculos importantes que estorben la resolución de problemas en el matrimonio.

Veamos tres ejemplos de cómo una pobre comunicación puede separar al esposo y a la esposa y evitar que resuelvan sus problemas. Después de cada ejemplo veremos como una esposa puede simultáneamente utilizar los principios de una comunicación objetiva, encontrar una solución a su problema, y ser una ayudadora bíblica para su marido.

**Ejemplo Uno: ¿Qué está mal en la siguiente ilustración?** Juan tiene el hábito de regresar a casa del trabajo cada noche e inmediatamente sentarse a leer el periódico, apenas acordándose de decir. "Hola." María está cansada de esta rutina y en esta noche en particular le echa una mirada encendida a la parte posterior del periódico, suspira fuertemente, y se va a la cocina golpeando la puerta tras ella. Después de como diez minutos, Juan se da cuenta de que hay mucho ruido en la cocina. Puede oír a María hablando consigo misma mientras coloca de manera áspera las ollas y los sartenes sobre la estufa y cierra de golpe la puerta del refrigerador. Juan levantando la voz desde su lugar grita: "¿Qué te pasa?", a lo que María responde: "¡Si me amaras, sabrías que es lo que me pasa!"

Lo que está mal en esta ilustración es que María está haciendo a Juan responsable por comprender algo para lo que Juan no está hecho para comprender. Juan puede amar mucho a su esposa, pero el amor por sí solo no es suficiente para ayudarle a descifrar las palabras y acciones de enojo de María. En este caso, María debe comunicar de manera objetiva a Juan cual es su problema y como puede Juan ayudarla a resolverlo.

### Vamos a corregir la ilustración

María debe examinar qué es lo que la está haciendo sentirse frustrada y enojada. Por ejemplo, sus pensamientos pueden ser: "Juan, ya nunca me habla." Enseguida, debe presentar su necesidad a Juan. Esta es la parte complicada y delicada.

Recuerde, los pensamientos de la mujer nunca están lejos de sus emociones, pero sus emociones y sentimientos no comunican bien al estilo de pensar del hombre de "dame los datos." Por ejemplo, "Juan ya **nunca** me habla," es una declaración que proviene de la reacción emocional de María al

**sentimiento** de que Juan la excluye, en vez de ser una clara declaración de lo que realmente es cierto. Si María le presenta a Juan, únicamente sus sentimientos, le estará comunicando algo totalmente diferente a lo que realmente quiere decir. Juan, probablemente tome el significado literal de las palabras emotivas que dijo su esposa y su primera reacción será: "Eso es ridículo, por supuesto que hablo contigo. ¿No te acabo de preguntar, que qué te pasa? ¿No estoy hablando contigo en este momento?"

Para poder comunicar sus pensamientos de manera adecuada, María necesita traducir sus sentimientos a palabras fehacientes que adecuadamente informen a Juan cual es su verdadera necesidad, en este caso, la necesidad de conversar con su esposo. La traducción del lenguaje de la mujer (un lenguaje expresivo de los sentimientos) al lenguaje del hombre (un lenguaje literal) es necesaria para que Juan pueda proporcionarle a María lo que ella realmente necesita. Para lograr lo que desea sin provocar una discusión, María podría decir: "Juan, después de que hayas descansado un rato, necesito hablar contigo." Luego, cuando Juan esté listo para hablar, María podría decir: "Últimamente, me he estado sintiendo sola. He examinado porque me he estado sintiendo así (le va a encantar escuchar que ha analizado sus sentimientos) y me doy cuenta que se debe a que no estamos hablando como lo hacíamos antes. Realmente necesito que apartemos un tiempo cada noche para que conversemos."

La Palabra de Dios instruye al marido a proveer para las necesidades de su esposa en una manera amorosa y comprensiva. La mayoría de los esposos estarían dispuestos y gozosos de proveer lo que sus esposas necesitan, **si tan solo** pudieran entender qué es lo que necesitan. Una esposa está funcionando como una ayudadora bíblica cuando ayuda a su esposo a entender cómo cumplir con su papel de esposo amoroso. En la mayoría de los casos, todo lo que la esposa tiene que hacer es respetar la objetividad de su esposo y traducir sus sentimientos a metas concretas que él pueda tanto entender cómo lograr exitosamente. La mujer que esté dispuesta a aprender esta técnica de traducción, estará en la mejor posición para alcanzar la cercanía que tanto ella como su esposo disfrutarán.

**Ejemplo Dos: El caso del esposo inconsciente.** Hay muchas irritaciones y ofensas que pueden ocurrir, sencillamente porque la esposa tiene normas para el cuidado de la casa que su esposo ignora o pasa por alto. Por ejemplo, conozco a una mujer cuyo esposo acostumbraba lavarse las manos en la cocina invariablemente después de que su esposa había dejado la lechuga escurriendo en el colador sobre el fregadero. Se volvía loca cuando su esposo, sin pensar, se enjuagaba el jabón de las manos justo encima de la lechuga. Esta mujer repetidas veces se quejó ante su esposo, pero sin ningún provecho. Finalmente, se dió cuenta que parte del problema era que su esposo no se percataba que la lechuga estaba ahí en el fregadero. Cuando le decía: "¡No te laves las manos ahí!", no se estaba comunicando adecuadamente.

Puesto que nunca mencionaba la lechuga, su esposo literalmente interpretaba que su esposa le estaba prohibiendo que *nunca jamás* se lavara las manos en la cocina. Él, por supuesto, consideraba la queja de su esposa como completamente irracional. Finalmente, la mujer en nuestra ilustración comprendió que la forma en que ponía en palabras su queja ocasionaba que su esposo lo tomara como una ofensa personal.

La respuesta estaba en presentar la queja de manera impersonal atrayendo la atención de su marido a la lechuga inanimada. Ella comenzó por decir: "Cariño, permíteme quitar la lechuga antes de que te laves las manos." Solamente tuvo que repetir su solicitud unas cuantas veces más y su marido captó cual era el verdadero problema, y ahora él mismo quita la lechuga del fregadero antes de lavarse las manos, sin que nadie se lo recuerde. Este enfoque no sólo elimina la fuente de la irritación, también salva a muchas lechugas.

**Ejemplo Tres: El problema sin solución.** Hay algunos hábitos molestos e irritantes que el esposo nunca cambiará. Por ejemplo, el esposo de la ilustración anterior tiene el hábito de sacudirse las manos recién lavadas antes de secárselas. Ahora, cuando este hombre hace algo lo hace con mucho vigor, de manera que el agua salpica por todas partes cuando sacude sus manos (así como lo hace un perrito mojado). No importaba la manera en que su esposa ponía en palabras su queja, el hábito de este esposo no se corrigió por más de treinta años.

Cuando una mujer tiene que vivir con pequeñas irritaciones que parece que nunca van a cambiar, éstas pueden comenzar a crecer en su mente hasta que se convierten en montañas de frustración. La esposa en nuestra ilustración se dio cuenta que su nivel de frustración estaba aumentando más allá de toda proporción a la gravedad de la ofensa. Ella reconoció que la única solución era que ella cambiara su actitud, en vez de esperar a que su esposo cambiara su hábito.

Primero, se acordó que cuando su esposo salía de viaje, las cubiertas de los gabinetes inferiores de la cocina permanecían secas, ese era un recordatorio de que su esposo estaba ausente. Cuando se ausenta por temporadas largas, lo extraña tanto que gustosamente limpiaría las gotas de agua esparcidas por las cubiertas con tal de tenerlo en casa otra vez. ¿Por qué no mantener esta misma actitud positiva cuando está en casa salpicando los espejos? Después de todo, ¿qué importancia tienen

## Irritaciones, Frustraciones, Y Ofensas

unas pocas gotas de agua comparadas con el amor, la provisión, la protección, el honor, y el compañerismo que él tan libremente le da? Al haber modificado su propia actitud, esta esposa ahora sonríe mientras limpia los espejos y mostradores. Hasta puede reírse y disfrutar de las excentricidades de su esposo.

A veces, basta tomar la sencilla decisión de ver los problemas de una manera más positiva para eliminar la frustración y evocar, en cambio, el aprecio. La esposa debe ser la ayudadora de su esposo en este mundo y esto incluye ayudarle a darse cuenta de cuáles son las necesidades de su esposa. Pero no es su trabajo como ayudadora, forzar los cambios. El amor de la esposa y su aceptación pueden eventualmente producir en su marido el deseo de hacer cambios positivos, pero las exigencias con ira solamente causarán daños a la relación. Sin embargo, hay esperanza. Con frecuencia ocurre un fenómeno muy interesante cuando la esposa acepta a su esposo tal y como es; él puede comenzar a cambiar algunos de sus hábitos por su propia iniciativa.

Es como si el esposo se desconectara de todo aquello que le parece un fastidio, pero tan pronto y se siente aceptado plenamente por su esposa puede hacer un esfuerzo especial por agradarla. Esto me pasó a mí. Después de años de quejarme del jabón en mi lechuga, mi esposo cooperó en cuestión de dos días; después de que cambié *mi* actitud. Y, después de más de treinta años de casados, ahora mi esposo seca los mostradores y el espejo después de que se lava o rasura. El cambiar nuestra propia actitud puede producir, con el tiempo, recompensas maravillosas. Todavía más importante, el espíritu paciente de la mujer bíblica es mejor que un espíritu orgulloso y exigente, y un espíritu amoroso, es mucho más agradable que un espíritu iracundo a los ojos de Dios.

> *Mejor es el fin del negocio que su principio; mejor es el sufrido de espíritu que el altivo de espíritu. No te apresures en tu espíritu a enojarte; porque el enojo reposa en el seno de los necios.* (Eclesiastés 7:8-9)

# CAPÍTULO XVI

## APOYANDO EL PAPEL DE LÍDER DE SU ESPOSO

Dios estableció la responsabilidad de liderazgo en el hombre; no fue algo que los hombres pecadores idearon por causa de su ambición de poder. El papel del esposo se remonta al diseño de Dios para la humanidad, mucho antes de que el pecado manchara las acciones de Adán y Eva (1 Corintios 11:3 y 7-9; Efesios 5:31 comparados con Génesis 2:24 y 1 Timoteo 2:12-14).

Aunque el pecado disminuyó la habilidad de Adán para liderar perfectamente, su responsabilidad de rendir cuentas a Dios por su liderazgo de Eva permaneció intacta. La primera indicación después de la caída de que el pecado no había modificado esta responsabilidad se ilustra en Génesis 3:9 donde Dios le pregunta a Adán: *"¿Dónde estás tú?"* Aunque Eva fue la primera en pecar, Dios no la buscó primero a ella. Dios llamó a Adán porque el hombre es el que estaba en la posición de líder. El pecado de Adán fue doble. No solamente escogió comer del fruto prohibido, sino que también siguió el liderazgo de Eva en vez de cumplir con su propia responsabilidad como líder (Génesis 3:17a).

A lo largo del Antiguo Testamento, los esposos son claramente responsables delante de Dios por el liderazgo de sus familias. Las historias de Noé, Abraham, Isaac, Jacob, y otros ilustran esto claramente. La Biblia narra muchos eventos donde el pecado corrompió el liderazgo de estos maridos, pero eso no cambió sus roles designados por Dios. Hoy, los maridos siguen siendo responsables por el liderazgo de sus esposas como se establece en los versículos mencionados arriba, y también en 1 Timoteo 3:4-5.

Algunos creen que Adán escogió comer del fruto prohibido porque no quería perder a Eva. Si esto es o no cierto, no lo sabemos con certeza. Lo que sí sabemos es que por alguna razón

Adán escogió seguir el liderazgo de Eva y desobedecer a Dios. Desde ese día en delante los hombres han seguido cayendo en el mismo pecado que Adán. Los hombres cristianos de hoy, temen más la reacción de sus esposas a su liderazgo que a desobedecer a Dios. Escogen hacer lo que es seguro y conveniente en vez de hacer lo que es correcto, y sus familias sufren por causa de su fracaso. Es de suma importancia que una esposa bíblica no dé a su esposo razón para temer que ella vaya a rechazar sus decisiones como líder. Una gran cantidad de mujeres cristianas intelectualmente aceptan las evidencias bíblicas de que sus esposos son responsables por el liderazgo, pero aún así, tienen problemas para poner ese conocimiento en práctica. El pecado corrompe la disposición de la mujer a seguir, así como corrompe la capacidad del hombre para liderar.

En este capítulo veremos algunas de las habilidades que una esposa necesita para obedecer a Dios y seguir a su tan humano marido. Analizaremos a tres tipos de esposos de la vida real que muy posiblemente se asemejen a algunos de sus maridos. El primer ejemplo trata acerca de un esposo que tiene muy pocos deseos de liderar a su familia. Este es el esposo pasivo; o el hombre que no es un líder natural. El segundo ejemplo presenta al esposo que puede ser un líder natural, pero es opresivo o dominante en la práctica. A él le llamaremos el esposo agresivo. El tercer ejemplo trata acerca del temor de la mujer cristiana a tener que seguir a un esposo que no es espiritual. El hombre no espiritual puede ser un inconverso o puede ser un creyente que no está consagrado en este tiempo a su relación personal con Dios.

Al leer este capítulo tenga presente que pocos hombres son siempre pasivos, siempre agresivos o siempre están alejados de Dios. El liderazgo de un esposo variará de un lugar a otro entre estos tres extremos. Su liderazgo también puede fluctuar de tiempo en tiempo y de asunto en asunto. Por ejemplo, un esposo puede ser un padre excelente, pero al mismo tiempo ejercer un control dominante sobre la vida de su esposa como si ella fuera una niña. O, puede ser un gran proveedor, pero a la vez ser completamente indiferente a su rol como líder espiritual de su familia.

Cada esposo es el resultado de una mezcla singular de los rasgos de su propia naturaleza pecaminosa, de su trasfondo, y de su desarrollo personal. No es posible abarcar todos los problemas específicos que una esposa puede enfrentar en su matrimonio. Sin embargo, comentaremos acerca de las tres áreas problemáticas mencionadas arriba junto con algunas soluciones para ayudar a la esposa a ser una ayudadora efectiva, a pesar de tener un esposo con una personalidad extrema. Cada una tendrá que discernir cuales principios se aplican a su situación y pueden ser utilizados en su esposo. Descubrirá que la información presentada, normalmente puede mezclarse y adaptarse a su tipo particular de hombre.

### El Primer Tipo: El Esposo Pasivo

Una gran proporción de nuestra población masculina hoy en día tiende a ser pasiva. Esto ha sido, en parte, resultado de un entrenamiento incorrecto cuando eran niños; de esto hay abundancia en las últimas generaciones. El hombre pasivo también pudo haber pasado por experiencias dolorosas que dañaron seriamente su masculinidad, y como resultado, se sentirá inseguro respecto a sus habilidades de liderazgo.

En este tiempo de la historia hay particularmente una gran cantidad de hombres pasivos o afeminados en nuestras iglesias. Estos hombres temen la responsabilidad inherente de tener que rendir cuentas de su liderazgo y tienden a verse más afectados por sus emociones que a ser guiados por su intelecto y su masculinidad. Ellos, típicamente, postergan el tomar decisiones, esperando que con el paso del tiempo ya no sea necesario decidir, o que alguien más los releve de la responsabilidad. Como resultado, más y más mujeres han tomado las posiciones de liderazgo en las Escuelas Dominicales y en las actividades de las iglesias. En el hogar, los hombres pasivos prefieren compartir las responsabilidades del liderazgo con sus esposas. A veces, las mujeres escogen casarse con hombres pasivos porque parecen ser menos exigentes y más fáciles de manejar. Sin embargo, una vez casadas estas mujeres se sienten frustradas y con resentimientos porque sienten que tienen que tomar todas las decisiones de la familia. (Estas afirmaciones no tienen como propósito atacar a los hombres, ni justificar a las mujeres que han asumido el control. Son sencillamente mis tristes observaciones de la desaparición del liderazgo masculino y del surgimiento del control femenino en toda la comunidad cristiana.)

Lamentablemente, la mujer que usurpa la posición de liderazgo de su marido realmente está alentando sus deficiencias y dándole la excusa para evitar su responsabilidad. Por ejemplo, la esposa que está preocupada por las pobres decisiones de su esposo respecto al dinero, solamente le facilita el seguir siendo irresponsable cuando ella insiste en controlar el presupuesto familiar. Mientras ella está tratando de evitar problemas a corto plazo (como seguir endeudándose), por otro lado, está librando a su esposo, que ha sido financieramente irresponsable, de tener que enfrentar las consecuencias de sus acciones.

Si él tuviera que afrontar las consecuencias de gastar excesivamente, podría con el tiempo aprender de la experiencia. Sin embargo, las tácticas controladoras de su mujer impiden que él aprenda de sus errores, de manera que continuará indefinidamente con sus hábitos de derrochador (pero ahora tratará de hacerlo sin que "mamá" se dé cuenta). A pesar de las dificultades causadas a la familia por un hombre pasivo, la esposa bíblica comprensiva puede ayudar al ego afligido de su marido y ayudarle a superar sus inseguridades.

Una ayudadora bíblica alentará a su esposo a asumir su adecuado papel masculino sin portarse como "su mamá," sin decirle cómo hacer las cosas y sin usurpar sus responsabilidades delante de Dios.

Los siguientes lineamientos acerca de lo que una esposa bíblica *puede* hacer, le ayudarán a entender como ser la mejor ayudadora para un esposo pasivo.

1. Ore fervientemente que Dios logre que su esposo despierte a sus responsabilidades de liderazgo. Ore pidiendo fortaleza para soportar con gracia las consecuencias que puedan afectar a la familia por la falta de liderazgo de su esposo.

2. No lo critique. La crítica continua desmorona el ego del hombre y comunica a su marido que no alcanza la norma que usted tiene para la masculinidad. Esto solamente resulta en hacer más débil al hombre pasivo.

3. Respetuosamente solicite el punto de vista y decisión de su esposo aún en los casos en *que usted misma podría tomar la decisión*. Luego haga las cosas como él decidió que se hicieran. Si él quiere que usted pague las cuentas porque a él le fastidian esos detalles, hágalo, pero pídale que elabore el presupuesto de la familia para que determine cómo se distribuirá el dinero. Asegúrese de decirle a su esposo lo mucho que aprecia su perspectiva y puntos de vista cada vez que le dé un buen consejo. Sin embargo, si falla lo que él aconsejó, no se afane demasiado por el fracaso, simplemente pregúntele cómo resolver el problema. Nunca diga: "Te lo dije," cuando las

## Apoyando El Papel De Líder De Su Esposo

cosas salgan mal. Si el esposo llega a temer la reacción de la esposa ante sus errores, eso solamente hará que el esposo rehúya tomar el liderazgo en el futuro.

4. La mayoría de los esposos pasivos vacilan en tomar una posición firme en cualquier cosa. Por lo general, tampoco responden rápidamente a las solicitudes de consejo. Por lo tanto, presente su necesidad de una decisión a su esposo, y luego ofrezca esperar hasta que lo piense. Pacientemente deje la decisión en sus manos. Es responsabilidad de la esposa notificar a su marido de la fecha en que algo se tiene que decidir (o pagar), y el costo si se incumple con esa fecha; **pero sólo una vez**. Si es necesario, observe como algo queda sin hacerse. Si él luego pregunta por qué no se ha hecho tal cosa, sencillamente explíquele que está esperando su decisión sobre el asunto. Recuerde, la esposa que toma el control puede resolver el problema presente después de varios recordatorios a su marido, pero eso también promueve el liderazgo inactivo de su esposo. Además, su impaciencia presente le está asegurando tener cientos de problemas en el futuro.

5. Si su esposo específicamente le pide que haga algo, hágalo de inmediato. Cuando un esposo pasivo pide algo, aún cuando se trate de una tímida insinuación, ese es su liderazgo. No insista en que él emita una orden directa antes de actuar en lo que ya sabe que él quiere que usted haga. Esté pronta a complacer y dispuesta a seguir hasta sus intentos indirectos por liderar.

6. Es sumamente importante que un esposo pasivo tenga una esposa que no le cuestione ni critique cada vez que toma una decisión. El tratar sus tímidas decisiones como si

estuviera cometiendo un error garrafal solamente contribuirá a derrotar su propósito de alentar su liderazgo. Ahora bien, si usted necesita hacer alguna pregunta respecto a lo que él ha decidido para entender claramente lo que él espera de usted, hágalo con una actitud respetuosa, y asegúrese de que él sabe que usted está dispuesta a seguir sus indicaciones.

7. Sea consciente de que lleva tiempo a cualquier persona lograr cambios positivos en su vida. Un esposo pasivo necesita que su esposa lo acepte tal y como es *antes* de que se sienta motivado a mejorar. Esto puede llevarse mucho tiempo. Mientras tanto, "minimice" los defectos de su marido y "maximice" sus cualidades positivas.

8. Haga una lista de todas las cualidades de su marido y enseguida practique mostrarle su aprecio en esas áreas. No hay mejor medicina para alentar a un esposo pasivo que elogiarlo por lo que ya es.

No estoy sugiriendo que la esposa haga halagos falsos ni utilice técnicas para manipular. El propósito detrás del elogio honrado y sincero es beneficiar a la otra persona, pero la meta del halago falso es obtener algún beneficio para uno mismo. El elogio bíblico y las muestras de aprecio alientan al hombre por sus logros, mientras que las técnicas de manipuleo promueven la debilidad. La siguiente es una ilustración de cómo las intrigas de una mujer que busca su propio beneficio, promueven la debilidad en el hombre que sucumbe ante su manipulación.

A cierta esposa no le gustaban los parientes de su esposo así que intentaba pasar todos los días feriados exclusivamente con sus propios parientes. Después de varios años de descuidar a

## Apoyando El Papel De Líder De Su Esposo

la familia de su esposo, el marido comenzó a sentirse culpable. Sin embargo, cada vez que intentaba hablar del asunto con su esposa, ella respondía: "Mira, después hablamos de eso," y enseguida se afanaba por lisonjear excesivamente a su esposo. El esposo subconscientemente entendía la técnica de manipuleo de su esposa, y estaba consciente de que estaba intercambiando su rol de líder por ese elogio engañoso, pero de todas maneras accedía sin protestar. Como resultado, se veía a sí mismo como un hombre débil, fácilmente controlado por la carne, y dejó de respetar a su mujer por utilizar su debilidad para salirse con la suya.

En cambio, las palabras de elogio sinceras y verdaderas de una esposa bíblica no darán como resultado el debilitamiento de la opinión del esposo de sí mismo, ni de su opinión de ella.

### El Segundo Tipo: El Esposo Agresivo

El esposo agresivo se puede describir como un hombre testarudo en sus opiniones, exigente, y dominante. Créanlo o no, este hombre es tan inseguro como el esposo pasivo. Para cubrir sus sentimientos de incompetencia el hombre pasivo retrocede, mientras que el hombre agresivo ataca. Ambos hombres tienen egos que han sido dañados o no han sido adecuadamente entrenados, y ambos necesitan de la aceptación comprensiva y la ayuda de sus esposas. Por consiguiente, la esposa bíblica deberá tratar a su esposo agresivo con el mismo tierno cuidado que le daría a un esposo pasivo.

El elogio sincero y verdadero por sus talentos es tan importante para el esposo agresivo como lo es para el pasivo. Además, la esposa puede tomar los siguientes pasos para ayudar a su esposo a comprender que no necesita intimidarla para lograr que ella siga su dirección.

1. Ore a Dios para que él obre en su marido y le haga ver que necesita tomar en cuenta cómo se van a sentir los demás como resultado de sus acciones o palabras. Ore por su propia fortaleza y sabiduría espiritual al tratar con su esposo.

2. Confíe en el Señor para que él provea protección emocional tanto para ustedes dos, como para sus hijos.

*Echa sobre Jehová tu carga, y él te sustentará; No dejará para siempre caído al justo. (Salmo 55:22)*

3. Trate a su esposo con toda la comprensión, amabilidad, y perdón que le sea posible dar.

*Vestíos, pues, como escogidos de Dios, santos y amados, de entrañable misericordia, de benignidad, de humildad, de mansedumbre, de paciencia; soportándoos unos a otros, y perdonándoos unos a otros si alguno tuviere queja contra otro. De la manera que Cristo os perdonó, así también hacedlo vosotros. (Colosenses 3:12-13)*

4. Sea voluntariamente sumisa. Nunca hable a su esposo en una manera en que arremeta contra él y nunca tome represalias atacando su masculinidad. Una respuesta suave y tranquila, aplaca las exigencias iracundas o injustas mucho más rápidamente que una represalia, o el rehusarse a obedecer.

*La blanda respuesta quita la ira; Mas la palabra áspera hace subir el furor. (Proverbios 15:1)*

5. Lo más seguro es que usted no es la causa por la cual su esposo ha desarrollado una personalidad intimidadora,

pero considere que sus acciones pueden haber agravado el problema que ya existía. ¿Ha sido usted contenciosa, debatiendo cada una de las decisiones de su marido, ha rechazado su liderazgo, o ha sido ingrata y no ha mostrado aprecio por lo que él ha hecho bien? ¿Ha desafiado su masculinidad en alguna manera? (Repase: **Capítulos V al IX**.) Esté usted misma dispuesta a cambiar de ser necesario.

6. Muchas veces la agresión de un hombre es un acto de protección personal. Tal hombre, generalmente, es incapaz de creer que otras personas no tienen la intención de causarle un daño emocional. Por consiguiente, es importante que la esposa se gane la confianza de su marido demostrándole que la razón de todo lo que ella dice o hace es para procurar el bienestar de su marido. La esposa que cae en el hábito de los ataques verbales, de los comentarios despectivos, o de degradaciones humillantes, nunca ganará la confianza de su esposo. Tan difícil como puede ser el acariciar a un puercoespín, si se gana su confianza, es posible lograr que se dé la vuelta y se deje acariciar el vientre. Aunque es muy difícil refrenar la lengua cuando una persona nos está atacando verbalmente, sí es posible refrenarla. Si la esposa quiere ayudar a su esposo agresivo deberá controlarse y refrenarse para evitar ser ella también agresiva.

*El que tarda en airarse es grande de entendimiento; Más el que es impaciente de espíritu enaltece la necedad.* (Proverbios 14:29)

7. ¡Importante! Con toda calma dígale a su esposo que sus palabras y acciones ásperas la lastiman. Ayúdele a entender que usted quiere ser su ayudadora (ayuda

idónea) y que es suficiente con que él le solicite las cosas con amabilidad. Sin embargo, antes de hablar con él asegúrese de que su propia actitud no sea defensiva ni agresiva. No lo condene, pero sí hágale saber lo mucho que la lastiman sus agresiones. También, antes de hacer esto, asegúrese de que realmente está dispuesta a acatar las solicitudes de su esposo.

**El Tercer Tipo: El Esposo No Espiritual**

Hay dos tipos de esposos no espirituales: el que no es creyente y el que aunque es creyente no se ha consagrado a vivir la vida de la manera cristiana. La esposa cristiana debe tratar a su esposo no espiritual con la misma actitud respetuosa y sumisa con que trataría al más espiritual de los esposos, y además:

1. Ore a Dios para que le muestre a su esposo la necesidad de ser salvo o de consagrarse para vivir para Dios. No lo acose continuamente, ni repetidamente le esté diciendo que es un pecador, ni insinúe que él es de alguna manera inferior a usted.

2. Enseñe a sus hijos a respetar y obedecer a su padre. No mine su autoridad implicando en alguna manera que algo está mal con su papá. De hecho, es mejor si ellos no conocen la condición espiritual de su papá, por lo menos hasta que estén lo suficientemente grandes como para manejar ese conocimiento sin sentimientos de juicio ni de superioridad. La amonestación de 1 Pedro 3 es la misma para esposas de maridos inconversos como para esposas de maridos cristianos no consagrados.

*Asimismo vosotras, mujeres, estad sujetas a vuestros maridos; para que también los que no creen a la palabra, sean ganados sin palabra por la conducta de sus esposas, considerando vuestra conducta casta y respetuosa.* (1 Pedro 3:1-2)

3. Póngase en manos de Dios y prepárese para la presión que vendrá sobre la vida de su esposo. Cuando usted le pida a Dios que le muestre a su marido la necesidad que tiene de ser salvo (o su necesidad de consagrarse a verdaderamente vivir la vida cristiana), Dios estará obrando para captar la atención de su esposo. Pueden venir presiones sobre la familia que han sido diseñadas por Dios con el propósito de lograr que su esposo sea más receptivo a la Palabra de Dios. La pérdida de trabajo o alguna enfermedad han sido usadas en el pasado para llevar a hombres rudos a ponerse de rodillas. Este período de tiempo será crítico tanto para usted como para su esposo.

Una esposa bíblica amorosa y ayudadora es, tal vez, todavía más importante en este tiempo que en cualquier otro. Debe estar dispuesta a soportar las presiones que Dios se proponga usar para hacer que su marido se vuelva a él. Debe soportarlas y al mismo tiempo abstenerse de intentar quitar esas presiones. Si usted intenta librar a su esposo para que no experimente dificultades en esta vida, estará interfiriendo con los propósitos que Dios tiene al enviar esas presiones. Sin embargo, si usted persiste en ser una esposa bíblica, su lealtad puede ser la base para una relación más profunda con su esposo. Dios hasta pudiera usar su ejemplo para atraer a su marido a él mismo.

*Sino el interno, el del corazón, en el incorruptible ornato de un espíritu afable y apacible, que es de grande estima delante de Dios. Porque así también se ataviaban en otro tiempo aquellas santas mujeres que esperaban en Dios, estando sujetas a sus maridos.* (1 Pedro 3:4-5)

4. Sea diligente en su propia vida espiritual. Estudie la Palabra de Dios y aplique sus principios en su propia vida. Asista a una iglesia donde vaya a ser saturada con la enseñanza de la Palabra de Dios. Sin embargo, aquí viene la parte difícil: algunos esposos van a ser renuentes para asistir a la iglesia los domingos. Si su esposo exige que no vaya a la iglesia, yo recomiendo que no vaya; por lo menos durante un tiempo. Si él solamente conoce un versículo de la Biblia será aquel que habla de que las esposas se sujetan a sus maridos.

Hay muchas maneras de recibir enseñanza bíblica y de tener comunión cristiana con otras mujeres mientras no vaya a las reuniones dominicales. Otras clases entre semana, los libros, la lectura personal de la Biblia, los mensajes grabados y la amistad de otras mujeres creyentes le podrán dar el apoyo que necesita por un tiempo. Efectivamente, la iglesia es el mejor lugar para aprender de la Palabra, para tener comunión, y ejercitar sus dones espirituales, pero primero es lo primero. Dios la quiere en una iglesia que enseñe la Biblia más de lo que usted misma lo desea. Déle al Señor la oportunidad de hacer las cosas a su manera, mientras que tal vez salva a su marido al mismo tiempo.

Mi esposo estuvo en una ocasión en un programa de entrevistas en la radio y mencionó este mismo concepto de someterse a su marido aunque incluyera no asistir a la iglesia los domingos. Dos mujeres llamaron al programa para testificar que Dios había respondido a sus oraciones exactamente de esa manera. Una mujer dijo que al principio tenía temor de nunca más poder ir a la iglesia, pero decidió orar, ser una esposa bíblica y confiar en Dios. Antes de que pasara un año su esposo estaba tan impresionado por su actitud tan sumisa que no solamente le permitió asistir a la iglesia sino que él comenzó a acompañarla. Su esposo posteriormente aceptó a Cristo como su Salvador; fue "ganado" por el comportamiento de su esposa de conformidad con 1 Pedro 3.

Creo que la mayoría de los esposos no impedirán que sus esposas sumisas asistan a la iglesia; por lo menos no se lo prohibirán por mucho tiempo. El esposo que sí lo hace es aquel cuya esposa ha usado la religión como un ariete o un garrote. Tal esposa usa la Biblia como un cuchillo para condenar a su marido, y no obstante, rara vez se sujeta ella misma a los principios bíblicos que le mandan tener un espíritu afable y apacible. Su esposo invariablemente cree que la iglesia permite ese tipo de comportamientos, de acciones y de palabras desafiantes en la mujer, y en consecuencia, no quiere tener nada que ver con el cristianismo. El acoso religioso acompañado de una actitud no sumisa, seriamente limitará las posibilidades de que una esposa pueda ser usada por Dios para ganar a su marido para Cristo. Su falta de gracia, por lo general, solamente prolongará su propia agonía, y la de su esposo también.

## En Conclusión

Así como la mayoría de las mujeres hoy no comienzan su matrimonio como ayudadoras maduras, también pocos hombres ingresan al matrimonio como líderes consumados. Además de esto, todo esposo tiene por lo menos un área en su vida donde le falta madurez. La esposa bíblica debe desarrollar un plan de trabajo de largo plazo respecto a su marido. Ella deberá buscar soluciones a los problemas que serán beneficiosos para ambos, aún si se lleva mucho tiempo obtener resultados favorables. Debe evitar las soluciones provisionales que solamente le proporcionan un alivio temporal, pero crean barreras para el futuro.

## Apoyando El Papel De Líder De Su Esposo

La esposa bíblica no debe pensar que debe arreglar todos los problemas que pueda tener su esposo. Las deficiencias de su marido están en manos capaces cuando se le dejan a Dios para que él trate con ellas en su propio tiempo. La esposa puede orar acerca de cualquier problema que vea en la vida de su esposo, pero necesita entender que ella no es la conciencia de su marido, no es su nueva mamá, ni tampoco es su líder espiritual.

Ella podrá comentar y hacer sugerencias, pero no debe intentar protegerlo de las consecuencias naturales de su propia inmadurez. La esposa puede ayudar con la implementación de un plan, pero no es su misión quitarle al esposo su responsabilidad como líder al controlar todos los detalles del plan. La mujer, sin embargo, es responsable de atender sus propias áreas de inmadurez y de permitir a Dios desarrollar en su vida las características bíblicas que le permitan ser una cristiana efectiva y ayuda idónea. En ocasiones, Dios utiliza un esposo imperfecto como el medio para desarrollar la madurez y virtudes bíblicas en la esposa.

Tal vez la virtud más importante que una esposa puede poseer es una actitud amorosa que irradie una disposición a sacrificar sus intereses personales por el bienestar de su marido. Una actitud apacible le ayudará a hablar con honestidad, pero amablemente, aún cuando discuta temas delicados. También le ayudará a buscar maneras para alentar a su esposo, y causará que se refrene de tratarlo ásperamente por sus deficiencias. Una actitud amorosa evitará que la esposa tome represalias cuando le informe a su esposo que algo qué él hizo o dijo la ha lastimado. Causará que sea diligente en su propia vida espiritual, que ore fervientemente por todos aquellos a quienes ama, y que dependa enteramente de la gracia de Dios para el resultado final.

La verdad bíblica ayudará a la esposa a atravesar por cualquier circunstancia que pueda surgir en su relación con su esposo en la vida real, sencillamente porque su esperanza está cimentada en el Dios omnipotente. La omnipotencia (todo poder) de Dios partió el Mar Rojo para Moisés y su poder es suficiente para conducir a cualquier esposo pasivo, agresivo, desobediente o incrédulo en cualquier dirección que Dios crea conveniente. La manera que Dios escoge para obrar en la vida de un esposo errante rara vez es tan dramática como partir el Mar Rojo. Con mucha frecuencia, él utiliza a la esposa bíblica que permanece sumisa y comprensiva, aún cuando su esposo no es todo lo que debería ser. Una esposa bíblica puede creer la Palabra de Dios, así como lo hizo Moisés.

Cuando ella posee las características bíblicas y fielmente actúa con base en los principios de Dios para la femineidad, ella estará andando sobre su mar de pruebas sin hundirse ni mojar su calzado y glorificando a Dios en cada paso.

# CAPÍTULO XVII

## APOYANDO EL PAPEL DE PROVEEDOR Y PROTECTOR DE SU ESPOSO

Cuando algún líder en alguna empresa tiene el apoyo de un grupo de colaboradores competentes y cooperativos puede incrementar su eficiencia múltiples veces. De la misma manera, la calidad de la influencia de la ayudadora hace un impacto positivo en el éxito de su esposo como líder, proveedor, y protector. En los capítulos anteriores descubrimos el impacto que tiene la influencia de una esposa sobre el liderazgo de su esposo. En este capítulo veremos cómo una esposa puede alentar la responsabilidad de su esposo como proveedor y protector.

### El Modelo Bíblico

Desde el mismo principio del tiempo Dios dejó en claro que el hombre ha de proteger y proveer para su mujer. El hombre habría de labrar la tierra, de ser soldado e ir a la guerra, y de cuidar a su propia familia. De hecho, en el Nuevo Testamento, el hombre *que no provee para los suyos, y mayormente para los de su casa, ha negado la fe, y es peor que un incrédulo* (1 Timoteo 5:8).

Las responsabilidades del esposo como proveedor y protector también son derivadas de las referencias en las Escrituras que presentan a Dios como el esposo de los creyentes. En Deuteronomio 10:18 Dios habla de sí mismo como un esposo para Israel que ejecuta justicia (protección) para el huérfano y para la viuda y que da alimento (provisión) al extranjero. El Nuevo Testamento se refiere a Cristo como el esposo de la iglesia en 2 Corintios 11:2 y en Apocalipsis 21:2 y 9. El modelo de cómo debe un esposo humano liderar, proveer y proteger es Cristo.

# Apoyando El Papel De Proveedor Y Protector De Su Esposo

*Porque el marido es cabeza de la mujer, así como Cristo es cabeza de la iglesia, la cual es su cuerpo, y él es su Salvador. ...Maridos, amad a vuestras mujeres, así como Cristo amó a la iglesia, y se entregó a sí mismo por ella.* (Efesios 5:23 y 25)

La responsabilidad del esposo de proteger y proveer para su esposa y familia le da equilibrio a su autoridad de liderazgo. El hombre puede ser el rey de su castillo, pero su percepción como protector modera el poder de su autoridad. Por esta razón, es claramente ventajoso para la mujer apoyar y alentar la masculinidad de su esposo en las áreas de provisión y protección.

## Apoyando el Papel de su Esposo como Proveedor

Inherente dentro del hombre está el entendimiento de que solamente él lleva la responsabilidad final por sustentar a su esposa y familia – aún en los casos en que la mujer también trabaja. Porque inclusive hombres bien entrenados o muy masculinos tienen preocupaciones secretas respecto a no poder cumplir con esta responsabilidad de la masculinidad, son muy vulnerables a los sentimientos de fracaso si sus esposas no aprecian sus esfuerzos.

Cuando la esposa aprecia los esfuerzos provisionales del esposo, ella está reforzando la confianza masculina del marido. Estas muestras de apoyo lo confortan cuando trabaja para jefes difíciles, le dan valor cuando enfrenta la competencia de los compañeros de trabajo y hace más llevadera la fatiga por las largas horas en un trabajo que, a lo mejor, ni le gusta.

Las siguientes son maneras específicas en que una ayudadora puede alentar a su esposo en su esfuerzo por proveer para la familia.

## Apoyando El Papel De Proveedor Y Protector De Su Esposo

1. **Haga** de su hogar un retiro para su marido de los rigores de su lugar de trabajo. Pregúntele a su esposo cómo puede hacer que el hogar sea especial para él. Tal vez quiera un sillón especial sólo para él, o un lugar especial para trabajar en su pasatiempo favorito. No importa que tan grande o que tan chica sea su casa, haga de ella un lugar donde él pueda descansar y donde se pueda recuperar de los ratos difíciles que tuvo en el trabajo. El hogar puede ser el castillo del marido, así como también, el nido que la esposa puede decorar y amoblar.

2. **Averigüe** lo que su esposo necesita para poder relajarse después de que llega del trabajo. Supe de un hombre que le pidió a su esposa un vaso de té helado y treinta minutos de silencio para leer el periódico antes de la cena. Aunque no lo crea, esta solicitud causó disputas entre la pareja. La esposa pensaba que sus días estaban demasiado ocupados con los niños como para acordarse de tener el té listo para la hora en que él llegara a casa. Se quejaba de que los niños estaban demasiado hambrientos como para esperarse para cenar más tarde y que él estaba pensando nada más en sí mismo; de manera que ella desechó su sencilla petición por egoísta y disparatada. Este esposo interpretó la actitud de su esposa como indicación de que ella consideraba sus necesidades como insignificantes y mortificantes. Trágicamente, después se buscó otra mujer que parecía ser más sensible a sus necesidades.

No estoy insinuando que este matrimonio terminó solamente porque no se le sirvió su vaso de té helado al esposo. La resistencia de la esposa a prepararle su té era nada más un síntoma evidente de una pobre actitud subyacente hacia su marido. Su actitud negativa permeaba todo lo que hacía y decía. Ni tampoco estoy justificando al esposo por su adulterio. Él era tan deficiente como líder, como lo era ella como ayudadora. Solamente estoy enfatizando el papel tan significativo que tuvo ella en la disolución de su propio matrimonio.

3. **Escuche** compasivamente acerca de las dificultades de su marido en el trabajo y actué como caja de resonancia cuando él hable de posibles soluciones a sus problemas. Pero *tenga cuidado*, de que su esposo no quiera que usted se encargue de resolverle todos sus problemas. Una ayudadora bíblica alienta a su esposo para que persevere a través de sus problemas; una esposa tomadora del control lo intentará ayudar para que escape de sus responsabilidades. Por lo general, todo lo que un esposo necesita es un oyente comprensivo y una ayudadora que esté a su lado en la decisión final que tome. De esta manera ella lo estará animando a cumplir con su responsabilidad como proveedor.

4. **Cuidadosamente** administre los gastos de la casa quedándose dentro de lo que son los ingresos de su marido. El dinero que su esposo recibe por su labor representa el sacrificio de muchas horas de su vida personal; es por tanto, una porción de él mismo. El manejo adecuado por parte de la esposa del dinero que gana el marido debe corresponder al respeto que ella tiene por él personalmente y por su vida de sacrificio. La esposa necesita ser muy cuidadosa respecto a cómo trata la provisión del esposo. Aún los comentarios aparentemente inocentes, tales como disculparse con las visitas por lo corriente o deteriorado de sus muebles, puede causar que el esposo se sienta fracasado como proveedor.

# Apoyando El Papel De Proveedor Y Protector De Su Esposo

La esposa que constantemente se queja de que su marido no gana lo suficiente, o malgasta y derrocha lo que él provee, puede afectar de manera negativa la efectividad de su marido en el trabajo. Además, si ella frecuentemente exige lujos adicionales que están más allá de la capacidad de ingresos de su marido, le está comunicando que como proveedor es deficiente. Por otro lado, la esposa que se convierte en experta en el manejo del dinero, ayuda a su esposo a proveer exitosamente para su familia; sin importar cuánto sea el ingreso. Su cuidado amoroso de los bienes que poseen y su aprecio por la provisión del esposo puede servir para alentar la ambición de su marido y hacerlo más efectivo en su trabajo.

## Apoyando el Papel de su Esposo como Protector

Por miles de años los hombres han estado vigilantes y hasta han dado sus vidas para defender a sus familias de atacantes. No es difícil que la esposa reconozca la necesidad que tiene de ser protegida por su marido en situaciones peligrosas, pero con frecuencia no reconoce aquellas cosas más sutiles que su esposo hace por razón de su sentido de protección. Las siguientes son algunas maneras en las que un esposo, hoy en día, pudiera proveer seguridad y protección para su esposa:

1. Se asegura de que el automóvil se encuentre en buenas y seguras condiciones de operación.

2. Trata de comprar o rentar una casa en una colonia decente.

3. Mantiene la casa segura asegurándose de que todas las puertas que dan al exterior tengan una chapa segura y fuerte.

4. Tiene seguros e inversiones para asegurar el futuro de la familia.

5. Está siempre presente cuando su esposa exclama: "¡Necesito ayuda!"

6. Trata de proteger a su esposa de malas influencias que la puedan dañar física, emocional o espiritualmente. El sentido de protección del esposo es la razón por la cual en ocasiones se opone a que su esposa vea ciertos programas en la televisión, lea libros que son bíblicamente incorrectos, o inclusive cuando pasa mucho tiempo con ciertas amistades mundanas. El esposo puede percatarse de que tal "entretenimiento" puede influenciar negativamente la vida espiritual de su esposa.

7. Le pide a su esposa que no se involucre o que limite su participación en ciertas actividades (aún actividades que valen la pena) porque sabe la tendencia de su esposa a comprometerse en más cosas de las que realmente puede hacer. Estas actividades pueden ser del orden político, servicio a la comunidad, comités, o hasta eventos en la iglesia.

8. Él escoge una iglesia en donde la Palabra de Dios es enseñada fielmente y donde piensa que su familia estará protegida contra las enseñanzas falsas.

Todo lo mencionada arriba son expresiones de la protección del esposo hacia su esposa y familia. Cuando le ofrece la mano a la esposa cuando se baja de la banqueta o cuando le abre la puerta, el marido está expresando el lado protector de su masculinidad. Tristemente, muchas mujeres en nuestra sociedad moderna están rechazando esas muestras de la protección masculina. Como resultado muchos hombres han comenzado a retirar inclusive otras formas más importantes de protección. El resultado es que la mujer queda más expuesta y vulnerable a ser dañada.

En 1914, cuando se hundió el Titanic, aproximadamente el 75% de las mujeres se salvaron mientras que solamente sobrevivió el 20% de los hombres. Sin embargo, para 1992 cuando se llevó a cabo una encuesta entre 200 varones adultos denominada la "Prueba del Titanic," el sentido de protección hacia la mujer había decrecido considerablemente. Se descubrió que si el Titanic se hundiera hoy, solamente el 67% de los hombres estarían dispuestos a ceder su lugar en los botes salvavidas a sus esposas y apenas el 33% de los hombres estarían dispuestos a ceder su lugar a otra mujer que no fuera su esposa.

En 1987 se hundió un transbordador en las Filipinas donde murieron más de 4,000 personas; la mayoría de los muertos fueron mujeres y niños. La mayoría de los sobrevivientes fueron hombres. Cuando se le preguntó a los varones sobrevivientes por qué no habían ayudado a las mujeres y a los niños, respondieron: "Oiga, se trata de la supervivencia de los más aptos. Era cada quien por su vida. Si la mujer tanto quiere la igualdad, bueno, ¡ya la consiguieron!"

Yo creo que una de las razones de por qué los hombres son menos protectores de la mujer ahora que en 1912 se debe a que la mujer moderna rechaza hasta los más simples gestos de protección de los hombres. Muchas mujeres (desesperadas por demostrar que no necesitan de los hombres) muestran desdén hasta cuando un hombre les abre la puerta. Conforme las mujeres se han abierto las puertas hasta alcanzar ocupaciones peligrosas que tradicionalmente eran dominadas por los hombres, los hombres comenzaron a perder su deseo de proteger a la mujer. Las mujeres ahora trabajan en empleos tan peligrosos como el ser

## Apoyando El Papel De Proveedor Y Protector De Su Esposo

policía o bomberos, como también en el frente en operaciones militares.

La mujer ha jugado un papel muy relevante en la desensibilización de los pensamientos del hombre con respecto a la vulnerabilidad femenina. Hoy, un sin número de hombres (felizmente, no todos; todavía) se quedarán parados, nada más viendo a una anciana o mujer embarazada luchando por levantar alguna carga pesada. He pasado por la experiencia (en varias ocasiones) de tener que abrir una puerta pesada en alguna tienda y enseguida ver a un hombre joven adelantarse para entrar antes de mí. De hecho, esta anciana de la tercera edad abrió la puerta para que pasara un hombre fuerte, unos 40 años más joven que ella.

La esposa puede ser una ayudadora efectiva o ser la influencia para su propia destrucción. Si ella desanima a su esposo para que no funja como líder, proveedor y protector de su familia, el efecto será tremendamente devastador para su masculinidad, y consecuentemente, para la seguridad de la esposa. Cuando se daña la masculinidad del marido, él puede volverse débil y hasta un hombre afeminado cuya inhabilidad para proteger a su esposa lo avergüence ante sus propios ojos y los de su esposa. O, puede volverse un bruto insensible que siempre está tratando de probar su superioridad haciendo uso de su fuerza.

Por otro lado, el esposo cuyos esfuerzos son apreciados por su esposa puede desarrollar una imagen sana de su masculinidad y considerarse un "verdadero hombre." El liderazgo, provisión, y protección de un "verdadero hombre" puede enriquecer plenamente la vida de una mujer y aumentar considerablemente su sentido de seguridad.

# CAPÍTULO XVIII

## LA MUJER QUE TRABAJA FUERA DEL HOGAR

A través de la historia humana la mayoría de las personas han tenido que trabajar largas horas cada día para poder sobrevivir. Hoy, sin embargo, las fábricas, las tiendas de departamentos, y los supermercados suministran la mayoría de las necesidades físicas de la familia. Por ejemplo, la carne viene de los rastros y es empaquetada higiénicamente para nuestro consumo; los alimentos de primera necesidad vienen en cajas, botellas y latas; y la mayoría de las frutas y verduras las escoge uno en el supermercado y no las cosecha en algún huerto. Antes se trabajaba para producir los artículos que uno necesitaba para sobrevivir, ahora se trabaja para tener dinero para comprar esos artículos.

Además, trabajamos para poder adquirir bienes y servicios que van más allá de nuestras necesidades básicas de supervivencia. A lo que en un tiempo se le llamaba un lujo: los automóviles, las casas grandes, los electrodomésticos, y los closets llenos de ropa en los percheros; ahora son todos artículos que el hombre moderno considera como absolutamente necesarios. No solamente consideramos estos productos como necesarios sino que deseamos unos más grandes, mejores, y tener más de cada uno de ellos.

Muchos de los productos disponibles en nuestra sociedad moderna definitivamente nos han hecho la vida más fácil y no quisiéramos tener que prescindir de ninguno de ellos. Sin embargo, también han cambiado nuestro propósito por el cual trabajamos y han modificado nuestro pensamiento respecto a lo que es beneficioso para nuestras familias. Costosas mezclas de comidas preparadas y alimentos preparados para el microondas han contribuido a la desaparición de la preparación creativa de comidas. La superioridad de los alimentos cosechados por uno mismo y de las comidas elaboradas partiendo de los ingredientes básicos ha sido intercambiada por comidas de menor calidad nutritiva pero de más rápida preparación.

Además, estamos dispuestos a pagar a otros por hacer esos trabajos que nosotros ya no tenemos el tiempo ni el deseo de hacer, tales como enseñar y entrenar a nuestros hijos. Además de esto, hemos cambiado la manera en que ayudamos a otros. En los Estados Unidos la mayoría de las personas prefieren dar dinero para ayudar a los necesitados en vez de involucrarse en un nivel más personal. Esperan que de sus impuestos se les pague a otros para que les eduquen a sus hijos y que también proporcionen el cuidado de la salud para los enfermos, los ancianos, y los pobres. Y también insisten en que el gobierno proporcione ayuda a los que han experimentado pérdidas catastróficas en sus vidas.

En tan sólo unas pocas generaciones, la razón por la cual trabajan los americanos ha cambiado drásticamente de la necesidad de sobrevivir al impulso por adquirir dinero y bienes.

Nuestra percepción de lo que son nuestras "necesidades" hace mucho que rebasó la capacidad de ingresos de la mayoría de nuestros maridos. Muchos podrán alegar que la familia con dos ingresos es una necesidad en esta época moderna. Pero, ¿Realmente será una necesidad, o es una alternativa? ¿Será ahora el tiempo para decidir entre lo que realmente necesitamos y lo que son solo deseos y apetitos mundanos? ¿Acaso no sería mejor para nuestras familias que redujéramos nuestras expectativas y permitiéramos a las esposas y madres que regresaran a ser cuidadoras de sus hogares?

Permítanme agregar aquí que estoy plenamente consciente de la grave situación económica de nuestra nación y de la epidemia de divorcios que pueden obligar a algunas mujeres a tener que trabajar fuera de sus hogares. Estas mujeres tienen que trabajar para sobrevivir y tienen pocos lujos. Algunas mujeres trabajan porque esa fue la decisión de su esposo como líder; otras porque sus esposos están enfermos o incapacitados para trabajar. Muchas más trabajan porque sus padres o esposos las han abandonado, o porque son viudas y sus hijos no pueden o no quieren ayudarlas.

La situación económica de la nación, nuestras verdaderas necesidades, y muchos otros factores hacen difícil dar como respuesta un definitivo sí, o no, a la pregunta de si la mujer debe o no trabajar fuera del hogar. Hay tantas situaciones diferentes que se deben considerar—están las mujeres no casadas, las casadas que no tienen hijos, las casadas que si tienen hijos, y el creciente número de madres solteras. Pueden existir circunstancias justificantes y variaciones dentro de estos grupos. En vez de presentar una posición dogmática para todas las mujeres, he escogido proporcionar una serie de lineamientos a considerar, como también, comentar acerca de algunas claras desventajas que la mujer debe sopesar si decide entrar al campo laboral. Se tiene la intención de presentar en este capítulo suficiente información para que pueda evaluar de manera objetiva si se debe o no trabajar fuera del hogar.

### Consideraciones para la Mujer No Casada

Muchas mujeres jóvenes de hoy creen que son intelectualmente capaces para realizar los tipos de trabajos avanzados requeridos en nuestra sociedad moderna. Esto puede ser relativamente cierto, pero también hay numerosas desventajas físicas y espirituales en ciertas ocupaciones. Aún la preparación educativa en la mayoría de las carreras expone a las mujeres jóvenes a influencias engañosas. No importa cuál sea la materia, el currículo que se utiliza en los cursos en las universidades hoy en día, está diseñado para proveer una educación basada enteramente en las filosofías humanistas de la vida. Para poder pasar sus exámenes, la joven cristiana tendrá que asimilar información que contradice su manera bíblica de pensar. Este hecho puede producir una división de pensamiento en la mente de la joven y puede poner una tremenda presión en su habilidad para resistir el engaño satánico. No estoy diciendo que una joven no pueda permanecer fiel a Cristo en tal situación. Sin embargo, para hacerlo, ella tendría que tener un conocimiento bíblico avanzado, y ser excepcionalmente madura espiritualmente para sobrevivir el impacto anticristiano que vendría sobre su mente. La mayoría de las mujeres jóvenes no están equipadas con la madurez necesaria para poder resistir la maraña de decepción que está entretejida en la educación humanista de hoy.

También hay problemas en innumerables opciones de carreras que están disponibles para la mujer hoy. Con toda franqueza, muchas de las carreras que algunas mujeres escogen no son compatibles con el diseño de Dios para la femineidad. Una ocupación que no concuerda con el diseño de Dios es cualquier tipo de trabajo que requiera que la mujer compita contra un hombre por una posición de control. Tal ocupación crea un ambiente de trabajo que está en oposición con el orden de la creación y pone una tirantez insufrible en ambos sexos. Bajo estas circunstancias el hombre tiene que tratar a su compañera de trabajo como si fuera otro hombre.

Mi esposo ha hablado con muchos policías varones quienes continuamente tienen que superar sus sentimientos de protección hacia sus compañeros que son mujeres. Es igualmente dañino cuando una mujer endurece su propia femineidad para progresar en su carrera. Al hacerlo corre el riesgo de convertirse en una persona obstinada, acostumbrada a contradecir, y buscando su propio beneficio conforme se esfuerza por competir contra los hombres con el fin de avanzar su carrera. El poder desarrollar esas características le puede ayudar a una mujer a competir en su lugar de trabajo hoy en día, pero esos rasgos también hacen difícil que pueda permanecer verdaderamente femenina. La mujer que se acostumbra a discutir y a desafiar a los hombres en su trabajo todo el día, encontrará difícil llegar a casa y ser sumisa a su marido por la tarde y noche.

Una mujer cristiana no casada, siempre debe tomar en cuenta el efecto que su educación y ocupación puedan tener en un futuro matrimonio. Antes de escoger una ocupación, la mujer bíblica debe buscar el propósito de Dios para los talentos y habilidades con que él la ha dotado. La mujer que desea que Dios sea lo primero en su vida querrá usar esos talentos en una manera que será agradable para el Señor.

Ella deberá estar particularmente alerta a cualquier influencia engañosa que Satanás intente usar para encausarla lejos del diseño de Dios para la femineidad. Como regla general, si una mujer no casada decide aventurarse en el mercado laboral, deberá escoger un trabajo en donde pueda ejercitar sus talentos, pero en donde sus características femeninas no vayan a ser destruidas. Deberá considerar solamente aquellas ocupaciones que le ayudarán a prepararse para su futuro rol de esposa y madre, no aquellas que le van a estorbar en esa preparación. La excepción serían esos casos en que la mujer se siente llamada por Dios a una vida célibe y de servicio cristiano.

Algunos ejemplos de ocupaciones que realzan el rol femenino de la mujer son: enfermera, maestra, preparación de alimentos, esfuerzos artísticos, y el trabajo de oficina. Sin embargo, sigue siendo cierto que la mayoría de los planes de estudio en las universidades modernas contienen filosofías humanistas. La mujer que escoja esta ruta deberá asegurarse de mantener una sana relación con Cristo.

# La Mujer Que Trabaja Fuera Del Hogar

## Consideraciones para la Mujer Casada que no Tiene Hijos

Muchas señoritas se encuentran trabajando cuando deciden casarse. Esto es visto como ventajoso por la mayoría de las mujeres en la economía de hoy. Estas mujeres piensan que la experiencia laboral es fundamental para el caso en que la mujer enviude, o el marido quede incapacitado para trabajar y sostener a la familia. Sin embargo, ¿acaso necesita la mujer cristiana llenarse de pánico y ocuparse en prepararse para la posibilidad de un desastre futuro, o podrá confiar en que Dios la preparará si llegase a surgir la necesidad?

Esta es una cuestión de confianza que cada mujer en lo individual debe considerar delante del Señor. A pesar de las ventajas monetarias, también hay claras desventajas para la esposa que trabaja fuera del hogar. Cuando la mujer se casa está escogiendo una carrera para toda la vida como ayudadora de su esposo; por consiguiente, cuando trabaja fuera de su hogar está respondiendo a dos llamados.

La esposa con una carrera continuamente tendrá una lucha emocional entre su trabajo, las demandas de su jefe, y su papel como ayudadora de su marido. También debe tener un cuidado muy especial para no establecer una lealtad tipo esposa con su jefe en el trabajo. La primera responsabilidad de una mujer bíblica delante de Dios es ser la ayudadora de su marido. Por lo tanto, cualquier otro trabajo que ella haga deberá ser secundario a su primer llamado. La situación óptima para una mujer bíblica es que su trabajo ayude y aliente (pero no sustituya) la responsabilidad de su esposo de proveer para la familia. Lo ideal sería que cualquier trabajo que ella haga fuera del hogar fuera con su marido y no en carreras separadas. Las esposas de granjeros, de hombres que tienen su propio negocio y de misioneros o pastores, encuentran natural trabajar con sus

## La Mujer Que Trabaja Fuera Del Hogar

maridos. No es posible que toda esposa pueda trabajar directamente con su marido, pero independientemente del trabajo que tenga, es vital que permanezca bajo el liderazgo y protección de su esposo.

Tal vez la desventaja mayor para la esposa que trabaja fuera del hogar sea que su ocupación la lleve a desarrollar metas completamente aparte de las de su esposo. Esta separación de metas crea un conflicto de intereses con su papel como ayudadora de su esposo y la dejará con poco tiempo y energía para desarrollar un propósito unido con su marido. Las parejas con aspiraciones distintas en la vida podrán encontrarse de vez en cuando al cruzar sus caminos mientras salen de carrera por la puerta de la casa, cada uno yendo a sus propios eventos, pero ninguno jugará un papel importante en las metas del otro. Como resultado, sus relaciones serán como las de compañeros de habitación en vez de como esposo y esposa. Esta no es la ilustración de la unidad que Dios diseño para que los esposos construyeran juntos.

### Consideraciones para la Mujer con Hijos

Es mi convicción personal que la mujer bíblica con hijos debe hacer todo sacrificio necesario para ser una ayudadora, madre y cuidadora del hogar de tiempo completo. Una encuesta que se llevó a cabo en 1990 en 1,000 hogares en el sur de California me alentó a creer que la mayoría de las madres que trabajan fuera del hogar comparten mi convicción. Este estudió reveló que el 80% de las mujeres casadas encuestadas dijeron que, "dejarían sus trabajos, si pudieran, para criar a sus hijos en casa." La encuesta también concluyó que, "muchas de las encuestadas no podían cumplir sus ideales ni siquiera en las tradiciones familiares más comunes como el que la familia comiera junta."

## La Mujer Que Trabaja Fuera Del Hogar

Algunos historiadores sociales agregaron que, "los resultados reflejan un 'nuevo realismo' del gran desgaste que la semana de trabajo de 80 horas impone en las familias cuando ambos cónyuges trabajan fuera del hogar. Hemos llegado al tiempo en donde somos más realistas acerca de lo que son los costos reales cuando los dos cónyuges trabajan de tiempo completo fuera del hogar." Aunque este estudio en particular fue hecho en 1990, de esa fecha para acá he visto reportes semejantes en artículos más recientes. Hasta las mujeres profesionales, con excelentes sueldos, están descubriendo que sus carreras son menos satisfactorias de lo que originalmente habían pensado; y que sus hijos están sufriendo por causa de la ausencia de la madre del hogar.

Esta información es al mismo tiempo una noticia triste y feliz. Una noticia triste porque significa que las mujeres que abandonaron su hogar e hijos porque creían que eran esclavas-caseras ahora han descubierto que son esclavas-laborales; atrapadas en un estilo de vida del que reconocen que es difícil escapar. Es una noticia feliz porque significa que algunas mujeres están reconociendo la importancia de la maternidad y están buscando la manera de regresar a sus hogares. Tal vez las generaciones futuras podrán comprender las consecuencias negativas que hay en la familia cuando ambos padres trabajan fuera del hogar, y vean con mejores ojos la necesidad de que las madres permanezcan en el hogar con sus hijos.

Como dije anteriormente, pueden existir varias razones de por qué madres cristianas necesiten trabajar fuera de su hogar y compadezco profundamente a estas mujeres por causa del estrés que tienen que sobrellevar. Se requiere de mucha oración y estudio de la Palabra de Dios para que una mujer que trabaja fuera del hogar pueda soportar las múltiples cargas que tiene que llevar. Una planeación cuidadosa, el buen uso de su tiempo y la ayuda de Dios permitirán salir adelante a la madre que no tiene otra opción sino trabajar fuera de su hogar.

Pero para esas madres que sí tienen otra opción, ¿Me permiten rogarles que reconsideren sus prioridades? No hay mayor llamado para una mujer que el privilegio de ser madre, pero este privilegio conlleva graves responsabilidades. La madre ha escogido emprender una carrera que es muy exigente y consumidora de su tiempo; una que incluye su influencia en las vidas de sus hijos, tanto en el presente como en el futuro. Esta carrera requiere de la misma devoción y dedicación que cualquier otra carrera u ocupación laboral. Para ser una madre exitosa se requiere sacrificio, compromiso a largo plazo, trabajo duro, tiempo, y una variedad de habilidades adicionales.

Los niños necesitan con desesperación el amor y dirección de sus propias madres en sus vidas. El salvar a cualquiera de sus hijos de las drogas o de un estilo de vida promiscuo vale cualquier sacrificio personal.

### Advertencia

**Si usted es una esposa y madre que trabaja fuera del hogar, no use este libro como una excusa para renunciar a su trabajo sin antes haberlo planeado y comentado con su esposo. ¡No tome tal decisión de liderazgo por usted misma! Pueden existir circunstancias que justifiquen que siga trabajando un tiempo más y que necesitan resolverse antes de que pueda regresar a casa.**

Cuando la esposa trabaja fuera del hogar la familia se acostumbra a lo que parece ser un ingreso adicional. En realidad, muchas veces se incurre en deudas *porque* el ingreso de la esposa lo permite. Una vez que la pareja se acostumbra a un estilo de vida permitido por los dos sueldos, es muy difícil hacer un cambio súbito. El cambio es posible solamente cuando la pareja de común acuerdo decide reducir sus deudas y ajustar su estilo de vida para vivir solamente del sueldo del marido. En la mayoría de los casos cuando hay la voluntad, se encuentra la manera; pero esta manera se puede llevar desde seis meses hasta dos años para poder implementarlo plenamente.

La esposa que desea quedarse en casa con sus hijos deberá primero hacer su tarea antes de acercarse con su esposo con la idea de renunciar a su trabajo fuera del hogar. A veces, todo lo que se necesita para que su esposo apruebe con entusiasmo su regreso al hogar es que use un poco de ingenio, lleve a cabo una planeación cuidadosa y presente el plan a su esposo de manera respetuosa.

Realmente son pocas las mujeres que ganan sueldos elevados. La mayoría tienen trabajos que apenas cubren los gastos que se incurren por razón del mismo trabajo. Por tanto, la primera cosa que una madre que trabaja fuera del hogar puede hacer es calcular cuánto es realmente el dinero que trae a casa después de deducir los gastos. He sabido de un par de casos en que tanto el esposo, como le esposa, se sorprendieron al darse cuenta de qué tan poco era realmente el dinero que la esposa traía al hogar. Una mujer que era agente de bienes raíces y ganaba $40,000 dólares anuales nos platicó su experiencia. Su contador le dijo que pagaba 60% de su sueldo en impuestos federales y estatales, seguro social, y otros gastos relacionados con su trabajo. Después de que dedujo los gastos por su ropa de trabajo, la guardería, las comidas fuera de la casa, y otros gastos diversos requeridos por razón de su trabajo, se dio cuenta que solamente le quedaban libres $8,000 por año. Este descubrimiento la llevó a dejar de vender bienes raíces y comenzar un pequeño negocio desde su casa. Con la ayuda de sus hijos hacía artesanías y las vendía en un mercado local de cosas de segunda mano y en ventas de cochera. Después de cubrir los gastos y pagar impuestos, le quedaron $9,000 dólares en su primer año, y *además* estuvo disponible para su marido y sus hijos de tiempo completo.

Hay muchas posibilidades para familias que realmente necesitan un ingreso adicional. Algunas mujeres creativas han comenzado negocios familiares como lo hizo la mujer del ejemplo anterior. Un beneficio adicional ha sido que muchas de estas iniciativas han fructificado en empresas familiares. Otras mujeres tienen patrones que les permiten trabajar a distancia desde sus hogares. Algunas han encontrado que lo que ellas y sus hijos han ganado por educar en el hogar, hace que valga la pena el haber sacrificado el poco ingreso adicional que tenían antes, y por supuesto es más económico educar en el hogar que pagar guarderías y escuelas particulares.

## Otra Advertencia Importante

Si usted tiene la convicción firme de que debe estar satisfaciendo las necesidades de sus hijos en el hogar, pero su esposo no está dispuesto a hacer ese sacrificio, entonces será necesario que continúe trabajando fuera del hogar. Una situación como ésta será una prueba difícil para su carácter mientras intenta mantener una actitud sumisa ante la decisión de su esposo. Dios puede usar esta situación para ayudarle a desarrollar una dependencia en él todavía mayor. Ore que Dios le permita a usted mantener una actitud bíblica correcta, y que le revele a su esposo la necesidad de que usted esté en casa entrenando a sus hijos, así como la manera de hacer que esto sea posible.

## Algunas Preguntas para Usted Misma

Las siguientes son algunas preguntas básicas que cualquier mujer puede hacerse a sí misma para determinar si su trabajo fuera del hogar contribuye al diseño de Dios para la femineidad bíblica.

1. ¿Mi trabajo me permite cumplir con el diseño de Dios para la mujer y con su voluntad declarada para la mujer respecto a sus relaciones con otros hombres? ¿Debo sacrificar la voluntad de Dios para poder seguir con mi ocupación laboral?

2. ¿Cuál es mi motivación? ¿Trabajo por una ambición personal, por un deseo de recibir reconocimiento o por adquirir riquezas? ¿O trabajo porque es el plan de Dios para mi vida?

3. ¿Me pone mi trabajo en riesgo de ser influenciada de por vida por filosofías falsas y engañosas?

4. ¿Necesito sacrificar la femineidad piadosa para poder progresar en mi carrera?

5. ¿He buscado el liderazgo de mi esposo (o de mi padre) respecto a mi trabajo?

6. ¿Me lleva mi trabajo a desafiar el liderazgo de mi esposo y me impide ser su ayudadora?

7. ¿Crea mi trabajo separación y fricción entre mi esposo y yo?

8. ¿Mi trabajo fortalece o debilita el deseo de mi esposo por ser un líder, protector y proveedor bíblico?

9. ¿Refleja mi trabajo una pronta respuesta al liderazgo de mi esposo y con mi trabajo puedo satisfacer su necesidad de una ayudadora?

10. ¿Interfiere mi trabajo con la responsabilidad de ayudar a mi esposo en la enseñanza y entrenamiento de nuestros hijos?

Si necesita responder de manera contraria al sentido común o a la posición bíblica, tan siquiera en una sola de las preguntas, su relación matrimonial y sus hijos pueden estar sufriendo. Si este es el caso, pido a Dios que revele la manera en que se pueda remediar la situación. Que pueda tener la paz de Dios conforme se esfuerza en vivir de conformidad con la femineidad bíblica; ya sea que trabaje dentro, o fuera de su hogar.

# CAPÍTULO XIX

## CUIDADORAS DEL HOGAR

Nací en 1940, un año y medio antes de Pearl Harbor. Mis abuelos habían vivido durante la Primera Guerra Mundial, y ellos, junto con mis padres habían sobrevivido la Gran Depresión. A lo largo de mi infancia temprana, recuerdo que los principios cristianos eran fundamentales a la manera de vivir americana. No había objeción a que se orara en las escuelas, ni a que durante la temporada navideña, en la escuela primaria en donde estaba, se celebrara el nacimiento de Jesucristo. Algunas mujeres trabajaban fuera de su casa, pero era generalmente aceptado que el hogar era el lugar de trabajo de la mujer. Ninguna de las personas que conocía eran ricos, pero nuestras madres eran capaces de preparar comidas a partir de ingredientes sencillos y nunca pasamos hambre. También encontraron maneras para convertir casas modestas en hogares cálidos y confortables. Fue un tiempo en nuestra historia en que la mujer entendía que encargarse del hogar era mucho más que limpiar la casa y preparar los alimentos. Aunque las posesiones materiales eran pocas, el hogar era donde la familia y los amigos se juntaban para tener compañerismo y donde los niños eran entrenados para la vida. El hogar americano típico no era rico en bienes materiales, pero la mayoría de los hogares eran ricos en carácter y valores morales. Sin embargo, a los pocos años de mi nacimiento, las cosas comenzaron a cambiar rápidamente.

Una de mis tareas en el primer año de secundaria fue escribir un reporte acerca de alguna carrera de mi gusto. Sin embargo, el ser esposa, madre o ama de casa no estaban dentro de la lista de carreras que podía escoger. Las escuelas todavía impartían clases de economía y administración del hogar, pero las señoritas de mi generación estaban siendo educadas para que siguieran una carrera ocupacional, y básicamente se les animaba a abandonar la idea de ser amas de casa de tiempo completo. Esta tendencia ha continuado hasta nuestros días, en donde la mayoría de las jovencitas tienen madres que trabajan, y piensan que también ellas seguirán una carrera durante su vida que las hará trabajar fuera del hogar. Las *casas* modernas en donde viven estas chicas ya no son el centro de la vida familiar, ni tampoco son el lugar principal donde se imparten y respaldan los valores morales. Hoy, una gran cantidad de hogares se encuentran vacíos la mayor parte del día. Sin ninguna cuidadora del hogar presente, estas casas modernas están ahí como cascarones vacíos y desprotegidos que proporcionan a las familias poco más que un lugar para comer y dormir. Los niños regresan de la escuela con su llave de la puerta trasera para poder entrar y ser recibidos por esos impersonales juegos electrónicos que la hacen de padres sustitutos.

Estos niños aprenden lecciones negativas acerca de la vida a través de la televisión y las influencias de sus amigos, en vez de recibir una dirección positiva de sus verdaderas madres. Prefieren calentar algo de comer en el microondas, en vez de ayudar a mamá a preparar la cena. Les interesa más adaptarse y quedar bien con sus compañeros de escuela que con sus padres, que son los responsables de instruir y entrenar sus almas. Los hogares modernos pueden ser ricos en bienes materiales, pero tantos niños hoy son pobres en carácter.

Cuando había cuidadoras en los hogares, los jóvenes en el país comprendían el significado de integridad, respetaban a los ancianos, y se les enseñaba a ser atentos y corteses con otros. Ahora parece que el respetar y honrar a otros, son conceptos extraños para muchos de los jóvenes que formarán el futuro de la nación. Estoy segura de que hay muchas razones más para este cambio tan drástico en las actitudes hacia la maternidad, el cuidado del hogar y los valores morales que han sucedido tan sólo durante mi tiempo de vida. Seguramente una razón importante ha sido la influencia de las filosofías humanistas anteriormente analizadas. Sin embargo, otras dos razones importantes pueden ser que muchas mujeres:

1. Han perdido el conocimiento de lo importante que es el cuidado del hogar para el bienestar de sus familias y/o,

2. No poseen la paciencia y autodisciplina requeridas para trabajar en el hogar.

### ¡Se Solicitan Amas de Casa!

Muchas cosas han cambiado desde que yo era niña, pero una cosa no ha cambiado. La mayoría de las mujeres todavía siguen haciendo la mayor parte de las tareas domésticas. Algunas mujeres piensan que han heredado el trabajo de cocinar y limpiar la casa por definición. Sin embargo, la verdadera razón por la cual la mujer se siente inclinada a supervisar las necesidades dentro del hogar es porque Dios la diseñó y comisionó para ese trabajo. Ella fue creada para ser la ayudadora de su esposo, la dadora de la vida y maestra de sus hijos, y la encargada de cuidar y mantener el ambiente del hogar.

> *Que enseñen a las mujeres jóvenes a amar a sus maridos y a sus hijos, a ser prudentes, castas, cuidadosas de su casa, buenas, sujetas a sus maridos, para que la palabra de Dios no sea blasfemada.* (Tito 2:4-5)

Dios dejó muy en claro que el ser ama de casa es importante, cuando instruyó a las ancianas (mujeres mayores) a que enseñaran a las mujeres más jóvenes a ser cuidadoras de sus hogares. Sin embargo, durante las generaciones más recientes no se les ha enseñado a las mujeres que el cuidado del hogar es un arte que vale la pena aprender y dedicarse a él. Yo sé que a mí no se me enseñó esto. Yo llegué a ser una niña que llegaba de la escuela a una casa vacía, a los doce años de edad. Después de que mi madre comenzó a trabajar fuera del hogar, los fines de semana en nuestra familia pasaron de ser un tiempo de descanso a un tiempo de estrés. Mi pobre y ajetreada mamá trataba de hacer en unas pocas horas del fin de semana, el trabajo del hogar que no se había hecho en toda la semana. Había poco tiempo para que ella me pudiera comunicar que llevar el cuidado del hogar era algo digno de consideración. Todo lo que yo sabía acerca del cuidado del hogar era que era un trabajo tedioso—digno de ser evadido siempre que fuera posible.

**Toda mujer desea saber que su labor es para una buena causa.** La mujer que desea ser maestra pasará años preparándose para obtener su título profesional. Trabajará duro para ser una buena maestra porque cree que otros se beneficiarán de sus esfuerzos. De manera semejante, la joven esposa necesita comprender que el ser ama de casa es una labor valiosa para el bienestar de la familia. Pido al Señor que use este libro para ayudar a mujeres jóvenes cristianas a entender que el ser ama de casa es una ambición y anhelo honorable a los ojos de Dios. Varias generaciones de madres han descuidado enseñar a sus hijas el gozo de ser ama de casa y de cuidar de un hogar.

De manera que la satisfacción que una mujer puede recibir al crear un hogar placentero es virtualmente desconocida para la mayoría de las mujeres jóvenes modernas. Sin embargo, hay libros, revistas y algunas mujeres mayores que pueden enseñar a las mujeres jóvenes cómo cuidar de sus hogares. No obstante, creo que el mayor obstáculo al deleite y placer del ser ama de casa es la falta de autodisciplina.

## Solamente la Auto-disciplinada Presente Su Aplicación

La auto-disciplina y el dominio propio, son el sello distintivo de la madurez humana y de la madurez espiritual.

> *Mas el fruto del Espíritu es amor, gozo, paz, paciencia, benignidad, bondad, fe, mansedumbre, templanza; contra tales cosas no hay ley. (Gálatas 5:22-23)*

(La palabra griega traducida como templanza significa dominio propio.) La persona aprende el arte de la autodisciplina ejercitando el dominio propio para lograr superar alguna debilidad, para lograr realizar alguna tarea difícil, y para alcanzar alguna meta superior. La maestra que disfruta enseñar, pero que le disgusta el papeleo, se tendrá que disciplinar a sí misma para poder calificar los exámenes de sus alumnos y registrar los resultados. Ejercitar el dominio propio beneficia tanto a la maestra como a los alumnos. Primero, la maestra llega a ser una persona más madura. Segundo, sus alumnos se benefician porque los resultados de los exámenes ayudan a la maestra a medir su progreso y a identificar áreas en donde requieren más entrenamiento. De igual manera, la mujer se beneficia cuando ejercita el dominio propio mientras aprende a hacer el trabajo de ama de casa. Ella gana dominio propio (una medida de la madurez) mientras su familia se beneficia al tener sus necesidades emocionales y físicas satisfechas.

Una maestra dedicada no equipara el enseñar únicamente con el trabajo arduo del papeleo, y la esposa no debe comparar el cuidado del hogar únicamente con el trabajo de limpieza. El cuidado del hogar incluye tareas que son agradables y otras tareas que no son nada divertidas. A una mujer le puede fascinar cocinar, pero detesta limpiar la estufa al terminar.

A pesar de todo, ella hace la limpieza porque sabe que es importante para la salud y bienestar de su familia. Sin una nutrición y condiciones salubres adecuadas, su familia estaría continuamente enferma. Por tanto, la esposa y madre hará las cosas que disfruta hacer, y cuando sea necesario se disciplinará a sí misma para realizar aquellas tareas menos placenteras. Las tareas que son poco divertidas requieren de autodisciplina para poder efectuarlas, ya sea que ese trabajo que se haga dentro o fuera del hogar.

## Advertencia

Uno de los problemas al enseñar cualquier principio es que algunas personas se pueden ir al extremo en su práctica de dicho principio. Hay por lo menos tres excesos relacionados con el cuidado de un hogar que yo conozco: La mujer cuya casa es más importante que la gente que vive en ella; la mujer que es la esclava de los demás; y la mujer que busca evitar estos dos extremos.

La mujer que es obsesiva respecto al cuidado de la casa tratará de mantener "su" casa viéndose como si nadie viviera en ella. Esta mujer se molestará mucho si alguien le pisa "su" alfombra después que la ha aspirado. La mujer que es la esclava de los demás piensa que el trabajo de limpiar la casa le corresponde solamente a ella y no entrena a sus hijos para hacer tareas domésticas. Por su actitud, esta mujer alienta a su esposo y a sus hijos a que la traten como su sirvienta personal. Entretanto, la tercera mujer va al extremo opuesto. Ella piensa que todo y cualquier cosa tiene una prioridad más elevada que mantener una casa limpia y aseada. Rara vez hace tareas domésticas, y contadas veces entrena a sus hijos para hacer los deberes del hogar. Todos estos extremos son ejemplos de puntos de vista desequilibrados acerca del cuidado del hogar.

El ser un ama de casa bíblica y balanceada no significa que la esposa es la única en la casa que es capaz de aspirar una habitación o preparar una comida. La esposa podrá ser la cocinera principal y la que lava los biberones, pero su esposo e hijos también deben saber cómo se lava la ropa, como se limpia un baño y la cocina, y saber cuidar de ellos mismos. (El esposo **debe** saber cómo cuidar de sí mismo, pero, por favor, recuerde otro principio bíblico: No es el lugar de la esposa tratar de presionar a su marido para que haga aun lo que le corresponde hacer.) La mamá también debe recordar que parte de la razón bíblica por la cual debe ser una cuidadora del hogar es para que entrene a sus hijos para sus vidas como adultos. Esto incluye entrenar a los niños y a las niñas a encargarse de su propio mantenimiento físico y a poder hacer trabajo en la casa y en el patio; desde pequeños, tan pronto y sea razonable.

### Sí, pero…

"Sí, el cuidado del hogar es importante para el bienestar de la familia, pero…" lo que sigue al "pero" generalmente es algo que parece ser una objeción lógica a por qué una mujer no necesita escoger ser ama de casa. La mayoría de las mujeres modernas creen que la esposa tiene el derecho de escoger entre ser una ama de casa o trabajar fuera del hogar, independientemente de lo que diga la Palabra de Dios, de las necesidades, de la familia, o de cualquier otro factor. Sin embargo, la Palabra de Dios dice que la esposa debe ser "cuidadosa de su casa;" por tanto, la mujer cristiana que ha escogido el matrimonio y la maternidad ya ha tomado su decisión. Cualquier trabajo que haga fuera del hogar será adicional pero menor en prioridad a sus responsabilidades como ama de casa. La esposa no puede escapar a su papel bíblico de ama de casa con respuestas tipo: "Sí, pero…" Sin embargo, porque ese "Sí, pero…" es tan frecuente y común entre las mujeres jóvenes, que es necesario comentar por lo menos dos de estas objeciones. Estas son:

1. "Sí, pero yo no soy del tipo doméstico."

2. "Sí, pero soy demasiado talentosa, inteligente, social y extrovertida como para 'nada más quedarme en la casa' todo el día y ser 'únicamente' una esposa y madre."

Analicemos estas dos objeciones:

**La Primera Objeción: "Es que no soy el tipo doméstico."**

Primero, una mujer es del tipo doméstico simplemente por virtud de haber nacido mujer. Dios diseñó a las mujeres para ser "los encargadas de la casa." De los dos sexos, las mujeres son normalmente las que por naturaleza se preocupan por decorar sus hogares y ellas son las primeras en pensar en las necesidades físicas de sus familias (salud, ropa y nutrición apropiadas). A casi todos los departamentos de los solteros que he conocido, desesperadamente les hace falta el "toque femenino." Sus refrigeradores contienen poco más que productos para elaborar sándwiches, queso enmohecido, leche agria, y refrescos.

La mayoría de los hombres parecen estar perfectamente satisfechos con una silla cómoda, sábanas cubriendo las ventanas y pizza para el desayuno. (Mi esposo dice que los hombres estarían felices viviendo en una cueva, siempre y cuando, tuviera el cableado necesario para la televisión, el estéreo y la computadora, y tuviera un carro deportivo estacionado afuera.) Las mujeres de manera natural se preocupan por la casa, los muebles, las cortinas bonitas, y una dieta balanceada.

Algunas mujeres pudieran decir que no son el tipo doméstico como una excusa que suena creíble porque no tienen la experiencia en las habilidades necesarias para cuidar de un hogar. Sin embargo, cuando la mujer comprende que ser cuidadora del hogar es un trabajo importante, puede aprender las habilidades necesarias para realizar el trabajo. Hay una lista de lecturas recomendadas para aprender tales habilidades al final de este capítulo.

El conocimiento, la autodisciplina, y la experiencia que se adquiere sobre la marcha también aumentarán en la mujer, el placer por cuidar del hogar y harán a un lado el temor a ser un ama de casa. Debo enfatizar que hacer un hogar no es un arte tipo cortar galletas con un molde donde todas las amas de casa deben manifestar la misma destreza en todas las áreas. Por ejemplo, a una mujer le puede encantar coser y hacer ropa para todos sus hijos, mientras le prepara a su familia comidas muy sencillas. Para otra mujer, los pequeños detalles de coser la ponen extremadamente nerviosa, de manera que se limita a remendar la ropa solamente cuando es necesario. Pero, puede ser que pase mucho tiempo cocinando porque a su esposo le encanta la alta cocina. Ambas mujeres deben conocer los fundamentos de coser y cocinar, pero sus talentos individuales, los gustos de sus maridos, y las necesidades específicas de sus familias las dirigirán a cada una a tener un énfasis diferente en el cuidado de sus hogares.

**Segunda Objeción: "Sí, pero es que soy muy talentosa…"**

"Sí, pero tengo demasiados talentos (etc.) como para nada más quedarme en la casa y ser solamente una esposa y madre." Las frases "nada más quedarme en la casa" y "solamente" revelan que algunas mujeres piensan que el cuidar del hogar y ser madres es de poco valor. Más aún, implica que únicamente aquellas mujeres que son tímidas, no tienen talentos, y poseen muy poca inteligencia son las que pueden escoger trabajar en el hogar. Sin embargo, Dios nunca le dijo a la mujer que se quedara en casa para vivir una vida ociosa e inútil. El ama de casa de Proverbios 31 cuidaba de su hogar, pero nunca "nada más" se quedó en casa.

# Cuidadoras Del Hogar

*Ella vigila la marcha de su casa, y no come el pan de la ociosidad.* (Proverbios 31:27 LBLA)

Seguramente, nadie que haya estudiado Proverbios 31 puede acusar a esta mujer de no ser talentosa o inteligente, ni tampoco podrá decir que "solamente" era una esposa y madre. (Vea **Capítulo X**.) Cuando la mujer deje de hacer declaraciones que comiencen con "Sí, pero..." y cuando se discipline a sí misma para hacer el trabajo de ama de casa, tanto ella como su familia se beneficiarán. Además, hay un beneficio adicional de similar importancia. La mujer que cuida de su casa siempre está a la mano cuando su familia y amigos están más necesitados de ayuda.

1 Timoteo 5:3-10 revela que ser cuidadora de su hogar incluye actividades que ofrecen ayuda física, emocional, y espiritual a su familia, así como también a otras personas fuera de su hogar. Aunque este pasaje trata con las condiciones bajo las cuales la iglesia puede ayudar a las viudas, también nos da información acerca de lo que Dios más valora en la mujer. 1 Timoteo 5:4, 8, y 16 declaran que una viuda debe recibir ayuda primeramente de su propia familia, pero que la iglesia debe ayudar en los casos en que la viuda no tenga familiares que puedan cuidar de ella. Sin embargo, la iglesia la ha de ayudar solamente si cumple ciertos requisitos. La confianza de la viuda en Dios, su carácter personal (versículos 6, 7, y 9), y las obras que ha hecho como las que se mencionan abajo forman parte de sus calificaciones.

*Sea puesta en la lista sólo la viuda no menor de sesenta años, que haya sido esposa de un solo marido, que tenga testimonio de buenas obras; si ha criado hijos; si ha practicado la hospitalidad; si ha lavado los pies de los santos; si ha socorrido a los afligidos; si ha practicado toda buena obra.* (1 Timoteo 5:9-10)

Hay otras ilustraciones bíblicas de amas de casa que ayudan a otras personas por medio de las habilidades que han aprendido como cuidadoras del hogar (no por entrometidas ni por campañas de buenas obras para verse bien). Las mujeres que hospedaron y alimentaron a los discípulos, a los creyentes que iban de viaje, a los apóstoles, y a Cristo mismo, son ejemplos de amas de casa que estaban disponibles para servir a los demás.

Después de que Jesús sanó a la suegra de Pedro, ella se levantó y sirvió al Señor (Mateo 8:14-15). Mujeres como *María, la madre de Juan, cuyo sobrenombre era Marcos* (Hechos 12:12) abrieron sus hogares a las primeras reuniones de la iglesia. Dorcas, es un ejemplo de una mujer que ayudaba a cuidar de las viudas en su comunidad. Antes de que Pedro levantara a Dorcas de su lecho de muerte, *le rodearon todas las viudas, llorando y mostrando las túnicas y los vestidos que Dorcas hacía cuando estaba con ellas* (Hechos 9:39b).

Las amas de casa equilibradas son recursos invaluables no solamente para sus familias sino también para sus iglesias y comunidades. La viuda de 1 Timoteo, así como la esposa de Proverbios 31, trabajaban para cumplir con su papel de ayudadoras y madres. Sus familias se beneficiaban, pero también los forasteros, los creyentes y los necesitados. Estas mujeres eran mujeres bíblicas exitosas porque aplicaban sus mentes y sus talentos al rol que Dios les había designado.

Una cuidadora de su hogar es una mujer cuya "oficina principal" está ubicada en su propia casa. Sí, tiene ciertas responsabilidades en el hogar. Ella debe preparar comidas que complazcan a su esposo, lavar la ropa, barrer y trapear los pisos, y crear un ambiente en el hogar lo más placentero posible. Más que cualquier otra persona ella es la que establece el ambiente en el hogar de su familia, y cómo lo mantiene tiene un efecto en todos los que entran por la puerta de su casa. Sin embargo, un ama de casa es más que una cuidadora de la casa. También tiene el privilegio de enseñar a sus hijos valores morales y lecciones espirituales acerca de la vida, y tiene la habilidad para aliviar los sentimientos que han sido lastimados por el mundo, mejor que cualquier doctor. Además de esto, una cuidadora del hogar es el ejemplo viviente de la femineidad bíblica para sus hijos, y la compañera y ayudadora siempre dispuesta de su marido. Ella está disponible cuando sus vecinos enferman o cuando las viudas necesitan de su ayuda.

Una mujer moderna también puede ser una exitosa cuidadora de su hogar. Dios le dió talentos especiales y luego le dijo que los utilizara tanto dentro como fuera de su base de operaciones en el hogar.

Si se siente limitada puede deberse a que no sabe cómo ser una ama de casa, o puede deberse a su propia falta de voluntad para aplicarse a su rol dado por Dios. La falta de conocimiento, el no saber cómo, se puede remediar, pero dependerá de la mujer misma superar cualquier falta de voluntad o disposición.

### Lectura Recomendada

- Is There Life After Housework? por Don Aslett, Abril, 2005 (¿Hay Vida Después del Quehacer?)
- Sidetracked Home Executives – From Pigpen to Paradise, (Ejecutivas del Hogar Entretenidas en Otras Cosas – de la Pocilga al Paraíso por Pam Young y Peggy Jones, Marzo 4, 1983
- Emilie's Creative Home Organizer, por Emilie Barnes, Julio, 2005 (El Organizador para el Hogar de Emilie)

# CAPÍTULO XX

## EL MINISTERIO DE LA MUJER

Antes de comenzar a hablar, el misionero echó un vistazo al público presente de caras jóvenes y entusiastas que esperaban su discurso. Él sabía que muchos de ellos soñaban con ser misioneros algún día. Anticipaban escuchar lo emocionante que es llevar almas a Cristo en países exóticos y lejanos. Enseguida, sacudió a su inexperto público y disipó sus ideas románticas acerca de la vida misionera cuando les dijo: "Si no tienen el valor para cruzar la calle y testificar a su vecino, ¿qué les hace pensar que será más fácil en un país extranjero?" Este misionero veterano conocía las dificultades, los peligros, los continuos rechazos y las aflicciones que son la realidad en el campo misionero. Sabiamente dijo: "Como el amor fraternal, el trabajo misionero comienza en el hogar. Aquellos que no están dispuestos a sacrificarlo todo por causa de Cristo; deberán quedarse en sus hogares." Esto es tan cierto para una mujer como lo es para un misionero. Si ella no está dispuesta a hacer los sacrificios que se requieren de una esposa, ¡entonces quédese sin casar! Nos hemos olvidado de que el hogar es un lugar para ministrar. Yo también, en un tiempo, me vi a mí misma como "tan sólo" una esposa y madre. Erróneamente pensaba que las cosas mundanas que hacía en el hogar para mi esposo e hijos contribuían muy poco a la humanidad. Quería hacer algo "más" importante con mi vida.

Tontamente pensaba que Dios valoraba únicamente aquellas campañas altamente visibles que afectaban a millones de personas. Esta perspectiva romántica del ministerio causó que minimizara el valor de aquellas personas que estaban más cerca de mí. Pero, doy gracias a Dios porque me llevó a darme cuenta que ser una ayudadora y madre es un ministerio muy valioso.

# El Ministerio De La Mujer

Además, en su gracia me hizo ver, con toda claridad, que servir y ministrar a cuatro personas muy importantes: mi esposo, y mis tres hijos, era en verdad mi primer llamado.

## Mi Propio Ministerio

La Biblia revela por qué Dios creó a la mujer y cómo espera que ella viva. Lo que él dice es de suma importancia; lo que yo opino es inconsecuente. Por tanto, he intentado a través de este libro evitar usarme a mí misma como ejemplo. Sin embargo, se me ocurrió que el "currículo de una vida," de cómo Dios ha usado a una mujer común y corriente como yo, puede alentar a otras mujeres a ver sus propias vidas desde una perspectiva diferente. Es únicamente por esta razón que comparto un poco del ministerio al que Dios me ha llamado a cumplir en mi vida.

## Mi Esposo – Mi Ministerio

Aunque mi esposo es en realidad una persona muy callada y privada, Dios la ha hecho un líder dinámico. Para poder liderar de una manera efectiva necesita saber que todo está bien en su hogar. No podría aplicar su mente y energías adecuadamente a su llamado si su hogar está en caos. Esto significa que yo tengo mucho que hacer para poder asegurarle que todo está bien en la retaguardia. Además, mi esposo, que es un hombre muy trabajador, necesita un lugar donde pueda descansar y escapar de las presiones del estrés del día. Si yo le niego un hogar pacífico y ordenado entonces estaré aumentando ese estrés, no reduciéndolo. Uno de los trabajos más importantes que tengo como ayudadora es crear un hogar apacible y tranquilo en el cual mi esposo realmente anhele estar.

Miles de personas han sido ayudadas por las habilidades de liderazgo de mi esposo. Sus libros, enseñanza, y manejo administrativo de empresas cristianas han sido fundamentales para ayudar a muchas personas a vivir vidas bíblicas. El trabajo que yo hago también ministra a esas mismas personas, pero de una manera indirecta. Como la cabeza de un cuerpo, mi esposo ministra directamente; y como los músculos que mantienen fuerte al cuerpo, yo ministro tras bambalinas. Aunque la mayoría de las personas casi no se dan cuenta de mi trabajo, mi esposo no tendría el impulso, el tiempo, ni la energía para hacer su trabajo, si yo descuidara el mío.

Nunca olvidaré el día en que Rick y yo estábamos sentados en el porche de atrás. Él estaba especialmente callado ese día. Sus hombros colgaban un poco y comprendí que estaba perturbado por algunas dificultades en el trabajo. Elevé una oración silenciosa pidiendo al Señor que lo fortaleciera. Pocos momentos después, un hermoso colibrí voló al alimentador que colgaba del alero. Nos sentamos juntos en silencio observando una de las pequeñas maravillas de Dios. Entonces me acordé que Rick recientemente había colgado un segundo alimentador justo afuera de la ventana de la cocina. Esto me movió a decir: "Gracias por haber colgado ese alimentador para colibríes cerca de la ventana de la cocina. Me encanta ver a los colibríes mientras lavo los platos y preparó la cena." Mi apesadumbrado esposo volteó hacia mí y me dijo: "Me fascina tu deleite en las cosas sencillas de la vida. Si no fuera por ti no tendría la fuerza para continuar peleando las batallas que debo pelear. Es por ti que puedo seguir adelante."

Estimada lectora, nunca sabemos cuando alguna cosa sencilla que decimos o hacemos bendecirá a nuestro marido. No importa cuál sea el trabajo de su esposo, él seguramente tiene batallas que pelear. Oro que mi historia la aliente a ministrar a su marido para que Dios la pueda usar a usted para fortalecerlo a través de los conflictos de la vida

# El Ministerio De La Mujer

## Mis Hijos – Mi Ministerio

Aunque ahora ya son adultos, mi esposo y yo compartimos un intenso deseo de ayudar a nuestros tres hijos a llegar a ser adultos maduros. Dios nos confió tres vidas preciosas, y nosotros teníamos que rendirle cuentas a él por *"Instruir al niño en su camino..."* (Proverbios 22:6). Dios me permitió entender que entrenar a mis hijos realmente era ministrar también a toda la humanidad. El haber soltado al mundo a tres personas como adultos indisciplinados, hubiera sido un pecado contra Dios, como también una injusticia a mis hijos, y a mis semejantes.

Debo agregar que independientemente de qué tan bien haya entrenado a sus hijos una madre, éstos nunca crecerán hasta alcanzar una perfección libre de pecado; seguirá siendo humanos necesitando de un Salvador. Sus hijos adultos también enfrentarán muchas pruebas en la vida y es inevitable que sentirá gran dolor al verles batallar en esas pruebas. Pero las palabras no pueden expresar el gozo que siente una madre cuando sus hijos aceptan a Jesús como su Salvador Personal. Ella no encontrará mayor felicidad en la vida que ver a sus hijos adultos caminando muy de cerca con Jesús.

El dolor que sentirá durante las pruebas que vendrán a sus vidas será reemplazado por un contentamiento inconmensurable al verlos manifestar una integridad piadosa y fortaleza de carácter. Queridas damas, sus hijos son la herencia de su vientre. No pueden dejar mayor legado que hijos adultos que reflejen la luz de Cristo en un mundo obscuro y moribundo.

## El Historial del Ministerio de una Mujer

En más de cincuenta años de matrimonio, he tenido diferentes puestos y he hecho gran diversidad de trabajos. Las siguientes son algunas de las actividades que han sido parte del ministerio de mi vida.

1. Secretaria ejecutiva y asistente del liderazgo de mi esposo: En este puesto era responsable de presupuestar, organizar horarios, evaluar avances, y reportar a la "alta dirección."

2. Trabajo Administrativo y Contabilidad: Llevé la contabilidad y registro de gastos básicos para dos negocios y un hogar. Soy quien puede localizar las declaraciones de impuestos del año pasado, así como también la caja con las actas de nacimiento y los documentos de las cuentas bancarias.

3. Trabajo Voluntario: Trabaje de tiempo parcial como recepcionista y custodio de registros para un equipo misionero de esposo y esposa. Ayudé en una librería e hice trabajo voluntario en un hospital por un período de tiempo breve. Frecuentemente sustituí a secretarias cuando salían de vacaciones y realicé varios trabajos en los diversos negocios de mi marido.

4. Administración del Efectivo: Fungí como agente de compras, compradora eficiente y tacaña, y controladora del presupuesto. He llegado a ser experta en estirar el dinero hasta que chille y puedo encontrar ofertas donde las cosas salen casi regaladas.

5. Administrador Escolar: Mi esposo y yo administramos una escuela particular por dos años. Con la ayuda de materiales autodidactas, trabajé como maestra de veintitrés niños, en grados de primero de primaria hasta el bachillerato. También estaba encargada de los registros, era agente de compras de textos y suministros escolares, así como diseñadora de formas y procedimientos para las operaciones escolares.

6. Consejera: Ningún sicólogo puede reemplazar a una esposa y madre. Ella es un hombro donde se puede llorar, una compañera en la risa, un oído para historias imaginadas y una guerrera de la oración con información confidencial. Ella anima, advierte, y exhorta a sus hijos. Además, actúa como tablero de resonancia, animadora y mejor amiga de su marido.

7. Enfermera Práctica: Vendo dedos, brazos y piernas, pongo gasas adhesivas, pinto caras felices rojas en rodillas adoloridas y beso lastimaduras menores. También preparé sopas, jugos de naranja, leí historias, pasé noches en vela, mecí, y cuidé a tres niños y un esposo a través de una variedad de enfermedades.

8. Gerente de Alimentos: En esta capacidad fungí como nutricionista, carnicera, panadera, chef, y cocinera de comida rápida. También planeé, compré y preparé alimentos manteniéndome dentro de un presupuesto.

9. Ama de Casa: Lavé ropa y limpié la casa. Sí, limpié pisos y ventanas, y también realicé otros trabajos muy sucios y desagradables. También encabecé un grupo de tres asistentes. Estos asistentes llegaron a ser jefes de sus propios departamentos tan pronto y fueron capaces de encargarse de sus propios trabajos.

10. Decorador de Interiores: Pinté paredes y muebles, cosí cortinas y cubrecamas, y reacomodé los muebles.

11. Costurera: Elaboración de ropa, muñecas y juguetes. Los tejidos diversos, las colchas, y otras formas de bordado llegaron a ser mis especialidades favoritas.

12. Anfitriona y Recepcionista: Planeación y elaboración de comidas, servicio de banquetes, carnes asadas y días de

campo. Fungí como anfitriona en reuniones diversas y estudios bíblicos, y abrí nuestro hogar como si fuera un hotel con servicio de cama y comidas para amistades y viajeros.

13. Pionera: Viví un año en una cabaña en las montañas que calentábamos con carbón o leña en una estufa tipo Benjamin Franklin. Recolecté moras y otras frutas comestibles pequeñas y preparaba té de escaramujo, conservas, y jarabe de almíbar, así como también diente de león y otras cosas interesantes. Horneaba pan y hervía carne de ardilla mientras aprendía a vivir sin comodidades y sin comida chatarra.

Me vi obligada a convertirme en una experta en improvisación cuando se me olvidaba comprar algún producto en nuestro viaje semanal de cien kilómetros ida y vuelta al pueblo. Además, aprendí a hacer frente a un metro y cuarto de nieve, tres niños y una perra que tenía sus cachorritos, como también lidiar con osos, mapaches, pumas, y otros bichos; a tener cinco juegos de ropa de pluma de ganso, botas, y guantes secándose sobre la estufa, una cabaña que nunca podía ser limpiada y nuestro primer año de educar en el hogar. (No vivíamos completamente como los pioneros pues bombeábamos el agua del arroyo cercano a la cabaña por medio de un generador y solamente teníamos que asegurarnos de quitarle el hielo a las tuberías; y orar. Teníamos electricidad para tener luz y cocinar, como también un teléfono, a menos que por el mal tiempo dejarán de funcionar— lo que sucedía con frecuencia. También teníamos una camioneta con tracción en las cuatro ruedas que cuando me tocaba conducirla se atascaba en los bancos de nieve o la deslizaba hacia alguna zanja.)

14. Y finalmente, Escritora: Realmente escribí un libro y este milagro se logró solamente por la gracia de Dios. Él ha tomado a una persona extremadamente tímida y le ha permitido participar en un ministerio para otras mujeres. Hasta me dió la fuerza para hablar de ello en público. ¡Sus maravillas nunca terminan! No todas las mujeres son iguales. Cada mujer posee sus propios talentos singulares y su esposo tiene sus propias necesidades. Sin embargo, ya sea que su marido sea un hombre de negocios, un mecánico automotriz, o un agente de ventas, él de todas maneras necesita del respaldo y apoyo de su ayudadora para poder tener éxito. Y, todos los hijos de cualquier mujer necesitan del amor, cuidado y entrenamiento de su madre. Más allá de estos dos importantes ministerios, la mujer que tiene la energía, el tiempo, el talento, y el liderazgo de su esposo, puede ministrar a otros.

Las siguientes son solamente algunas sugerencias de dónde la mujer puede usar sus talentos para ministrar a las necesidades de otros fuera de su hogar.

### Administradora

La mujer que tiene el don o talento de la administración puede organizar una red de ayudas en su iglesia (con la aprobación de su pastor). Puede organizar grupos de mujeres que estén dispuestas a ministrar a necesidades específicas, como un grupo de mujeres que sean guerreras en oración, o un grupo que pueda proveer transporte para los ancianos y los discapacitados. Entonces, cuando surja la necesidad, la administradora llamará a las personas que se ofrecieron de antemano para suplir esa necesidad específica. De esta manera, las oraciones, las comidas, la limpieza, el transporte, la visitación, el cuidado de los niños, y mucho más puede ser suplido con prontitud para los enfermos y necesitados. Otra posibilidad para la mujer talentosa en la administración es que comience un negocio en su hogar con su esposo y niños.

### Maestra

Una mujer puede educar en el hogar a sus propios hijos y/o asesorar a los hijos de otras familias que no pueden hacerlo ellos mismos. Puede enseñar a otras mujeres interesadas en alguno de sus propios talentos o habilidades, como pudiera ser la pintura o cómo organizar el tiempo. Otra posibilidad es entrenar a otras mujeres en habilidades propias del ama de casa como puede ser hacer conservas, costura, hornear, o administración del dinero.

### Artista

Una mujer artística y creativa puede escribir, pintar, esculpir, tocar música o cantar para la gloria de Dios. También puede considerar compartir su talento con otros ya sea enseñando o con presentaciones.

### Ayudas

Se requieren muchas mujeres para ayudar a los administradores. Una mujer pudiera proporcionar ayuda física o material como llevar una comida, cuidar a los niños, hacer el aseo, o proveer transporte para alguien que tenga esa necesidad. También pudiera ayudar a su pastor y a su familia en tiempos de mucho estrés, o servir como voluntaria en algún hospital, residencia de ancianos o campaña política. La iglesia siempre tiene muchas necesidades que las mujeres pueden suplir, como dar la bienvenida a personas nuevas, duplicar y repartir grabaciones de las predicaciones a los hermanos que están confinados a sus casas, ayudar en la guardería y en la escuela dominical, en la limpieza del templo, o siendo guerreras de la oración, por mencionar algunas.

### Hospitalidad y Compañerismo

Una mujer puede organizar a otras mujeres para tener estudios bíblicos, almuerzos, y otras reuniones para tener comunión y compañerismo. Puede formar un grupo para intercambiar comidas una vez por semana o por mes. Puede abrir su hogar para eventos de la iglesia o de la comunidad, para misioneros que van de paso, o para predicadores invitados. Ella también podría ofrecer amistad y compañerismo a los que son muy tímidos, a los discapacitados, y a otras personas muy necesitadas que de otra manera estarían aisladas y solas.

### Las Ancianas

La mujer mayor generalmente tiene talentos y muchos años de experiencia práctica que servirían muy bien a otras hermanas de la iglesia. Ella es particularmente necesaria *para instruir a las mujeres jóvenes cómo ser sensibles, puras, amables y amadoras de sus hijos y de sus maridos* (Tito 2:4-5).

Las oportunidades para que la mujer mayor ministre a las mujeres más jóvenes son muchas. La mayoría de las mujeres jóvenes hoy son víctimas de una falta de entrenamiento por parte de sus padres en áreas como el dominio propio, contentamiento, austeridad, habilidades útiles para el hogar, y las responsabilidades de los padres; todas estas necesarias en el ministerio de la esposa y madre. Con frecuencia, estas mujeres jóvenes vienen de hogares donde sus madres trabajaban fuera del hogar o se sentían atrapadas y resentían sus papeles. En consecuencia, las habilidades necesarias para establecer un hogar acogedor son un arte perdido, como también lo es el servicio desinteresado y abnegado de una esposa y madre, y la habilidad para manifestar amor fraternal y compasión. Esta situación ha creado la opinión falsa entre las mujeres jóvenes modernas que el ser una ama de casa significa no hacer nada y estar aburrida todo el día. ¡Con cuánta desesperación necesitamos esas mujeres mayores que enseñen a las mujeres jóvenes las habilidades para ser amas de casa! La lista que acaban de leer contiene sólo algunas de las muchas posibilidades en que una mujer puede ministrar a otros. Se requiere de creatividad, ingenio, e imaginación así como de dedicación, auto-disciplina, y simplemente trabajo duro para ser una ayudadora que sirva y ministre, que sea ama de casa y un miembro activo de la comunidad.

El cómo una mujer se ocupe de las necesidades de otros dependerá enteramente de si ella usará la mente y talentos que Dios le dió, o si se limitará a sí misma cerrando su mente al amplio rango de posibilidades que tiene delante. La mujer siempre debe tener en mente, que Dios nunca la dirigirá a realizar un servicio que se oponga al liderazgo de su esposo o le niegue a él sus derechos legítimos.

Un ministerio grandioso y glorioso puede conseguirle a la mujer aplausos y reconocimiento por parte del mundo (o inclusive de su misma iglesia), pero si su ministerio llega a ser más importante que su marido, su hogar y sus hijos, no será la dirección de Dios, ni estará glorificando a Dios. Toda mujer que abandona a aquellos que están en su hogar por seguir un servicio fuera del hogar, causa que su hogar quede vacío, deja a su esposo para que batalle sin su ayudadora, y a sus hijos para que vivan como si fueran huérfanos. Usted es una mujer con por lo menos *un* talento singular— ¡gloria a Dios! Por supuesto que sería excelente si comparte su talento con su familia y con otros.

Nunca permita que las vanas filosofías la convenzan que su rol es poco importante, ni permita que el enemigo la desvié del propósito de Dios al darle ese talento. Usted es inteligente— ¡gloria a Dios! Use su inteligencia para pensar en todas las posibilidades que están delante de usted de conformidad con el diseño de Dios. No desperdicie su don o talento persiguiendo aquello que se opone al plan de Dios para la femineidad. Si usted es una persona social y extrovertida, una vez más— ¡gloria al Señor!

Permita que él la use en una manera que lleve gloria al nombre de Cristo. Si decide hacer esto, entonces todo lo que haga tendrá significado y un valor más allá de este mundo. Que Dios la bendiga abundantemente en el ministerio en el que escoja involucrarse.

# CAPÍTULO XXI

## AMAR A SUS HIJOS

Todo el mundo parece comprender que es innato a la naturaleza femenina amar y proteger a sus hijos. Hay varias expresiones idiomáticas que describen el amor natural de la mujer por sus hijos. Una de estas expresiones es el "amor maternal." Otra es "le salió lo fiera," que adecuadamente describe cómo hasta la madre más diminuta se convertirá en una fiera si percibe que su hijo está siendo atacado. Una "madre fiera" se colocará entre la situación de peligro y su hijo sin pensar siquiera en su propia seguridad. Sin embargo, puesto que parece ser natural que una madre ame a sus hijos, ¿por qué, entonces, dice Dios de manera específica que las mujeres mayores, las ancianas, deben enseñar a las mujeres jóvenes *"a amar a sus hijos?"*

*Que enseñen a las mujeres jóvenes a... amar a sus hijos.* (Tito 2:4)

La única respuesta posible a esta pregunta es que el amor de Tito 2:4 es un tipo de amor diferente al amor protector y proveedor que una madre posee de manera natural. En este capítulo explicaremos este tipo de amor especial que requiere ser aprendido, pero primero analizaremos las características del amor natural de una madre.

### El Amor Maternal Natural

A las pocas horas después del parto, la madre y su hijo comienzan a establecer un sistema básico de comunicación y respuesta. Este sistema inicia con el primer llanto del bebe. El llanto es el vocabulario por medio del cual un recién nacido comunica sus necesidades, deseos o estado actual. Por ejemplo, todos los recién nacidos tienen un llanto de hambre y otro llanto de aflicción. No le lleva mucho tiempo inclusive a una madre primeriza aprender la diferencia entre estos dos tipos de llantos. Además, para las cuatro o seis semanas de vida los bebés ya pueden controlar sus cuerdas vocales y están conscientes lo suficiente como para comunicar frustración, así como también hacer ese llanto falso que realmente lo que quiere es llamar la atención. La sensibilidad natural de una madre por su hijo le permite interpretar los llantos del bebé, sus ruidos y gestos; y el amor maternal la mueve a responder a las necesidades del bebé. No hay la menor duda de la existencia del amor maternal y que es necesario para el bienestar físico de todo bebé. Sin embargo, aunque este tipo de amor maternal que responde es muy importante para el bebé, por sí solo, no es suficiente para entrenar a un niño para ser un adulto maduro.

El amor de una madre que responde es muy valioso, pero también puede ser falible. Es falible porque este amor se origina en sus emociones. Las reacciones emocionales actúan con base a un estímulo. No están fundamentadas en una planeación bien pensada o en un discernimiento a largo plazo. El amor que responde es importante mientras el bebé necesita de cuidado y protección total. Sin embargo, puede ser extremadamente perjudicial cuando las reacciones emotivas de la madre impiden que un niño mayor aprenda las realidades más duras de la vida. El amor maternal que es impulsado por la compasión puede ocasionar que un niño mayor permanezca aniñado y le puede impedir llegar a ser un adulto maduro. Los resultados positivos que toda madre verdaderamente desea ver en su hijo requieren de un amor que excede el amor maternal natural.

### El Amor que Requiere ser Enseñado

La mujer mayor (anciana) debe enseñar un tipo de amor que está basado en el conocimiento de lo que es mejor para el niño desde la perspectiva de Dios. Este amor es mental, no emocional, y hace necesario el pensar en lo que es benéfico para el futuro del niño; y está basado en lo que el niño requiere para poder crecer y llegar a ser una persona madura. No es una perspectiva corta que solamente se fija en lo que la naturaleza infantil pecaminosa del niño quiere o exige en ese momento.

Muchas escrituras aclaran lo que es mejor enseñar a un niño para su beneficio a largo plazo. Por ejemplo, en Proverbios 3:1 una madre amonesta a su hijo para que no se olvide de su ley y para que guarde sus mandamientos. Su enseñanza está basada en la perspectiva de Dios y no es para la comodidad presente del niño. La enseñanza tiene como enfoque principal el futuro del niño. Proverbios 3:2 explica que por seguir la enseñanza de su madre, Dios le promete a este hijo: *"Largura de días y años de vida y paz te* (la ley y mandamientos de su madre) *aumentarán."* En el versículo 3 la madre agrega más instrucciones a su hijo: *"Nunca se aparten de ti la misericordia y la verdad; átalas a tu cuello, escríbelas en la tabla de tu corazón."* El propósito a largo plazo de la madre con esta enseñanza se especifica en el versículo 4: *"Y hallarás gracia y buena opinión ante los ojos de Dios y de los hombres."* Continúan instrucciones adicionales en los versículos 5-7: *"Fíate de Jehová de todo tu corazón, y no te apoyes en tu propia prudencia. Reconócelo en todos tus caminos, y él enderezará tus veredas. No seas sabio en tu propia opinión; teme a Jehová, y apártate del mal."* Una vez más, su enseñanza está centrada en el futuro de su hijo como lo declara el versículo 8: *"Porque será medicina a tu cuerpo, y refrigerio para tus huesos."*

Un amor tipo Tito 2:4 hace necesario obrar y enseñar de conformidad con la verdad de Dios. La mujer que ama de esta manera basará el entrenamiento de su hijo en lo que Dios dice que es lo correcto, en vez de lo que a ella le parezca correcto en ese momento. A "las ancianas" que entienden las verdades bíblicas se les instruye que enseñen a las "mujeres jóvenes" cómo "amar a sus hijos" (Tito 2:4). Han de impartir información acerca de la crianza de los hijos, así como también, la sabiduría adquirida de sus propios esfuerzos exitosos.

Se debe instruir a las mujeres jóvenes para que sus afectos naturales sean regulados y gobernados por las verdades bíblicas. Es imposible cubrir la totalidad del tema acerca de cómo debe una madre amar a sus hijos en solamente un capítulo. Para una mejor y más cabal comprensión de este tema tan complejo y, a veces tan emotivo, necesito referirlas al conocimiento experto de mi marido. Su libro: *Lo que la Biblia dice Acerca del Entrenamiento de los Hijos*, es el desarrollo más sistemático de información referente al entrenamiento bíblico de los hijos que hay disponible. Es lectura recomendada para cualquier madre que quiera aprender cómo amar bíblicamente a sus hijos. En el resto de este capítulo solamente enfatizaré la importancia del involucramiento del padre en el entrenamiento de los hijos.

Escucho muchas quejas de parte de las madres de hoy acerca de la falta de involucramiento de sus maridos en el entrenamiento de los hijos. ¿Qué puede hacer una esposa para animar a su esposo a involucrarse más? La respuesta es sencilla: Sea una esposa sumisa, respete el liderazgo de su marido, y no interfiera cuando él haga esfuerzos por entrenar a los niños. Debo señalar especialmente lo dañino que es para los hijos ver a su madre tomar una actitud no-sumisa e irrespetuosa hacia su padre. Si ella abiertamente desafía las decisiones de su esposo respecto del entrenamiento de los hijos, o cualquier otra instrucción, ella está enseñando a sus hijos a ser rebeldes. La madre que hace esto, está activamente destruyendo el respeto de sus hijos tanto para con ella como para su padre. Tal actitud es contraproducente a su rol de ayudadora y nunca servirá de incentivo al marido para involucrarse más en el entrenamiento de los hijos.

## La Desunión Entre los Padres

Mi esposo ha aconsejado a muchos padres que estaban teniendo problemas serios con sus hijos. Él se dió cuenta que las técnicas de entrenamiento erróneas eran fáciles de corregir, pero aprendió que si los padres no estaban unidos, su consejería caía en oídos sordos. Con frecuencia primero tenía que dar consejería matrimonial antes de poder ayudar a los padres con los problemas que estaban teniendo en la crianza de sus hijos. Uno de los mayores obstáculos a un entrenamiento adecuado de los hijos y que es extremadamente dañino para los hijos, es la desunión entre los padres. Aunque el papá puede tener igual culpa que la madre en este dilema, este libro está dirigido a las mujeres, así que solamente haré referencia a las cosas que una mujer puede hacer para fomentar la desunión.

El amor maternal natural de la esposa y su deseo de procurar el bienestar de su hijo pueden causar un conflicto directo con los objetivos del padre para entrenar a su hijo hacia la madurez. (Pudiera ser benéfico en este punto volver a revisar el **Capítulo VIII, "Cuando Dos Cabezas son Mejores que Una."**) Siempre que la madre siente que el padre está siendo injusto o demasiado estricto, su naturaleza maternal protectora puede irritarse. Por ejemplo, ella puede sentir que el padre está siendo injusto cuando exige al hijo que corte el césped cuando el hijo no lo quiere hacer porque está haciendo mucho calor. O ella puede pensar que su esposo está siendo demasiado estricto cuando a su hija, que está llorando, le exige que pague el florero que rompió por descuido, con el dinero que ha estado ahorrando para comprarse un vestido especial.

Tal vez la madre siente que la comodidad de su hijo en un día caluroso o las emociones de su hija son más importantes que un césped cortado o la reposición de una pieza insignificante rota. Al padre probablemente no le interesa tanto tener el césped cortado ese día en particular ni siquiera que ese florero sea algún día repuesto. Probablemente tiene otro objetivo en mente.

Lo que le puede preocupar más que la comodidad de los hijos es que aprendan lecciones valiosas para su cada vez más cercana vida de adultos. Él desea que el hijo aprenda que el trabajo tiene que hacerse aún cuando sea incómodo hacerlo. También quiere que su hija aprenda que siempre hay consecuencias por sus acciones descuidadas. A veces el proteccionismo de la madre hace que ella mal entienda las razones detrás de las decisiones del marido relativas al entrenamiento de los hijos.

Si ella da lugar a su deseo de proteger a sus hijos e interfiere con los lineamientos dados por el papá, ella puede evitar que sus hijos aprendan lecciones de carácter importantes. Una de las mejores maneras de lograr que el padre no se involucre es que la madre interfiera contradiciendo las decisiones del padre respecto del entrenamiento de los hijos. El sentido protector natural de la madre la hará sentir que el trato que el padre da a "sus" hijos es, por lo menos en ocasiones, injusto. Sin embargo, el asunto importante no es si su evaluación es o no correcta. Lo que es crucial es que los hijos aprendan a ser respetuosos y obedientes a las instrucciones de su padre, aun cuando esas instrucciones vayan en contra del afecto maternal natural de la madre.

Casi la cosa más cruel que una madre puede hacer a sus hijos es abiertamente manifestar su desacuerdo con las instrucciones o medidas correctivas del padre. (Por supuesto que la madre **debe** proteger a sus hijos del verdadero abuso. Sin embargo, ella no debe intervenir simplemente porque, en su opinión, *le parece* injusto algo que hace su marido.) **Un niño puede superar y reponerse de algún acto injusto ocasional, pero sufrirá más severamente por las lecciones de falta de respeto que aprenda de su madre.** Repito, puede ser que no haya nada más dañino para el futuro de un niño que la intervención o interferencia de su madre en el entrenamiento determinado por su padre. Veamos algunas de las cosas que una madre puede enseñar a sus hijos sencillamente por la manera en que trata las decisiones de su esposo respecto del entrenamiento de los hijos.

### ¿Sabe Usted lo que Están Aprendiendo sus Hijos?

Los niños son observadores. Ellos aprenden viendo como sus padres viven sus vidas. Por ejemplo, ellos aprenden a respetar o a no respetar a su padre observando la manera en que su madre responde a su liderazgo, a sus direcciones y decisiones. La cooperación (o falta de cooperación) de la esposa silenciosamente enseñará a sus hijos más lecciones que sus palabras jamás podrán enseñar. Algunas de estas lecciones son las siguientes:

1. Una esposa puede pasiva o activamente interferir con las instrucciones que su marido da a los hijos. La interferencia pasiva puede ser en la forma del olvido. Por ejemplo, cuando ella no está de acuerdo con las instrucciones del esposo, se le puede "olvidar" supervisar el cumplimiento de éstas por parte de los hijos. Su falta de sumisión les enseñará a los hijos a también "olvidarse" cada vez que quieran escaparse de obedecer a cualquier autoridad. Esta táctica puede tener un efecto contraproducente en la mamá porque los niños también se pueden "olvidar" de seguir las instrucciones de ella.

La interferencia activa es evidente cada vez que la esposa abiertamente discute o desafía las instrucciones del padre. Los hijos rápidamente seguirán el ejemplo de la madre y ellos también desafiarán la autoridad del padre. Y, no piensen que los hijos no captan o escuchan esa falta de respeto que aparentemente se dice entre dientes, o que no leen el lenguaje corporal como son las expresiones faciales iracundas y las miradas que matan; ¡claro que lo captan! Cuando los hijos perciben la más leve insinuación de desacuerdo en la madre respecto a lo que dice el padre, rápidamente aprenden a poner a los padres el uno contra el otro. La técnica de ese antiguo refrán: "divide y vencerás," es una que con frecuencia usan los niños para escaparse de una orden que prefieren no obedecer.

Por otro lado, la cooperación de la madre con las instrucciones del padre enseñará a los niños a respetar y obedecer a su padre. Conforme los hijos observan la actitud placentera y sumisa de su madre hacia la autoridad de su padre, ellos aprenderán a respetar todas las demás formas de autoridad también. El respeto a la autoridad es una de las verdades más importantes que los niños deben aprender, pues, afecta su relación con Dios, con el gobierno y las leyes, con los patrones, y es fundamental al plan de Dios para el matrimonio.

2. La esposa necesita de la firmeza del marido para poder entrenar a sus hijos, especialmente en sus años de adolescencia. Qué tan efectivo será un padre, muchas veces dependerá de qué tan bien haya su esposa enseñado a los hijos a obedecer a su padre *antes* de que lleguen a los años de adolescencia. Cuando la madre desafía el derecho de autoridad del padre, está destruyendo completamente la efectividad futura del padre con los hijos. En cambio, cuando ella les enseña a

respetar a su padre cuando aún son niños, ellos estarán más dispuestos a escuchar y obedecer a su padre cuando ya sean mayores.

3. La hija observa el ejemplo de la madre de cómo tratar a su futuro esposo. Al observar las reacciones de su madre ante las decisiones de su padre, ella aprenderá a ser un apoyo y una ayuda, o a ser desafiante y obstinada como su mamá. La actitud presente de su hija hacia su padre es un reflejo exacto de lo que ella ha observado y aprendido de usted. Su futuro esposo será, una de dos, o bendecido por lo que ella ha aprendido o afligido por una esposa obstinada que quiere las cosas a su manera. Bueno o malo, ella está aprendiendo al observar las actitudes de su madre para con su padre.

4. El hijo también aprende acerca de la autoridad al observar a su madre. Cuando se le exige que respete la posición de su padre como cabeza del hogar, aprende a respetar otras posiciones de autoridad en general. El hijo que entiende lo que es la autoridad, crecerá para ser él mismo un líder fuerte. Sin embargo, cuando el padre permite que su esposa le falte al respeto y cede ante su rebelión, su hijo llegará a ser un hombre débil como su padre, o crecerá con cierta aversión o disgusto hacia su padre por esa debilidad. El hombre hecho y derecho que siempre sintió vergüenza por la debilidad de su padre, con frecuencia teme que él también pueda llegar a ser un hombre débil. Para evitar parecer débil, este hijo algún día puede compensar siendo muy dominante o autoritario con su esposa e hijos.

Durante sus primeros años, esos que dejan fuertes impresiones en el niño, su madre es su principal ejemplo de femineidad. Lo que sea que observe en su madre, eso es lo que posteriormente atribuirá a todas las mujeres. El hijo que crece viendo las actitudes rebeldes de su madre invariablemente sentirá una falta de respeto hacia todas las mujeres. Tal vez esto se deba a que de manera inherente sabe que la rebelión es incorrecta.

La madre que ama a sus hijos con el amor de Tito 2:4 comprende la necesidad de restringir sus respuestas maternales naturales cuando está en juego el beneficio a largo plazo de su hijo. Aún cuando sienta que su esposo está siendo demasiado estricto, o parece ser insensible a los sentimientos del niño, o parece injusto en sus regaños; esta madre sabe, que la actitud respetuosa de su hijo hacia su padre es mucho más importante que la manera en que se puede sentir en ese momento. Sin un entrenamiento temprano de respeto para su padre, ese aparentemente dulce y sensible niño se convertirá en un adolescente obstinado, iracundo, detestable y rebelde; y en el más amargo pesar de su madre.

*Los proverbios de Salomón. El hijo sabio alegra al padre, pero el hijo necio es tristeza de su madre.* (Proverbios 10:1)

Solamente la madre que ha sufrido por haber criado un hijo rebelde puede comprender el dolor que las palabras son incapaces de describir. Esta es la razón por la cual he llamado a la madre que insiste en entrenar a sus hijos según sus emociones del momento, la madre, "juegue-ahora-pague-después."

La madre que aprende a amar a sus hijos bíblicamente podrá pagar un costo emocional mientras sus hijos aprenden a vivir rectamente. Sin embargo, al pagar ese costo emocional ella estará asegurando la madurez futura de sus hijos, así como también, su propia tranquilidad espiritual y mental. Ella tiene que aprender a ser una mamá, "pague-ahora-juegue-después." El siguiente es el ejemplo de una mujer que espero anime a las lectoras a amar a sus hijos con el amor de Tito 2:4.

## La Lucha de una Madre

Una madre que conozco todavía recuerda la lucha espiritual que tuvo cuando su hijo de diecisiete años decidió irse de la casa. La casa de la familia estaba ubicada en un verde valle rodeado de colinas escarpadas. Era un hogar maravilloso donde las comidas eran frecuentes y muchas otras comodidades eran libremente suministradas para todos los hijos de la pareja. A pesar de todo, con solamente su ropa, su bicicleta y un trabajo en un restaurante de comida rápida, el joven rebelde y confiado en sí mismo decidió hacer su propio camino en el mundo. Su salario apenas le alcanzaba para pagar la renta y comprar carnes frías. No le sobraba nada más para comprar otras cosas como un auto usado para su transporte.

En un día particularmente frío del invierno, el joven fue en su bicicleta desde su apartamento para visitar a su preocupada madre. Después de la visita, su madre lo observó ponerse dos juegos de ropa y un sombrero tejido encima de su pasamontañas, antes de montarse en su bicicleta para regresar al departamento que compartía con otros dos muchachos. El viento arrojaba el aguanieve contra su rostro mientras se agachaba sobre los manubrios intentando subir en su bicicleta una colina que aún los automóviles batallaban para ascender. El corazón de su madre sangraba porque anhelaba proteger a su hijo de tan difícil tarea, pero ella lo dejó para que luchara solo. ¿Por qué?

La razón por la cual ella no hizo nada fue porque el muchacho se había estado comportando de manera rebelde por varios años antes de abandonar el hogar. Cuando avisó que se iba definitivamente de la casa, su esposo decidió que era tiempo de que aprendiera las realidades de la vida. Su sentido maternal de protección la hacía temer por su hijo de manera que rogó a su esposo (en privado) que le prohibiera al muchacho irse. Sin embargo, el papá sabía que este muchacho necesitaba aprender algunas lecciones para poder llegar a ser un hombre responsable. Además, él sabía que era mejor que aprendiera esas lecciones temprano en la vida, en vez de más tarde. Aunque le dolía al padre tanto como le dolía a la madre, él tenía suficiente amor a largo plazo por su hijo como para dejar que se fuera.

Los sentimientos de dolor, temor y deseos de proteger a su hijo hicieron que fuera muy difícil para ella refrenarse para evitar mimar a su hijo procurando hacerle más fácil la vida que había escogido. Ella sabía que podía comprarle ropa, darle dinero, y hasta llevarle comida a escondidas del papá. Pero el Señor en su gracia, le enseñó a confiar en su diseño de la sumisión a su marido y a confiar en que el Señor cuidaría de las vidas de sus seres queridos. Por tanto, mientras observaba a su hijo pedalear hacia ese recio viento invernal aquel día, ella oró y lo puso en manos del Señor.

Varios años (y muchas oraciones maternas) después este mismo muchacho llegó a ser verdaderamente un buen hombre. Dios había usado las dificultades que enfrentó en sus primeros años como adulto para enseñarle una ética de trabajo fuerte. Aún más importante para su proceso de madurez fue que llegó a ser un adulto responsable que entendía la responsabilidad personal de dar cuenta por sus acciones. Cuando tenía treinta años de edad confesó que aunque dirigía su rebelión a sus padres, él realmente estaba en rebelión con Dios. No fue sino hasta después de que Dios había permitido muchas pruebas en la vida de este muchacho que su obstinación fue rota y pudo emerger un hombre. También le dijo a su madre que una de las cosas más significativas de su niñez fue que sus padres siempre manifestaron un frente unido. Como niño, no estaba contento con eso, pero como adulto reconoció que eso le impedía jugar con las emociones de la madre para escapar de las lecciones del padre.

Hasta este día, la madre de este joven se estremece al pensar en el hombre obstinado e irrespetuoso que su hijo podía haber llegado a ser si ella hubiera interferido con la decisión de su esposo en aquellos años. Ella podía haberle hecho la vida más fácil cuando tenía diecisiete años, pero de haberlo hecho ella hubiera contribuido a evitar que llegara a ser un adulto responsable. Las veces en que tal vez ella hubiera estado en lo correcto en su evaluación de las tácticas de crianza de los hijos de su marido, eran inconsecuentes comparadas con lo correcto de vivir de conformidad con el diseño de Dios. Además, su interferencia podía haber resultado destructiva para su relación con su esposo. Solamente Dios puede hacer que todas las cosas finalmente resulten para el bien de toda la familia.

Como esta mujer, usted también puede amar a sus hijos con el amor de Tito 2:4. Cuando una mujer vive de conformidad con la femineidad bíblica, ella es un ejemplo viviente del poder resultante de confiar en Dios más allá de lo que ella puede sentir, ver, o tocar. La omnipotencia (todo poder), omnipresencia (toda presencia), y la omnisciencia (todo conocimiento) de Dios respaldan su diseño. El amor de Dios por ella y sus hijos es superior al amor natural de cualquier madre humana.

# CAPÍTULO XXII

## VULNERABILIDAD AL SUFRIMIENTO

La mujer dijo: "Permítame poner las cosas en claro. ¿Está diciendo que si yo quiero ser una esposa bíblica debo voluntariamente renunciar a mi vida y poner todo mi futuro en las manos de mi marido? ¡De ninguna manera! No estoy dispuesta a ser tan vulnerable. Mi esposo es bastante inmaduro, no siempre se puede confiar en él, y tiene mucho menos sentido común del que yo tengo. Puedo pensar por mí misma y no necesito que alguien más me diga lo que tengo que hacer. Yo voy a mantener el control sobre mi propia vida. Muchas gracias." Esta mujer insegura, piensa que si una esposa sigue el liderazgo de su marido, éste la puede llevar en una dirección que le puede causar a ella sufrimiento. Sus observaciones son absolutamente correctas. Los hombres son capaces de cometer cualquier pecado concebible y de incurrir en todo error posible. Pueden ser desconsiderados y egoístas o pueden cometer errores sin querer, como involucrarse en alguna aventura financiera que fracasa. Aunque la perspectiva de esta mujer es humanamente correcta, la creencia de que va a evitar el sufrimiento si ella personalmente mantiene el control, es espiritualmente incorrecto.

Hay por lo menos tres errores en su razonamiento que la han llevado a esa conclusión errónea. **Primero**, está suponiendo que solamente ella puede protegerse a sí misma de algún sufrimiento injusto. El razonamiento de esta mujer está errado, en parte, porque ningún ser humano posee suficiente poder como para protegerse a sí mismo en este mundo peligroso en el que vivimos. Sencillamente hay demasiadas cosas que pueden suceder sobre las cuales la mujer no tiene absolutamente ningún control. Basta con leer los periódicos para darse cuenta que continuamente somos vulnerables a algún daño.

# Vulnerabilidad Al Sufrimiento

A nuestro alrededor hay muchos torbellinos invisibles de peligros que acechan y amenazan con alguna tragedia a nuestros frágiles planes humanos. Si la mujer piensa que tiene la habilidad para protegerse a sí misma del sufrimiento, esta sobreestimando exageradamente su propio poder. Lo que es peor, está subestimando el poder que tiene Dios para proteger a los suyos. El rechazo del diseño de Dios nunca ha hecho, ni nunca hará, que la mujer sea menos susceptible al sufrimiento. La ayuda y protección contra el daño viene del Señor para aquellos que confían en él lo suficiente, como para vivir sus vidas de acuerdo con sus caminos.

*Deléitate asimismo en Jehová, y él te concederá las peticiones de tu corazón. Encomienda a Jehová tu camino, y confía en él; y él hará. (Salmos 37:4-5)*

*No perdáis, pues, vuestra confianza, que tiene grande galardón; porque os es necesaria la paciencia, para que habiendo hecho la voluntad de Dios, obtengáis la promesa. (Hebreos 10:35-36)*

La **segunda** falla en el razonamiento de la mujer es que ella supone que puede rechazar el diseño de Dios para la femineidad y puede escapar de cualquier consecuencia negativa por hacerlo. En realidad, no hay mejor manera de asegurar sufrimiento que rechazar los caminos de Dios para seguir nuestras propias veredas.

*Y porque escogieron sus propios caminos, y su alma amó sus abominaciones, también yo escogeré para ellos escarnios, y traeré sobre ellos lo que temieron; porque llamé, y nadie respondió; hablé, y no oyeron, sino que hicieron lo malo delante de mis ojos, y escogieron lo que me desagrada.(Isaías 66:3b-4)*

## Vulnerabilidad Al Sufrimiento

Este pasaje revela que aquel que sigue su propio camino realmente hará que vengan sobre él sus peores temores. Por ejemplo, conozco a una mujer a cuyo marido le ofrecieron la oportunidad de invertir en la compañía donde trabajaba a un precio realmente rebajado. Sin embargo, esta mujer fue intimidada por su temor a perder y su temor la impulsó a convencer a su marido de que no aceptara el ofrecimiento de la compañía.

El resultado fue la pérdida de miles de dólares que le hubieran asegurado un retiro muy cómodo el día de hoy. Podría dar cientos de ejemplos de cómo la esposa ha interferido en las decisiones de su esposo, ya sea para comenzar un negocio nuevo, en la opción de cambiarse a otra ciudad para lograr un mejor empleo, en que no fuera tan estricto en el entrenamiento de los hijos; todos con el mismo tipo de resultados desastrosos. Es mucho mayor la cantidad de cristianos que sufren por el infortunio que ellos mismos se crearon, que los que sufren por seguir los planes y caminos de Dios.

La **tercera** falla es la suposición de la mujer de que el sufrir injustamente es lo peor que le puede pasar a uno, y que debe ser evitado a cualquier costo. Tristemente, esta suposición es más común en los círculos cristianos de lo que uno se imagina. Los cristianos con frecuencia temen que el obedecer a Dios les pueda causar sufrimiento o pérdidas. Tal temor induce a muchas personas a ignorar los caminos de Dios y conformarse al mundo para auto-protegerse.

Por ejemplo, el temor a la burla y al ridículo pueden hacer que un cristiano deje de testificar de Cristo; el temor a ser excluído puede hacer que un adolescente siga lo que hacen sus compañeros para ser aceptado; el temor a perder un negocio puede tentar a un hombre a comportarse de manera deshonesta;

y el temor a los errores del marido o a un posible maltrato pueden hacer que una mujer rechace la femineidad bíblica.

Una mujer cristiana no debe permitir que presentimientos imaginados acerca de las terribles cosas que le pueden suceder la tienten a desobedecer a Dios. Así como Dios es capaz de otorgar el contrato de negocios al hombre que no se va a prestar al soborno, él también es capaz de bendecir a la esposa que sigue el liderazgo inmaduro de su esposo. Sin embargo, si Dios decide permitir el sufrimiento en la vida de alguna mujer, podemos estar seguros de que él también proveerá alguna manera de que ella sea bendecida a través de ese sufrimiento. Hay tantas cosas positivas que Dios puede revelar durante el sufrimiento del creyente. Si no fuera tan doloroso, hasta lo esperaríamos con entusiasmo, en vez de tratar de evitarlo. Consideremos algunas razones positivas de porqué Dios permite el sufrimiento en la vida del cristiano.

### El Lado Positivo del Sufrimiento

1. Fue necesario que Cristo sufriera injustamente para proveer para nosotros un medio de salvación.

*Porque también Cristo padeció una sola vez por los pecados, el justo por los injustos, para llevarnos a Dios, siendo a la verdad muerto en la carne, pero vivificado en espíritu.* (1 Pedro 3:18)

2. Cristo sufrió para cumplir el plan de Dios, y para glorificarle. El sufrimiento injusto en la vida del creyente es con el mismo propósito.

*Sino gozaos por cuanto sois participantes de los padecimientos de Cristo, para qué también en la revelación de su gloria os gocéis con gran alegría. Si sois vituperados por el nombre de Cristo, sois bienaventurados, porque el glorioso Espíritu de Dios reposa sobre vosotros. Ciertamente, de parte de ellos, él es blasfemado, pero por vosotros es glorificado.* (1 Pedro 4:13-14)

3. Los cristianos no deben sorprenderse cuando vienen pruebas a sus vidas.

*Amados, no os sorprendáis del fuego de prueba que os ha sobrevenido, como si alguna cosa extraña os aconteciese.* (1 Pedro 4:12)

4. Puesto que los cristianos no deben esperar ser librados del sufrimiento injusto en esta vida, entonces el sufrimiento debe de soportarse con la actitud correcta.

*Porque esto merece aprobación, si alguno a causa de la conciencia delante de Dios, sufre molestias padeciendo injustamente. Pues ¿qué gloria es, si pecando sois abofeteados, y lo soportáis? Mas si haciendo lo bueno sufrís, y lo soportáis, esto ciertamente es aprobado delante de Dios.* (1 Pedro 2:19-20)

*Porque mejor es que padezcáis haciendo el bien, si la voluntad de Dios así lo quiere, que haciendo el mal.* (1 Pedro 3:17)

5. Satanás usa las tentaciones para persuadir a los creyentes a que le fallen a Dios. Sin embargo, el Dios de gracia permite que las pruebas les den a los creyentes la oportunidad para crecer espiritualmente y para glorificarle.

*Respondiendo Satanás a Jehová, dijo: ¿Acaso teme Job a Dios de balde? ¿No le has cercado alrededor a él y a su casa y a todo lo que tiene? Al trabajo de sus manos has dado bendición; por tanto, sus bienes han aumentado sobre la tierra. Pero extiende ahora tu mano y toca todo lo que tiene, y verás si no blasfema contra ti en tu misma presencia.* (Job 1:9-11)

*Mas el Dios de toda gracia, que nos llamó a su gloria eterna en Jesucristo, después que hayáis padecido un poco de tiempo, él mismo os perfeccione, afirme, fortalezca y establezca.*
(1 Pedro 5:10)

6. Dios tienen un buen propósito para el sufrimiento que permite en la vida del cristiano. Él desea que el creyente atraviese por el sufrimiento y que sea fortalecido en él. Dios no quiere que un cristiano huya del sufrimiento y permanezca espiritualmente débil.

*Para que sometida a prueba vuestra fe, mucho más preciosa que el oro, el cual aunque perecedero se prueba con fuego, sea hallada en alabanza, gloria y honra cuando sea manifestado Jesucristo.* (1 Pedro 1:7)

7. El sufrimiento no es algo que nos deba de avergonzar. El sufrimiento puede ser un catalizador para el crecimiento espiritual en la vida del creyente, y puede ser el medio para compartir el amor de Dios a otros. Esto es igualmente cierto cuando los creyentes sufren por problemas en sus matrimonios, como lo es cuando sufren por cualquier otra adversidad como puede ser alguna enfermedad o pérdida económica.

*Y no sólo esto, sino que también nos gloriamos en las tribulaciones, sabiendo que la tribulación produce paciencia; y la paciencia, prueba; y la prueba, esperanza; y la esperanza no avergüenza; porque el amor de Dios ha sido derramado en nuestros corazones por el Espíritu Santo que nos fue dado.* (Romanos 5:3-5)

8. Desde la perspectiva de Dios, las pruebas no son desastres sino más bien oportunidades para aplicar su poder a situaciones de la vida real.

*En el hambre te salvará de la muerte, y del poder de la espada en la guerra. Del azote de la lengua serás encubierto; no temerás la destrucción cuando viniere.* (Job 5:20-21)

*No os ha sobrevenido ninguna tentación que no sea humana; pero fiel es Dios, que no os dejará ser tentados más de lo que podéis resistir, sino que dará también juntamente con la tentación la salida, para que podáis soportar.* (1 Corintios 10:13)

9. El sufrimiento enseña a los creyentes que las cosas mundanas son mucho menos importantes que su relación con Cristo.

*No lo digo porque tenga escasez, pues he aprendido a contentarme, cualquiera que sea mi situación. Sé vivir humildemente, y sé tener abundancia; en todo y por todo estoy enseñado, así para estar saciado como para tener hambre, así para tener abundancia como para padecer necesidad. Todo lo puedo en Cristo que me fortalece.* (Filipenses 4:11-13)

10. Las tribulaciones en la tierra son temporales e insignificantes comparadas con los valores eternos que las pruebas pueden producir en la vida del creyente.

# Vulnerabilidad Al Sufrimiento

*Pues tengo por cierto que las aflicciones del tiempo presente no son comparables con la gloria venidera que en nosotros ha de manifestarse.* (Romanos 8:18)

*Porque esta leve tribulación momentánea produce en nosotros un cada vez más excelente y eterno peso de gloria.* (2 Corintios 4:17)

Los versículos de arriba son solamente una porción de los muchos pasajes que enseñan acerca del aspecto positivo del sufrimiento cristiano. Le recomiendo el libro escrito por Joni Eareckson Tada, Joni, es un magnífico libro acerca del sufrimiento. El sufrimiento es algo que Joni entiende íntimamente. Ella ha soportado pruebas que, en comparación, hacen parecer insignificantes a la mayoría de nuestros problemas. Los principios en su libro también tienen aplicación tanto a problemas menores en el matrimonio como a tragedias mayores. También puede querer leer el libro que escribió mi esposo, Lo que la Biblia Dice acerca del Sufrimiento, es un estudio sistemático y teológico más profundo acerca del propósito de Dios para el sufrimiento.

## En Conclusión

Es cierto, la mujer se coloca en una posición vulnerable cuando voluntariamente decide someterse al liderazgo de su esposo. Sin embargo, se hace vulnerable no a un hombre, sino al plan de Dios para su vida. También se estará colocando en la mejor posición posible para glorificar a Dios, al hacer uso del poder del Señor en medio de cualquier prueba que él permita en su vida. La mujer que viva de conformidad con la verdad bíblica puede parecer débil a aquellas mujeres mal informadas o mal aconsejadas, pero en realidad nunca podrá ser más fuerte. La mujer vulnerable puede experimentar el poder de Dios en maneras que aquellas que renuncian al diseño de Dios nunca podrán conocer ni entender. Si el vivir de conformidad con la Biblia expone al cristiano a la burla, al ridículo, y al rechazo del mundo, pues que así sea. Tal vulnerabilidad sencillamente permite que el poder de Dios alumbre a todos aquellos que le buscan.

*Y me ha dicho: Bástate mi gracia; porque mi poder se perfecciona en la debilidad. Por tanto, de buena gana me gloriaré más bien en mis debilidades, para que repose sobre mí el poder de Cristo. Por lo cual, por amor a Cristo me gozo en las debilidades, en afrentas, en necesidades, en persecuciones, en angustias; porque cuando soy débil, entonces soy fuerte. (2 Corintios 12:9-10)*

## CAPÍTULO XXIII

## DEL DOLOR DE LA TRIBULACIÓN AL GOZO DEL AGRADECIMIENTO

En una cierta mañana Rick y yo estábamos sentados en el patio de nuestra casa en Arizona simplemente disfrutando de la compañía el uno del otro cuando sonó el teléfono. La persona que llamaba era una mujer joven que unos meses antes se había separado de su esposo. Podía escuchar el desaliento en su voz mientras me preguntaba: "¿Qué haces?" Le respondí: "Rick y yo estábamos tomando una taza de café afuera en el patio." Ella respondió con tristeza: "Ah, qué lindo. Yo hubiera querido que mi esposo y yo hubiéramos tenido un compañerismo así."

Mi mente súbitamente remontó los más de treinta y cinco años que Rick y yo llevamos de casados. Me imaginé nuestros años de matrimonio como un viaje que comenzó el día en que nos casamos y que durará hasta el día en que uno de nosotros se vaya a encontrar con el Señor en el cielo. Rick y yo hemos viajado juntos por un camino largo y en ocasiones turbulento. Han sido muchos los años soleados pero también hubo años oscuros y tormentosos cuando el sueño de una mañana tranquila y pacífica en el patio tomando un café parecía imposible. Cómo quería decirle a esta joven que las mañanas pacíficas en el patio no suceden por sí solas. El camino hacia esos tiempos apacibles es como una carretera de cuota. La cuota para viajar por esta carretera es el aguante continuo a través de muchos años, tanto de sufrimiento como de placer. Si la mujer no está dispuesta a pagar la cuota, no podrá adquirir el tipo de compañerismo a largo plazo que Rick y yo desarrollamos a través de los años. Tal compañerismo se construye sobre una base de experiencias comunes y en un compromiso mutuo con fuerza obligatoria que no se abandona cuando las cosas se ponen difíciles.

# Del Dolor De La Tribulación Al Gozo Del Agradecimiento

¿Cómo llegamos Rick y yo a nuestro tranquilo patio en Arizona? Lo chistoso es que no queríamos, jamás, vivir en Arizona. Aunque estábamos seguros de estar en la voluntad de Dios cuando nos cambiamos ahí, nuestros sentimientos al hacerlo eran similares a los de los israelitas cuando le dijeron a Moisés: *"¿No había sepulcros en Egipto, que nos has sacado para que muramos en el desierto?"* (Éxodo 14:11b). Vendimos nuestra casa en Texas y muchas de nuestras pertenencias. Empacamos lo que queríamos conservar, dijimos adiós a nuestros tres hijos adultos, y nos fuimos a vivir al "desierto" con corazones apesadumbrados.

Antes de cambiarnos a Arizona, Rick y yo pensábamos que el desierto no era otra cosa que aire seco, alacranes, calor insoportable, escasez de agua, una tierra donde poco podía crecer salvo los cactus, y sufrimientos desconocidos. Sin embargo, pronto descubrimos que el aire seco y el calor le asentaba muy bien a nuestras coyunturas adoloridas (la mayor parte del tiempo), y que de nueve a diez meses en el año el clima es extremadamente agradable. Respecto a los cactus y la falta de agua, Dios nos ha provisto de un hogar donde tenemos árboles frutales que producen naranjas, toronjas, limones e higos, y un patio trasero que colinda con un lago artificial. Hasta descubrimos que el desierto es un lugar hermoso donde los cactus florean en la primavera y donde las partículas de polvo en la atmósfera superior producen los más bellos atardeceres que jamás habíamos visto. Llegamos a amar a nuestro hogar en Arizona más que a cualquier otro hogar que habíamos tenido antes. Lo que Dios proveyó para nosotros es prueba de que aun cuando las cosas parecen ser nuestra peor pesadilla, la realidad puede llegar a ser una bendición apacible.

La taza de café en el patio de nuestro hogar en Arizona ha llegado a ser una costumbre para Rick y para mí, pero no siempre fue así. Nos casamos cuando yo tenía diecisiete años y él dieciocho. No solamente éramos jóvenes e inmaduros, también éramos inconversos en rebelión contra nuestros padres; no era un fundamento muy sólido para comenzar un matrimonio. Seguramente se podrán imaginar los problemas en los que nos metimos durante nuestros primeros años de matrimonio. No obstante, esos problemas resultaron para nuestro beneficio, pues, nos llevaron a ponernos de rodillas y nos prepararon para que nos diéramos cuenta que necesitábamos la salvación que ofrece Jesucristo.

Rick y yo aceptamos a Cristo después de diez años de casados, tres hijos, y muchos errores. Prácticamente desde el principio de nuestro nuevo nacimiento en Cristo, Dios nos inició en un curso intensivo de aprendizaje de su Palabra. Mientras nos despojaba de nuestra extraña manera humana de pensar y la reemplazaba con su manera de pensar, tratábamos de mantenernos por lo menos un paso adelante de nuestros hijos, para poder entrenarlos en los caminos de Dios. No era fácil, pero fue probablemente el tiempo más feliz de mi vida. Estaba muy entusiasmada por la Palabra de Dios, y por primera vez nuestras vidas tenían un propósito. No tenía la menor idea de que Dios estaba usando esos años en el kínder del aprendizaje de su Palabra, como un preludio para una prueba que pondría mi mundo de cabeza.

## Mi Prueba Personal Durante

Mis primeros años como creyente no comprendía plenamente que aprender acerca de la Biblia y vivirla eran dos cosas distintas. Durante esos años de mi niñez cristiana, yo podía hablar con entusiasmo acerca de la doctrina de la dependencia completa en Dios. Sin embargo, mi hablar era simplemente una plática sin trascendencia porque en realidad estaba dependiendo más de mi marido que de mi Dios. Para mi propio bien esta lealtad

## Del Dolor De La Tribulación Al Gozo Del Agradecimiento

perjudicial a un ser humano tenía que ser invertida, y mi dependencia en Dios tenía que llegar a ser total y completa. Con ese fin, mi amoroso Padre Celestial permitió que ocurrieran ciertos eventos que causaron que Rick dejara de ser mi lazo salvavidas de manera que Dios llegara a ser lo "único" que me quedaba.

Los detalles precisos de los eventos que sacudieron mis cimientos son de poca importancia. Solamente agregaré que ocasionaron shock, temor, humillación, y sufrimiento extremo tanto para mi marido como para mí. Por un tiempo Rick me falló, yo le fallé a él, y ambos le fallamos a Dios. Hubo momentos en los que la única cosa que hicimos bien fue perseverar, continuar juntos, y seguir regresando al Señor nuestro Dios.

Realmente no tengo palabras para expresar el dolor que sentí durante esa prueba tan terrible. Era como tener una cirugía mayor sin anestesia. Hubo períodos largos en los cuales me encontraba en tal estado de agitación que me dolía el pecho, y entonces comprendí lo que significa "se me parte el corazón." Pensaba que el nudo en mi garganta realmente me iba a asfixiar. No puedo recordar todas las veces en que sentí rabia y enojo. Con frecuencia lloraba hasta que se me agotaban las lágrimas, entonces exhalaba sollozos secos. En una ocasión estaba tan desesperada que le rogué a Dios que me llevara al cielo para poder escapar lo que consideraba era mi prisión de dolor.

¿Le asombra lo que le comparto? Por favor no se asombre. Solamente soy un ser humano que ha experimentado el fracaso y el dolor del sufrimiento que es tan común a toda la humanidad. De hecho, este libro no se podía haber escrito sin que antes Dios permitiera que mi orgullo aplastado, mi vergüenza, temor, debilidad y completo fracaso me enseñaran lo que es su perdón. Si no hubiera llegado a conocer la fiabilidad de Dios, que realmente se puede depender completamente en él, cualquier cosa que hubiera escrito hubiera sido solamente otro estudio académico. Nunca hubiera podido tener la confianza para decir: "¡Sí, la femineidad bíblica se puede vivir en este mundo moderno!". Este libro es mi testimonio firme e inquebrantable de que Dios puede ir más allá de cualquier experiencia humana, y de que él está ahí cuando sus hijos que sufren, se vuelven a él. Es también mi canto de gratitud y gozo por lo que Dios hizo y me enseñó a través del dolor y del sufrimiento. En un tiempo, solamente decía que los caminos de Dios eran los mejores, pero después de haber experimentado repetidas veces que Dios honra su Palabra, ahora sé que sus planes son infinitamente superiores a los míos.

Dios primero me enseñó su Palabra y luego me dió abundantes oportunidades para aplicar sus principios a la vida real. A través de la tribulación y del fracaso personal, así como también a través de algunos éxitos, me permitió aprender lecciones valiosas. Además, he aprendido bastante del sufrimiento de otros. Las siguientes son algunas de las lecciones que he recopilado a través de mis años de estudio, experiencia, y observación. He aprendido que hay ciertas cosas muy definidas que se deben hacer, así como otras que no se deben hacer durante esas situaciones de sufrimiento. Lo mejor de todo es que he tenido el privilegio de ver a Dios obrar a través del dolor humano. Si mi relato de primera mano puede ayudar a otras mujeres mientras atraviesan por las pruebas de la vida, entonces tendré una razón más para alabar y expresar gratitud a Dios.

# Del Dolor De La Tribulación Al Gozo Del Agradecimiento

## Consejos de una Experimentada Testigo del Dolor

1. ¡No huya! Hubo muchas ocasiones en las que sentía que me debía rendir o darme a la fuga. Sin embargo, Dios no quiere que huyamos de nuestros problemas. El más grande bien viene a nuestra vida, cuando permitimos que Dios nos lleve a través de nuestros problemas y dificultades, a su gloria. El pasar por tribulación en el matrimonio es una prueba de fuego que es muy dolorosa, pero cuando se soporta el dolor, los resultados finales pueden ser mejores de lo que teníamos anteriormente. El amor emocional es juego de niños comparado con el amor que pasa por pruebas de fuego y emerge más fuerte, más puro, y mejor definido de lo que había estado antes.

2. Una de las maneras más efectivas para que se manifieste y se purifique lo que es nuestro verdadero carácter, es durante el sufrimiento intenso. Las pruebas tienen la manera de sacar a luz lo que realmente somos, tanto lo bueno como lo malo. Durante los tiempos difíciles, fallas tales como el orgullo, así como también fortalezas desconocidas, como la habilidad para perdonar, pueden emerger.

3. El plan de Dios es tan complejo que él puede usar una sola prueba y ajustarla a la medida y necesidades de todas las personas involucradas. El deseo de Dios es que todo creyente crezca y se asemeje más a Cristo. Sin embargo, el fuego de la adversidad debe refinar el carácter de cada individuo antes de que sea un producto terminado. Para una persona la prueba puede ser un castigo por algún pecado en su vida, mientras que para otra la misma adversidad puede ser una oportunidad para practicar la perseverancia y el perdón cristiano.

4. Las pruebas con frecuencia ayudan a desarrollar un amor genuino. El amor genuino ama a los despreciables, da a los egoístas, permanece fiel a los infieles, y perdona lo imperdonable; así como nuestro Señor nos perdonó a nosotros.

*Porque si amáis a los que os aman, ¿qué mérito tenéis? Porque también los pecadores aman a los que los aman. Y si hacéis bien a los que os hacen bien, ¿qué mérito tenéis? Porque también los pecadores hacen lo mismo. Y si prestáis a aquellos de quienes esperáis recibir, ¿qué mérito tenéis? Porque también los pecadores prestan a los pecadores, para recibir otro tanto. Amad, pues, a vuestros enemigos, y haced bien, y prestad, no esperando de ello nada; y será vuestro galardón grande, y seréis hijos del Altísimo; porque él es benigno para con los ingratos y malos. Sed, pues, misericordiosos, como también vuestro Padre es misericordioso. (Lucas 6:32-36)*

## La Oración es Indispensable, No es Opcional

1. Yo vi a Dios obrar en mi vida más durante mi tiempo de sufrimiento, que en cualquier otro tiempo en mi vida. Mis oraciones llegaron a ser más frecuentes e intensas. Me di cuenta que mi mente estaba especialmente alerta a su presencia y mi corazón estaba más abierto para recibir su amor.

    Hay muchas ventajas en la oración. Cuando una mujer está en comunicación abierta con Dios se encuentra en la posición óptima para verle obrar más allá de toda limitación humana. No es que ella se vaya a escapar de cualquier temor o dolor, sino que va a aprender a dejar que sea Dios quien cargue con ese temor y provea el alivio para ese dolor.

## Del Dolor De La Tribulación Al Gozo Del Agradecimiento

2. La oración tiene un efecto tranquilizador para el alma y pone las frustraciones en su perspectiva correcta. Desacelera en la mujer las reacciones emocionales a los problemas y aumenta su habilidad para enfocarse mentalmente en las soluciones que son más agradables a Dios.

3. Las pruebas serias no pueden ser superadas en el poder de la carne. Si han de ser soportadas, debe ser a la manera de Dios y en su poder. La oración constante, el reconocimiento del pecado personal, y el compromiso de ser un "hacedor de la obra" es una necesidad diaria.

   *Porque si alguno es oidor de la palabra pero no hacedor de ella, éste es semejante al hombre que considera en un espejo su rostro natural. Porque él se considera a sí mismo, y se va, y luego olvida cómo era. Mas el que mira atentamente en la perfecta ley, la de la libertad, y persevera en ella, no siendo oidor olvidadizo, sino hacedor de la obra, éste será bienaventurado en lo que hace. (Santiago 1:23-25)*

4. No tema decirle a Dios exactamente cómo se siente. Algunas personas parecen creer que Dios solamente quiere escuchar oraciones religiosas de personas perfectas que nunca pecan. Sin embargo, si usted niega que cosas tales como el enojo o la amargura existen en usted, ¿entonces, cómo puede Dios tratar adecuadamente con esos sentimientos negativos? Ciertamente, el escritor del Salmo 77 comprendió como derramar sus verdaderos sentimientos delante de Dios en oración.

   *Con mi voz clamé a Dios, a Dios clamé, y él me escuchará. Al Señor busqué en el día de mi angustia;*

*alzaba a él mis manos de noche, sin descanso; mi alma rehusaba consuelo. Me acordaba de Dios, y me conmovía; me quejaba, y desmayaba mi espíritu. (Salmo 77:1-3)*

5. Externe a Dios todo pensamiento malvado que tenga; de cualquier manera él ya los conoce. Durante uno de mis tiempos más difíciles recuerdo que expresé mi enojo y mi frustración a Dios. Oré con lágrimas en mis ojos y exterioricé el dolor emocional que sentía que me impulsaba a querer huir y escapar. Sin embargo, por muy furiosa que estuviera, mis lágrimas eventualmente cesaban y Dios me recordaba de su absoluto poder y bondad.

   *Me acordaré de las obras de JAH; Sí, haré yo memoria de tus maravillas antiguas. Meditaré en todas tus obras, y hablaré de tus hechos. Oh Dios, santo es tu camino; ¿Qué dios es grande como nuestro Dios? Tú eres el Dios que hace maravillas; hiciste notorio en los pueblos tu poder. (Salmo 77:11-14).*

   Después de tales "alegatos" con Dios, él siempre me daba la fortaleza para continuar por solamente un día más.

6. Ore sin cesar. Ore pidiendo el fin de su sufrimiento, pero hágalo con la disposición de aceptar la voluntad de Dios y de esperar su tiempo perfecto. Con mucha frecuencia nos hacemos a la idea de que lo que nosotros queremos, es también lo que Dios quiere para nosotros. En vez de eso, esté preparada para aceptar su respuesta aún antes de saber cuál es esa respuesta. Por ejemplo, una mujer puede estar sufriendo porque quiere otro hijo, pero su esposo no lo quiere. Porque supone que el plan de Dios debe ser

igual al suyo, ella le dice a Dios que haga que su esposo quiera tener otro hijo. Esta mujer no está pidiendo la voluntad de Dios; ella le está dictando a Dios lo que debe hacer. Cuando uno va a Dios en oración, debe hacerlo con el deseo de descubrir Su voluntad y con la disposición de aceptar dicha perfecta voluntad; aunque nuestras circunstancias nunca cambien.

### ADVERTENCIA: Cosas Que Debemos Evitar Durante Un Conflicto Matrimonial

1. La columnista consejera, Ann Landers, con frecuencia le decía a las esposas atribuladas que se hicieran la siguiente pregunta: "¿Sería yo más feliz sin mi esposo de lo que soy con él?" Este tipo de consejo es humanista, auto-centrado, y alienta la filosofía de que uno debe vivir solamente para su propia felicidad y confort. También fomenta el huir de los problemas y promueve la suposición de que las cosas jamás cambiarán para lo mejor.

   Cuando uno está pasando por problemas matrimoniales es importante evitar pensar que el dolor de hoy continuará para siempre. Más bien, con oración y agradecimiento, pídale a Dios que se haga su voluntad y confíe en que él así lo hará.

2. No se preocupe si siente que en este momento ya no ama a su esposo. Cuando una mujer está cansada, desanimada, enojada, o lastimada, sus pensamientos tienden a centrarse demasiado en sí misma. En este estado es imposible amar a alguien más. También es difícil amar emocionalmente a la persona que le está causando el dolor. No piense que ya se acabó su matrimonio si usted, o aún su esposo, en este momento no se "siente" enamorada. Arregle las cosas entre usted y Dios,

concéntrese en ser una esposa bíblica, practique el amor, y a su debido tiempo volverá a sentir otra vez el amor.

3. Tenga cuidado con la reputación de su esposo cuando habla con otras personas. No exagere sus deficiencias, hábitos, estados de ánimo, ni su ocasional mal genio. Considere el efecto que causará lo que usted le dice a sus amistades, si ellos lo repiten más adelante o si ellos dramatizan aún más las faltas de su marido. Inclusive años después de que usted y su esposo ya se hayan olvidado por completo de algún desacuerdo o diferencia, otros pueden todavía acordarse y guardar resentimientos contra su marido por "maltratarla."

4. No tiene nada de malo el buscar consejo con alguien más sabio y con más experiencia. Sin embargo, no debemos hablar abiertamente y sin discernimiento con cualquier persona. Las amigas "amorosas y serviciales" que toman partido no nos están ayudando realmente. La mujer debe evitar a todo aquel que fomenta sus sentimientos para hacerla sentirse como una "víctima que sufre tanto." Son muchos los divorcios que han sido promovidos de esta manera. Sea especialmente cautelosa con esas agrupaciones de "apoyo" donde grupos de mujeres infelices se "ayudan" unas a otras a justificar su abandono del diseño de Dios para la femineidad. Estos grupos frecuentemente animan a la mujer a desafiar de manera arrogante el liderazgo del esposo, o insisten en que debe separarse y finalmente divorciarse de su marido. Si las personas que la están aconsejando no están intentando ayudarle a comprender cómo el diseño de Dios para la femineidad se aplica a su situación particular, entonces desconfíe de seguir sus consejos.

Cualquier consejero al que consulte deberá tener ciertas calificaciones o cualidades. Primero, el consejero deberá ser un cristiano bíblico maduro. Segundo, usted necesita alguien que la apoye mientras aplica la Palabra de Dios a su situación particular, no alguien que solamente va a estar de acuerdo con usted y ser su partidaria. Su mejor opción de consejería sería un equipo de esposa y esposo, o una de las mujeres (ancianas) mayores de su iglesia.

5. Sea especialmente cuidadosa para evitar estar a solas con otro hombre (pastor, consejero, o amigo). Usted es particularmente vulnerable a las atenciones de un hombre cuando está sufriendo emocionalmente. Además, los hombres también son extremadamente vulnerables cuando ayudan a una damisela atribulada. Si usted llora en el hombro de un hombre esto puede despertar su sentido protector hacia usted, y usted puede responder a sus atenciones con aprecio. Cualquiera de los dos puede entonces malinterpretar sus sentimientos por amor. ¡Usted pudiera estar comenzando algo que nunca debe de ser!

6. La mente de la mujer es similar a una cámara de video que puede grabar recuerdos. Siempre que una mujer sufre, tiende a volver a recordar esos recuerdos grabados y vuelve a revivir cada una de esas cosas hirientes que su esposo alguna vez le hizo o le dijo. El jugar con esas imágenes mentales es como los relatos que se hacen chisme. Cada vez que se cuenta el chisme el relato se dramatiza un poco más y se adorna hasta que ya no se asemeja a lo que realmente sucedió. Tales juegos mentales en realidad provocan un nuevo dolor a la mujer cuya mente toma eventos del pasado y los proyecta al

presente. Conforme se amontonan los recuerdos de dolores pasados encima de nuevas desilusiones, los eventos originales se distorsionan y la intensidad de la ofensa actual se multiplica. Las mujeres que han jugado estos juegos de recuerdos negativos durante años, terminan amargadas y enojadas. Además, con frecuencia se creen muy justas e insisten en que tienen la razón y hasta convierten a su marido en demonio y justifican su actuar en su problema matrimonial.

Cada vez que se acuerde de algo que le duele emocionalmente, rehúse volver a repasar la grabación en su mente y, más bien, vuélvase a Dios en oración. También puede leer su Biblia, repasar recuerdos agradables de su marido, hacer un poco de ejercicio, hablar con una de sus amigas alegres, o cualquier otra cosa que distraiga su atención de esos pensamientos y sentimientos negativos.

7. Evite escuchar música triste o deprimente mientras está sufriendo. No vea telenovelas, ni programas de entrevistas en la televisión, ni películas acerca de triángulos amorosos que promueven la idea de que todos los hombres son unas criaturas egoístas y malvadas. Sus emociones están muy sensibles y esa clase de "entretenimiento" solamente va a hacer que asocie los problemas de otras mujeres como si fueran los suyos propios. Una hora con ese tipo de relación con "otras mujeres maltratadas" y tendrá los "motores encendidos" con esa indignación que viene por creerse justa y buena, y estar en lo correcto, y estará lista para entrar en la batalla en el mismo instante en que su esposo regrese del trabajo y entre por la puerta.

8. Tenga mucho cuidado con lo que lee. El leer novelas románticas (aún las llamadas novelas cristianas) promueve

el desarrollo de fantasías románticas acerca de los hombres y el matrimonio. Ningún hombre real puede alcanzar la descripción que hacen las novelas románticas de ese príncipe tierno y encantador que arrebata a la hermosa damisela y se la lleva a vivir una vida de eterna felicidad.

## En Conclusión

Cuando una mujer está padeciendo problemas en su matrimonio, le es muy difícil aceptar que la mejor manera de resolver esos problemas es que continúe aguantando el sufrimiento. Nadie quiere escuchar ese tipo de consejo. Va en contra de la tendencia de nuestra naturaleza pecaminosa de pelear y exigir nuestros derechos o de huir del dolor y del sufrimiento. Aunque me identifico con el deseo humano de escapar del dolor tan rápidamente como sea posible, también estoy consciente de que "pelear o huir" rara vez es la manera en que Dios trata con las tribulaciones que él permite en nuestras vidas. Más bien, él desea que sus hijos sean librados de la adversidad por, y a través, de su poder.

*No habrá para qué peleéis vosotros en este caso; paraos, estad quietos, y ved la salvación de Jehová con vosotros...* (2 Crónicas 20:17a)

Dios siempre desea lo mejor para sus hijos. Él quiere que la mujer cristiana confíe en que él la ayudará a pasar a través de cualquier sufrimiento que venga a su vida. Él quiere que los creyentes soporten las dificultades de la vida ejercitando ese amor con entereza y paciencia y aferrándose a una confianza inquebrantable en él.

*El amor es sufrido, es benigno; el amor no tiene envidia, el amor no es jactancioso, no se envanece; no hace nada indebido, no busca lo suyo, no se irrita, no guarda rencor; no se goza de la injusticia, mas se goza de la verdad. Todo lo sufre, todo lo cree, todo lo espera, todo lo soporta.* (1 Corintios 13:4-7)

La mujer que persevera y soporta las pruebas se beneficiará de una vida espiritual renovada y de un mayor entendimiento de los propósitos supremos de Dios para su vida. Esto es de mucho mayor valor de lo que sería una vida sin tribulaciones y sufrimiento.

*Vosotros también, poniendo toda diligencia por esto mismo, añadid a vuestra fe virtud; a la virtud, conocimiento; al conocimiento, dominio propio; al dominio propio, paciencia; a la paciencia, piedad; a la piedad, afecto fraternal; y al afecto fraternal, amor. Porque si estas cosas están en vosotros, y abundan, no os dejarán estar ociosos ni sin fruto en cuanto al conocimiento de nuestro Señor Jesucristo.* (2 Pedro 1:5-8)

La dulce victoria sobre el sufrimiento ocurre cuando el dolor del creyente se torna en agradecimiento. *Mas gracias sean dadas a Dios, que nos da la victoria por medio de nuestro Señor Jesucristo* (1 Corintios 15:57). En una ocasión en la que me encontraba bajo una presión tan intensa que no podía concentrarme lo suficiente como para orar en silencio, me puse a escribir mis oraciones. El escribir cartas a Dios me ayudaba a expresar mis pensamientos mejor.

Tal vez ayude a otras mujeres que se encuentren sufriendo actualmente si comparto una de esas oraciones.

## Una Oración Durante el Sufrimiento

Padre Celestial, tú sabes que mi corazón está afligido. Tú conoces mis debilidades y mis pesares Padre, recuérdame acerca de tu

## Del Dolor De La Tribulación Al Gozo Del Agradecimiento

sabiduría cuando me encuentre inmersa en mis propios pensamientos humanos. Recuérdame de tu soberanía cuando sienta que las cosas se salen de control. Recuérdame de tu gracia y misericordia cuando esté enojada con otros. Recuérdame de tu presencia y cuidado amoroso cuando me sienta sola. Concédeme paz y serenidad durante mis pruebas y ayúdame a recordar que tú me sostienes en tus brazos con amor eterno. Dame tu fuerza para que pueda soportar todo lo que está sucediendo y la fortaleza para mantenerme firme en el futuro. Oh, como te agradezco Padre por el perdón de mis pecados. Yo sé que tus brazos están abiertos para todo aquel que se vuelve a ti y te doy gracias por ello. Te agradezco de antemano por responder a esta oración. En mi alma me aferro a tu mano pidiendo dirección y que pueda pisar con firmeza al andar por este valle de dolor y lágrimas. Padre aunque con frecuencia flaqueo, pido que tú de todas maneras seas glorificado y que al final de cuentas tu voluntad sea hecha en mi vida. Te doy gracias por la paz que viene al saber que tú tienes todas las cosas bajo control y que tú siempre harás lo que es lo mejor para todos los involucrados. En el nombre de Jesús, Amén.

¡Esta oración fue respondida en todos sus aspectos! Ahora, digo junto con el salmista que "Has cambiado mi lamento en baile" y con agradecimiento puedo expresar mi gratitud a Dios por mi sufrimiento.

*Has cambiado mi lamento en baile; desataste mi cilicio, y me ceñiste de alegría. Por tanto, a ti cantaré, gloria mía, y no estaré callado. Jehová Dios mío, te alabaré para siempre. (Salmo 30:11-12)*

# CAPÍTULO XXIV

## ¡AYÚDENME! ¡TODO LO HE HECHO MAL!

Este capítulo es para la mujer que siente que no tiene esperanza. Puede pensar que le ha fallado completamente a Dios y que es imposible recuperarse. Puede ser divorciada y se siente sepultada por un aplastante sentido de culpa por su rol en la desintegración de su matrimonio. Puede que ahora se dé cuenta que podía haber hecho que su matrimonio resultase, si hubiera entendido años antes lo que era la femineidad bíblica. O, puede reconocer que los problemas actuales de su matrimonio se deben en gran parte a que está violando el diseño de Dios para la femineidad. Sin embargo, nada es imposible para Dios. No importa cuales hayan sido nuestras fallas en el pasado, nuestro futuro puede llenarse de esperanza y redención. Nuestro Dios es un Dios de restauración y de estabilidad. Mientras haya aliento de vida en nosotros, hay esperanza y no existe tal cosa como una causa perdida. Si realmente existiera un caso sin esperanza me imagino que Pablo hubiera sido ese caso. Antes de su conversión, consintió con el apedreamiento de Esteban, (Hechos 7:58-8:1) y persiguió con entusiasmo a la iglesia naciente. Por lo que Pablo hizo a esos primeros cristianos es probablemente la razón por la cual se llama a sí mismo "el primero" de los pecadores en 1 Timoteo 1:15. Él podía haber llevado sobre sí mismo un enorme sentimiento de culpa y vergüenza por siempre, si no hubiera comprendido la gracia y perdón abundante de nuestro Padre Celestial.

*Mas cuando el pecado abundó, sobreabundó la gracia; para que así como el pecado reinó para muerte, así también la gracia reine por la justicia para vida eterna mediante Jesucristo, Señor nuestro. (Romanos 5:20b-21)*

## ¡Ayúdenme! ¡Todo Lo He Hecho Mal!

Pablo no es el único a quien se le han perdonado pecados vergonzosos. Muchos pecadores (me incluyo yo misma) han encontrado victoria sobre sus ofensas pasadas a través de la gracia de Dios. Hebreos 11 nos proporciona un registro histórico reconfortante del perdón de Dios manifestado a otros hombres pecadores. Estas personas fallaron de muchas y diversas maneras (desde prostitución hasta asesinatos) pero cada uno de ellos tuvo éxito en por lo menos una cosa importante. Todos ellos conquistaron sus situaciones imposibles al poner toda su confianza en Dios. Ellos enseguida dejaron atrás su pasado y permitieron a Dios dirigir el futuro de sus vidas. Sus nombres han sido registrados en la Biblia para nuestro beneficio. Son ejemplos para toda la humanidad de que Dios perdona y hasta enaltece a cualquiera que se vuelve a él.

Como fue para las personas en Hebreos 11, así también es para la mujer cristiana hoy en día. La mayoría de las personas en Hebreos capítulo 11 le fallaron a Dios en algún momento de sus vidas, pero continuaron adelante y le sirvieron. De igual manera, el plan de Dios para la vida de la mujer moderna no se termina por causa de sus fallas pasadas o presentes. Más bien, su futuro depende enteramente de si va o no a confiar su vida a la abundante gracia de Dios hoy y todos los demás días de su vida. Los siguientes son tres pasos fundamentales para confiar correctamente nuestra vida a la gracia de Dios.

### Confiando su Vida a la Gracia de Dios

**Primer paso: La Oración de Confesión**. Reconocer que ha obrado mal (aceptar rendir cuentas de manera personal).

*Si confesamos nuestros pecados, él es fiel y justo para perdonar nuestros pecados, y limpiarnos de toda maldad. (1 Juan 1:9)*

## ¡Ayúdenme! ¡Todo Lo He Hecho Mal!

El reconocimiento personal de haber obrado mal es siempre el primer paso cuando nos damos cuenta de que hemos pecado contra Dios. Esto incluye el adulterio, el divorcio, la falta de sumisión, o cualquier otro pecado. Cuando reconocemos nuestras transgresiones delante de Dios, él nos perdona todos nuestros pecados conocidos y hasta los que no conocemos. Su perdón nos limpia y hace puros delante de Dios. Nuestro pecado es borrado. Esto nos prepara para el segundo paso en rendir nuestro presente y futuro a Dios.

**Segundo paso: Perdonarnos a Nosotras Mismas**. El siguiente es una declaración que mi esposo escribió. Significa tanto para mí que la he colgado en la pared de mi oficina. "Si te encuentras pensando de forma obsesiva en los errores del pasado, es porque no estás viviendo tu potencial en el presente. Cuando no estás viviendo tu potencial hoy, los errores del pasado se hacen insoportables." Rick escribió esta oración tan profunda un día en que se percató que estaba permitiendo que su mente reflexionara en pecados de su pasado. Entendió de pronto que esos pensamientos le estaban haciendo considerar el pasado como más real que el presente. Con el pasado nublando su mente no podía apreciar su vida presente.

Al permitirse olvidar la gracia de Dios, también estaba activando un sentimiento de culpa que entorpecía su habilidad para cumplir su misión actual en la vida. Este fue un momento decisivo en la vida de mi querido esposo. Comprendió que cuando Dios perdona, perdona completamente. Al entender esto, Rick finalmente pudo perdonarse a sí mismo. Como mi esposo, antes de que pueda seguir adelante con su vida, necesita aceptar el perdón de Dios y también perdonarse a sí misma.

*...pero una cosa hago: olvidando ciertamente lo que queda atrás, y extendiéndome a lo que está delante, prosigo a la*

*meta, al premio del supremo llamamiento de Dios en Cristo Jesús.* (Filipenses 3:13b-14)

### Tercer paso: Una Entrega y Compromiso Total a los Caminos de Dios.

*Entonces Jesús dijo a sus discípulos: Si alguno quiere venir en pos de mí, niéguese a sí mismo, y tome su cruz, y sígame.* (Mateo 16:24)

*Así que, hermanos, os ruego por las misericordias de Dios, que presentéis vuestros cuerpos en sacrificio vivo, santo, agradable a Dios, que es vuestro culto racional.* (Romanos 12:1)

Este tercer paso con frecuencia es omitido cuando las personas hablan únicamente de la gracia de Dios. Algunos creyentes erróneamente suponen que puesto que la gracia de Dios es abundante y cubre todos los pecados pasados, el creyente puede, por tanto, seguir desobedeciendo el diseño de Dios para la femineidad y el matrimonio. *¡No es así!*

*¿Qué, pues, diremos? ¿Perseveraremos en el pecado para que la gracia abunde? En ninguna manera. Porque los que hemos muerto al pecado, ¿cómo viviremos aún en él?* (Romanos 6:1-2)

¡Dios nos libre de que como cristianos a sabiendas y voluntariamente continuemos en alguna desobediencia delante de Dios! Aprovecharse de manera arrogante de la gracia de Dios no es lo mismo que poner nuestra confianza en su gracia. Dios perdona nuestras fallas pasadas cuando le confesamos esos pecados. Hasta libra a sus hijos humildes de sus deficiencias actuales, pero su gracia no es una licencia para que pequemos deliberadamente.

# ¡Ayúdenme! ¡Todo Lo He Hecho Mal!

## Un Mensaje para Usted para Concluir

¿Es posible para usted vivir la femineidad en el mundo de hoy? ¡Claro que sí! Usted puede porque su habilidad para vivir bíblicamente no depende de sus circunstancias pasadas o presentes. No depende de su perfección; sino que depende enteramente en la perfección de Dios. Dios ha diseñado un propósito específico para la mujer. Él manda a la mujer creyente que viva de conformidad a ese diseño, y si ella tan sólo clama a él, él la facultará para que pueda cumplir la meta de Dios para su vida.

> *Y poderoso es Dios para hacer que abunde en vosotros toda gracia, a fin de que, teniendo siempre en todas las cosas todo lo suficiente, abundéis para toda buena obra.* (2 Corintios 9:8)

¡Hoy puede ser el primer día de su nueva vida! Usted puede seguir adelante de este punto en delante, y saber que:

1. Dios la ama,

2. Que él la ha perdonado por todos sus pecados pasados, y que

3. Usted puede confiar en que él estará con usted mientras obedece el diseño de Dios para la femineidad hoy y en el futuro.

Si usted está teniendo problemas maritales en este momento, sencillamente comience hoy a vivir de conformidad con los principios bíblicos. Confíe en que Dios le permitirá llegar a ser una esposa bíblica. Si usted está separada o divorciada de su marido, y ninguno de los dos se ha vuelto a casar, ore a Dios para que él haga posible que se puedan reconciliar. Acérquese a su esposo y coméntele lo que ha aprendido y pídale que la perdone por las cosas que usted hizo que contribuyeron a su separación.

Si usted se ha divorciado y ya no hay posibilidades de reconciliación porque alguno de los dos se volvió a casar, entonces perdónese a usted misma, (y a su ex-esposo), y confíe en Dios para su futuro. Si se ha vuelto a casar, entonces comience hoy a hacer de su matrimonio actual un matrimonio piadoso.

Cualesquiera que sean sus circunstancias actuales, sin importar que tan obscuro o brillante le parezca su futuro, consagre su vida a Dios. Comience a vivir la femineidad bíblica hoy y regocíjese mientras el Señor obra para lograr su voluntad en su vida.

*Así será mi palabra que sale de mi boca; no volverá a mí vacía, sino que hará lo que yo quiero, y será prosperada en aquello para que la envié.* (Isaías 55:11)

Algunas mujeres pueden todavía estar indecisas para tomar el primer paso de consagración a vivir la femineidad bíblica. Si este es su caso, usted necesitará volver a leer todo el libro, orando mientras lo lee, con un marcador de textos en una mano y la Biblia en la otra. En realidad, independientemente de sus circunstancias al día de hoy, puede ser que necesite leer el libro una vez al año conforme usted y su matrimonio van madurando.

Mientras tanto, tenga el libro a la mano para esos momentos especiales en que necesite refrescar su memoria. Con cada repaso ira obteniendo una comprensión más profunda de cómo aplicar la femineidad bíblica a su propia vida. En la siguiente página está una lista temática para ayudarle a repasar temas específicos.

## LISTA DE REPASO

1. Para una mejor comprensión del impulso de su esposo, para liderar, proveer y proteger a su familia, repase: Capítulos II al IV, VII, VIII, y XIV al XVII. También lea, WHAT THE BIBLE SAYS ABOUT BEING A MAN, por J. Richard Fugate, Editorial: Foundation for Biblical Research, ISBN 1-889700-29-0.

2. Para una mejor comprensión de por qué usted necesita de la autoridad y del liderazgo de su esposo, repase: Capítulos III, IV, y V.

3. Para una mejor comprensión del diseño de Dios para la femineidad, repase: Capítulos II al IV, VI, VIII al X, y XVI al XXI.

4. Para una mejor comprensión de la diferencia entre la sumisión y la obediencia, repase: Capítulo VI.

5. Para una mejor comprensión de la poderosa influencia que usted tienen sobre su marido, repase: Capítulos VII al IX.

6. Para una mejor comprensión acerca de cómo comunicarse con su marido, repase: Capítulos XIV y XV.

7. Para reconocer y neutralizar la influencia de Satanás en su vida, repase: Capítulos XII y XIII.

8. Para comprender por qué el dolor y la tribulación no pueden ser evitados del todo en su vida, repase: Capítulos XXII y XXIII.

9. Para una mejor comprensión de cómo tratar a su marido si parece no estar cooperando con sus

esfuerzos por edificar el matrimonio, repase: Capítulos XIV al XVI.

10. Por la paciencia para aferrarse a la esperanza de un mejor mañana, repase: Capítulos I, XXII, y XXIII.

11. Por un libro que le pueda recomendar a su esposo para que le ayude a entenderla y también comprender su propio rol, que lea: WHAT THE BIBLE SAYS ABOUT BEING A MAN, por J. Richard Fugate, ISBN 1-889700-29-0.

Y ahora, mis queridas hermanas en Cristo, confío en que mi Dios derramará su gracia abundante sobre cada una de ustedes conforme se comprometan a vivir de conformidad con su diseño para la femineidad bíblica. Que él sea glorificado por la sumisión de ustedes a su diseño.

*Y el Dios de esperanza os llene de todo gozo y paz en el creer, para que abundéis en esperanza por el poder del Espíritu Santo. (Romanos 15:13)*

*Al único y sabio Dios, sea gloria mediante Jesucristo para siempre. Amén. (Romanos 16:27)*

# APÉNDICE

## MUJERES SOLAS

El matrimonio es una institución establecida por Dios con el propósito de proporcionar orden a la familia mientras los hombres y mujeres vivan en este planeta. No hay matrimonios en el cielo. *Porque en la resurrección ni se casarán ni se darán en casamiento, sino serán como los ángeles de Dios en el cielo* (Mateo 22:30). Ni la salvación de una mujer, ni su habilidad para vivir la vida cristiana, ni su madurez cristiana dependen de si se casa o no se casa.

Algunas mujeres son llamadas por Dios a que permanezcan sin casar. Pablo dijo que la vida de soltera es un don especial de Dios para ciertas personas.

> *Quisiera más bien que todos los hombres fuesen como yo; pero cada uno tiene su propio don de Dios, uno a la verdad de un modo, y otro de otro. Digo, pues, a los solteros y a las viudas, que bueno les fuera quedarse como yo.* (1 Corintios 7:7-8)

Hay dos categorías de mujeres solteras. Están las mujeres que nunca se han casado y aquellas que son viudas o divorciadas. En cada una de estas categorías la mujer tiene ciertas responsabilidades, privilegios, y restricciones para vivir como una mujer bíblica. Habrá notado que la mayor parte de la información de las Escrituras acerca de la soltería se ha tomado del Antiguo Testamento. Esto se debe a que es en el Antiguo Testamento donde Dios primero registró las leyes para todas las instituciones humanas. La Mujer que Nunca se ha Casado Dios provee para la mujer no casada por medio de su institución: La familia. Es la intención de Dios que la mujer joven permanezca bajo la autoridad de su padre hasta que se case (Números 30:3-5). Y tampoco se debe casar sin el consentimiento o permiso de su padre (1 Corintios 7:36-38).

**Las responsabilidades de una hija no casada incluyen:**

1. Honrar y obedecer a sus padres (Éxodo 20:12; 21:15, 17; Deuteronomio 5:16; 27:16; y Efesios 6:2).

2. Aprender la Palabra de Dios (Deuteronomio 29:18 y 29).

3. No avergonzarse a sí misma ni a su padre siendo promiscua (Levítico 21:9).

**Sus privilegios incluyen:**

1. Protección y provisión bajo el liderazgo de su padre. (Números 30:16; 2 Samuel 12:3; y Job 42:15).

2. Una mujer huérfana puede recibir el liderazgo y cuidado temporal de su pariente más cercano (hermano, tío, etc.). (El libro de Rut y en Ester 2:7). Dios mismo actúa como su Padre si no hay parientes cercanos varones que puedan guiar a la mujer soltera (Salmo 68:5).

3. La mujer soltera tiene el privilegio de estar menos preocupada por los afanes de este mundo que su hermana casada (1 Corintios 7:28). La mujer no casada tiene más tiempo para desarrollar su relación personal con Cristo (1 Corintios 7:34).

**Sus restricciones incluyen:**

1. Está restringida para hacer votos que no cuenten con la aprobación de su padre. La autoridad de su padre incluye el dar marcha atrás a votos que ella haya hecho (Números 30:3-5).

2. Ella debe permanecer casta (Deuteronomio 22:21; 1 Tesalonicenses 4:3-5).

### La Viuda y la Mujer Divorciada

En el mundo de hoy tenemos muchas mujeres que son viudas o que son divorciadas. La mujer que se encuentra en cualquiera de estas dos condiciones también tiene responsabilidades, privilegios, y restricciones. Primero, ella es personalmente responsable ante Dios por cualquier voto que haga (Números 30:9).

**Sus privilegios incluyen:**

1. El derecho a recibir cuidado y apoyo de sus familiares (Levítico 22:12; 1 Timoteo 5:4 y 8).
2. Las viudas también pueden recibir apoyo por parte de la iglesia (1 Timoteo 5:5-9).
3. La mujer que anteriormente fue casada ya no tiene un marido que la proteja, pero Dios actuará como su esposo y él será como un padre para sus hijos (Salmos 10:14; 10:18; 68:5; y 82:3).

**Sus restricciones incluyen:**

1. Si una viuda cristiana se vuelve a casar deberá ser exclusivamente con un hermano en Cristo (1 Corintios 7:39; 2 Corintios 6:14).
2. La mujer divorciada no se debe volver a casar mientras viva su anterior marido y haya la posibilidad de una reconciliación (1 Corintios 7:10-11; 7:13-16; y 7:27).

## Consejos para la Mujer No Casada

El material en este libro está dirigido principalmente a la mujer casada, sin embargo, si usted es soltera también puede beneficiarse de leerlo en su totalidad. Este libro contiene información que le ayudará en las siguientes áreas:

1. A estar consciente de que su diseño y propósito es muy diferente al del hombre.

2. A ser más conocedora de sus responsabilidades, en caso de que llegara a casarse en el futuro.

3. A comprender lo que significa permanecer soltera. La mujer no deja su femineidad en la puerta simplemente porque no se ha casado. Por ejemplo, no tendrá que seguir el liderazgo de un esposo. El tener una buena comprensión del diseño de Dios tanto para la femineidad como para la masculinidad, le ayudará a tratar a los hombres con el respeto y aprecio que se merecen; y en consecuencia, solicitar asimismo el debido respeto para usted.

    El entender el diseño de Dios para la femineidad también le ayudará a encontrar una ocupación o ministerio apropiado. Además, el conocimiento de la femineidad bíblica le puede ayudar a evitar a esos que le pueden corromper la mente, el cuerpo y el espíritu.

4. A determinar cuál es la elegibilidad bíblica de cualquier hombre que busque cortejarla. (La única razón por la cual un hombre y una mujer puedan pasar tiempo juntos a solas es para determinar si se han de casar). Como soltera tiene más opciones que su hermana casada que lee este libro después de que ya se casó. Usted tiene la oportunidad de obtener información valiosa antes de hacer un compromiso de matrimonio. No considere dejar

la vida de soltera sin antes haber leído la totalidad de este libro.

Después de leerlo, estará más preparada para responder a las siguientes preguntas antes de que responda: "Sí, acepto."

1. ¿Estoy comprometida a honrar el diseño de Dios para la femineidad?
2. ¿Realmente conozco bien a la familia de mi pretendiente? ¿Se tratan su padre y su madre en una manera bíblica y son sus normas compatibles con las mías?
3. ¿Aprueba mi padre a este hombre y a su familia? (Si su padre ya falleció o por alguna razón no está disponible, entonces puede consultar a un hermano maduro mayor o a un anciano de la iglesia.)
4. ¿Está él comprometido a hacer la voluntad de Dios para su vida?
5. ¿Considera él que sus responsabilidades bíblicas en el matrimonio son importantes?
6. ¿Desea él proveer para su familia o busca una socia financiera que le ayude a mejorar económicamente?
7. ¿Toma con seriedad su responsabilidad como el líder espiritual de la familia?
8. ¿Son las normas, costumbres y forma de vida de él, compatibles con las mías?
9. ¿Estoy dispuesta a aceptarlo tal como es o hay algo que quiero cambiar en él? ¡Dese por advertida! A las mujeres que piensan que después de casadas pueden cambiar a su hombre les espera una gran sorpresa. Sea lo que sea que

veas en él ahora, eso es lo que tendrás; puede ser que nunca cambie y es más probable que se ponga peor.

10. ¿Es él considerado, tierno y protector hacia usted en su manera de hablar y de actuar? ¿Toma él en cuenta la seguridad de usted antes de llevarla a algún lado?

11. ¿Manifiesta él un liderazgo claro que usted pudiera seguir?

12. ¿Desea él una esposa a quien pueda guiar o parece desear una madre que le sirva y le guíe?

13. ¿Está usted dispuesta a amar, respetar y someterse a él en una manera bíblica? ¿Está dispuesta a confiar su cuerpo, mente y emociones a este hombre?

A algunas mujeres les entra el pánico si no se han casado para antes de los treinta o cuarenta años de edad. No obstante, es mucho mejor para una mujer que permanezca sin casar hasta (o a menos) que Dios traiga un hombre piadoso a su vida. La clave de la felicidad en la vida (casada o soltera) es tener contentamiento en cualquier estado en el que nos encontremos.

*Pues he aprendido a contentarme cualquiera que sea mi situación.* (Filipenses 4:11b LBLA)

Que Dios le revele su plan para su vida. Que él la bendiga y la guíe en una vida consagrada a él; ya sea como mujer casada o como mujer soltera.

CPSIA information can be obtained
at www.ICGtesting.com
Printed in the USA
FFOW01n1455310116
21002FF